초고속 웹사이트 구축

좀 더 빠른 차세대 웹사이트를 위한 성능 최적화 기법

은이 스티브 사우더스

긴이 박경훈 · 신형철

낸이 박찬규 ㅣ 엮은이 김윤래 ㅣ 표지디자인 Arowa & Arowana

낸곳 위키북스 ㅣ 주소 경기도 파주시 교하읍 문발리 파주출판도시 535-7 세종출판벤처타운 #311

화 031-955-3658, 3659 ㅣ 팩스 031-955-3660

판발행 2010년 04월 09일

SBN 978-89-92939-44-7

록번호 제406-2006-000036호 ㅣ 등록일자 2006년 05월 19일

페이지 wikibook.co.kr ㅣ 전자우편 wikibook@wikibook.co.kr

ven Faster Web Sites
riginal English language edition published by O'Reilly Media, Inc.,
005 Gravenstein Highway North, Sebastopol, CA 95472
opyright © 2009 by O'Reilly Media
orean language edition copyright © 2010 by WIKI BOOKS
ll rights reserved including by arrangement with the original publisher.

이 도서의 국립중앙도서관 출판시도서목록 CIP는 e-CIP 홈페이지 ㅣ http://www.nl.go.kr/cip.php에서 이용하실 수 있습니다.
P제어번호: CIP2010001086」

Even Faster Web Sites

초고속 웹사이트 구축

스티브 사우더스 지음 / **박경훈·신형철** 옮김

O'REILLY® 위키북스

초고속
웹사이트
구축

• 목 차 •

01장   Ajax의 성능 제대로 이해하기   1

02장   빠른 웹 응용프로그램 만들기   9

09장   Gzip을 넘어서   143

10장   이미지 최적화   157

부록   성능 관리 도구   239

역자 서문

시간이 지나면서 웹은 더욱더 똑똑해져 가고 있고 사용자의 눈높이는 더욱더 높아져만 가고 있다. 이 때문에 개발자들은 보다 페이지를 가볍고 빠르게 만들어야 하고 그만큼 더 풍부하고 다양한 기능들을 제공해야만 하는 것이 현실이다. 즉, 웹의 기능은 점점 서버 단에서 UI 단으로 옮겨져 가고 있으며 미래에는 지금보다 더 많은 시간을 할애해야 할 것이다. 회사에서 그 회사 제품을 팔지 못하면 경쟁력을 잃게 되듯이 개발자 또한 자신의 기술을 회사에 팔지 못한다면 경쟁력을 잃게 된다. 하지만 여기서 중요한 것은 회사의 제품보다 개발자의 경쟁력을 잃게 되는 속도가 훨씬 더 빠르다는 것이다. 이렇게 변해가고 있는 IT 트랜드 속에서 스티브 사우더스의 경험이 고스란히 녹아있는 이 도서는 개발자의 경쟁력에 있어서 더할 나위 없이 소중한 도서라 생각한다.

이 도서를 번역하면서 무엇보다도 책의 깊이와 규모에서 큰 감명을 받았다. 그만큼 실무에서 쌓은 경험을 조목조목 전달하는 사우더스 내공에 칭찬을 아끼지 않는 바이다. 또한 이런 책이 국내에 출시될 수 있다는 것과 첫 번째 도서에 이어서 이렇게 두 번째 책을 번역할 수 있었던 것 또한 큰 영광이라 생각한다.

어쨌든 번역이라는 이 작은 노력을 통하여 많은 개발자들에게 조금이라도 보탬이 되었으면 하는 바람이다. 마지막으로 매번 책을 번역할 때마다 많은 도움을 주는 공역자 형철 형에게 이 책을 빌어 다시한 번 감사의 말을 전한다. 그리고 이 책의 출간을 위해서 물심양면으로 고생하신 위키북스 출판사 관계자 분께 감사의 말을 전하며 마지막으로 지금의 내가 있게 해주신 하나님께 감사한다.

- 박경훈

본 책의 전판인 『웹사이트 최적화 기법』의 한국어판이 나온 지 벌써 2년이 다 되어 가고 있다. 그동안 웹은 Ajax, HTML5 등 끊임 없는 발전을 이루어 왔고 기존의 데스크톱 애플리케이션의 영역은 물론 이제 모바일까지 영역을 넓혀 가고 있다. 이젠 웹만으로도 기존의 컴퓨터로 하던 작업을 모두 할 수도 있을 정도며 웹 OS까지도 나오는 상태이다.

이렇게 날이 갈수록 중요해지고 화려해지는 웹을 사용자들이 더 편하고 빠르게 사용할 수 있도록 하는 것이 바로 우리 프론트엔드(Front-end) 엔지니어들에게 주어진 임무이다. 이 책의 전판을 통해 소개된 많은 기법들에 이어 이 책에서 소개하는 기법들을 활용함으로써 더욱더 빠르고 사용자들에게 편리한 웹사이트들이 더 많이 나올 수 있을 것이라 기대한다. 해외는 물론 국내 주요 포털들에서도 활용되고 있는 이 기법들을 통해 독자 여러분이 개발하는 웹이 한 단계 업그레이드될 수 있었으면 하는 바람이다.

이 자리를 빌어 이런 좋은 책을 번역할 수 있는 기회를 주신 출판사 분들에게 감사의 말씀을 전하고 싶다. 그리고 결혼 전날까지 번역과 회사 일에도 날 이해해준, 이제는 내 아내가 된 실이에게도 고맙다는 말을 전하고 싶다. 그리고 마지막으로 번역 파트너이자 대견스러운 동생인 경훈군에게도 수고했다는 말과 함께 고맙다는 말을 전한다.

- 신형철

저 자 소 개

스티브 사우더스(Steve Souders)

구글(Google)에서 웹 성능과 오픈소스를 주도하는 일을 하고 있다. 그의 도서『웹 성능 최적화 기법』(High Performance Web Sites)과『초고속 웹사이트 구축』(Even Faster Web Sites)을 통하여 실무에서 연구한 성능 관련 최상의 팁을 전달하고 있다. 스티브는 백만 다운로드 이상을 기록한 파이어버그(FireBug)의 확장 툴인 YSlow의 제작자이다. 그는 오라일리(O'Reilly)와 파이어버그의 설립 그룹이 같이 후원한 컨퍼런스를 통하여 웹 성능과 속도에 대한 지식을 전달하였다. 이 컨퍼런스에서는 OSCON, SXSW, 웹 2.0 엑스포, Ajax의 경험과 같은 내용들을 다루었다. 또한 스티브는 스탠포드 대학교에서 CS193H라는 과목을 강의하였다.

스티브는 이전에 야후!에서 야후 성능 조언자로 근무하였으며 야후의 개발자 센터라는 커뮤니티에서 웹 성능과 관련된 내용을 게재해 왔었고 야후의 슈퍼스타로 불리기도 했다. 스티브는 또한 야후의 My Yahoo팀을 위해서 다양한 플랫폼과 제품 기반에서 많은 일들을 진행해왔다. 야후!에 근무하기 전에 다양한 헬릭스 시스템(Helix Systems)과 쿨싱크(CoolSync)와 같은 작은 벤처에서 일한 적이 있고 제너럴 매직(General Magic), 후웨어(WhoWhere), 라이코스(Lycos)에서 일한 경험도 있다.

80년대 초에 스티브는 인공지능에 매진한 적이 있고 기계 학습과 관련된 일을 하는 몇 개의 회사에서 일했었다. 또, 책을 내거나 컨퍼런스에 강연자로 나서기도 했다. 그는 버지니아 대학교에서부터 시스템 엔지니어링 석사 학위를 마쳤으며 스탠포드 대학교에서 경영 과학과 엔지니어링 과학에 대한 학사 학위를 받았다.

스티브의 관심사는 다양하다. 그는 NBA와 WNBA 선수와 농구를 하고는 했으며 유니버셜 스튜디오 인터넷 태스크 포스(Universal Studios Internet Task Force)의 멤버이기도 하였다. 그리고 기네스 세계 기록 수립(Guinness world record)에 참여한 적이 있으며 90년 된 마차 차고를 다시 짓기도 하였다. 그는 사랑스런 와이프와 세 명의 딸을 두고 있다.

공 헌 자

『초고속 웹사이트 구축』(Even Faster Web Sites)의 6개 장은 다음의 저자들이 기여해 주었다.

디온 앨머(Dion Almaer)는 Ajax 커뮤니티의 주요한 정보원인 Ajaxian.com의 공동 설립사이나. 그가 회사에서 일할 때에는 모질라(Mozilla)에서 뉴스 그룹을 공동 운영하고 있다. 이곳은 웹 개발을 위한 개발자 도구를 다루는 뉴스 그룹으로 지난 수년간 디온이 열정을 다해 관리를 해 오고 있다. 디온은 주어진 이 기회를 매우 반기고 있으며 Ajaxian 사이트를 함께 저지른 공범인 벤 겔브레스(Ben Galbraith)와 모질라에서도 함께 일하게 되었다. 디온은 고퍼(Gopher)가 나온 이후부터 계속 웹 응용 프로그램을 만들었으며 운도 좋아 세계 곳곳에서 강연도 했고 여러 기사와 책 한 권도 출간했다. 그리고 디온의 블로그 http://almaer.com/blog에서 그의 삶과 이 우주 그리고 나머지 것들에 대해 볼 수 있다.

더글라스 크록포드(Douglas Crockford)는 미네소타 주의 야생에서 태어났으나 빌어먹을 추위 때문에 태어난 지 6개월만에 그곳을 떠났다. 그는 TV 쪽에 유망한 직업도 갖고 있었으나 컴퓨터에 대해 관심이 생기면서 그 분야를 떠났다. 그는 학습 시스템, 소형 비스니스 시스템, 사무실 자동화, 게임, 인터랙티브 뮤직(interactive music), 멀티미디어, 위치 기반 엔터테인먼트, 소셜 시스템(Social System) 그리고 프로그래밍 언어 쪽 일을 했다. 그는 이 세상에서 가장 못생긴 프로그래밍 언어인 Tilton을 발명한(일부러 못생긴 언어로 만든 것은 아니지만) 장본인이다. 그는 자바스크립트에 좋은 면이 있다는 점을 발견한 사람으로 가장 많이 알려져 있다. 이는 중요하지만 예상치 못한 발견이었다. 또한 그는 JSON(Javascript Object Notation) 데이터 교환 포맷(http://www.json.org/)을 만든 장본인이다. 그는 현재 웹이 안전하고 신뢰성 있는 소프트웨어 전달 플랫폼이 될 수 있도록 노력을 기울이고 있다. 그가 이 분야에 기여할 몫은 충분히 있는 셈이다.

벤 겔브레스(Ben Galbraith)는 모질라에서 개발자 도구의 공동 책임자이며 Ajaxian.com의 공동 설립자이기도 하다. 벤은 6살 때 처음 컴퓨터 프로그램을 작성했고 10살 때 그의 첫 사업을 시작했으며 12살 때부터 IT 쪽에서 일을 하는 등 오랜 기간 동안 사업과 기술 영역 둘 다 관심을 가져왔다. 세계 곳곳에서 수백 번의 기술 발표를 했으며 기술 컨퍼런스도 여러 번 개최하였고 6권의 책도 공동 저술하였다. 그는 그동안 경력을 쌓으면서 CEO에서 CIO, CTO 그리고 의학, 출판, 미디어, 제조, 광고와 소프트웨어 산업의 '최고 소프트웨어 아키텍트'(Chief Software Architect)를 포함한 다양한 사업가의 역할과 기술자의 역할을 맡아 왔다. 캘리포니아주 팔로알토(Palo Alto)에 그의 부인과 다섯 아이와 함께 살고 있다.

토니 젠틀코어(Tony Gentilcore)는 구글에서 근무하는 소프트웨어 엔지니어이다. 구글에서 그는 구글의 홈페이지와 검색 결과 페이지가 날아다닐 정도로 빠른 속도로 화면에 뜨게 하는 일을 맡아 왔다. 그는 웹 성능 도구와 기술들을 개발하고 있으면 시간 가는 줄 모르겠다고 한다. 토니는 인기 많은 파이어폭스(Firefox) 확장인 Fasterfox를 만든 장본인이기도 하다.

딜런 시맨(Dylan Schiemann)는 SitePen의 CEO이자 Dojo Toolkit의 공동 제작자이다. Dojo Toolkit은 오픈소스 자바스크립트 툴킷으로 웹사이트와 응용프로그램을 빨리 개발할 수 있도록 도와주는 도구이다. 그는 또한 오픈 웹의 기술과 이것이 주는 기회에 대한 전문가이다. 그의 지도하에 SitePen은 작은 개발사에서 시작해서 지금은 독창적인 도구, 뛰어난 소프트웨어 엔지니어, 박식한 컨설팅 서비스 그리고 최상급의 교육과 조언을 제공 해주는 회사로 탈바꿈하였다. 딜런이 R&D에 쏟아 부은 관심 덕분에 SitePen은 선구적인 오픈소스 웹 개발 툴킷과 Dojo, cometD, Direct Web Remoting(DWR) 그리고 Persevere 같은 프레임워크의 주요 공헌자이자 발명자가 될 수 있었다. SitePen을 설립하기 이전에 딜런은 Renkoo, Informatica, Security Frameworks 그리고 Vizional 같은 회사에서 웹 응용프로그램 개발을 했다. 그는 Comet Daily, LLC의 공동 설립자이며 Dojo 재단의 이사회 멤버이고 Aptana에서 자문단 역할도 하고 있다. 딜런은 UCLA에서 물리 화학 석사 학위를 받았으며 Whittier College에서 수학 학사 학위를 받은 바 있다.

스토얀 스테파노프(Stoyan Stefanov)는 야후!에서 근무하는 프론트엔드 개발자로 주로 웹 응용프로그램 성능에 관한 일을 하고 있다. 그는 또한 성능 확장 기능인 YSlow 2.0과 이미지 최적화 도구인 Smush.it의 공동 개발자이기도 하다. 스토얀은 강연도 하고 책(Packt 출판사의 Object-Oriented JavaScript)도 집필하였으며 http://phpied.com, http://jspatterns.com 그리고 YUIBlog에서 블로거로 활동하고 있다.

니콜 설리번(Nicole Sullivan)은 에반젤리스트(기술 전도사)이자 프론트엔드 성능 컨설턴트이며 CSS 도사이다. 그녀는 CSS가 수백만의 방문자나 수천 개의 페이지의 트래픽을 감당하게 하려면 어떻게 해야 하는지 해답을 주는 객체지향 CSS 오픈소스 프로젝트를 시작한 장본인이다. 그녀는 또한 W3C의 베타 재설계 당시에 컨설팅하기도 하였고 클라우드의 이미지 최적화 서비스인 Smush.it의 공동 개발자이다. CSS, 웹표준, 상용 웹사이트의 대용량 프론트엔드 설계에 매우 많은 열정을 갖고 있다. 니콜은 세계 방방곡곡에서 성능과 관련한 발표를 해왔으며 가장 최근에는 The Ajax Experience, ParisWeb 그리고 Web Directions North에서 강연을 하였다. 그녀의 블로그는 http://stubbornella.org이다.

니콜라스 자카스(Nicholas C. Zakas)는 Professional Javascript for Web Developers 2판(Wrox)의 저자이며 Professional Ajax, 2판(Wrox)의 공동 저자이다. 니콜라스는 Yahoo! 홈페이지의 주 프론트엔드 엔지니어이며 Yahoo! User Interface(YUI) 라이브러리 개발에도 참여하고 있다. 그의 블로그 http://www.nczonline.net에서 만날 수 있다.

감사의 글

우선 이 책에 여러 장들을 집필해 준 다음의 저자들에게 감사의 말을 전하고 싶다: 디온 앨머(Dion Almaer), 더글라스 크록포드(Doug Crockford), 벤 겔브레스(Ben Galbraith), 토니 젠틀코어(Tony Gentilcore), 딜런 시맨(Dylan Schiemann), 스토얀 스테파노프(Stoyan Stefanov), 니콜 설리번(Nicole Sullivan) 그리고 니콜라스 자카스(Nicholas Zakas). 이들로 인해 이 책이 특별한 책이 될 수 있었다. 이 각각의 분들은 자신들의 영역에서의 전문가이다. 대부분 자신이 집필한 책 또한 있다. 자신들의 전문성을 이 책에서 공유함으로써 다른 곳에서는 찾을 수 없는 고유한 것을 창조하는 데 일조했다고 생각한다.

그리고 모든 검수자 분들에게도 감사의 말을 전한다: 줄리엔 르콤트(Julien Lecomte), 매튜 러셀(Matthew Russell), 빌 스콧(Bill Scott), 테니 뜨레(Tenni Theurer). 그리고 에릭 로렌스(Eric Lawrence)와 앤디 오람(Andy Oram) 두 분에게는 더욱더 큰 감사를 전하고 싶다. 에릭은 이 책뿐만 아니라 『High Performance Web Sites』 또한 검수를 해 주었는데 매번 그는 매우 꼼꼼하고 식견 있는 피드백을 해 주었다. 그리고 이 책의 문체가 한 줄에서 다음 줄, 한 절에서 그다음 절, 그리고 한 장에서 그 다음 장으로 보다 더 부드럽게 읽혀질 수 있도록 된 데에는 그 어느 누구보다도 그의 공이 크다.

내 편집자인 매리 트레슬러(Mary Treseler)에게는 특별한 감사를 표하고 싶다. 여러 명의 저자들과 공동으로 하나의 책 작업을 하는 것은 많은 편집자들이 꺼리는 일이다. 이 책이 몇 가지 단순한 아이디어에서 출발하여 지금 여러분의 손 안에 들어 갈 수 있도록 도와준 그녀가 고마울 따름이다.

필자는 구글에서 웹 성능에 대해 열정적인 관심을 가진 이들과 함께 일하고 있다. 토니 젠틀코어는 FasterFox(http://fasterfox.mozdev.org/)이자 이 책의 9장의 저자이다. 그는 또한 나와 사무실을 함께 사용하는 동료이다. 하루에도 몇 번씩 그와 나는 웹 성능에 대한 논의를 한다. 스티브 램(Steve Lamm), 린지 사이먼(Lindsey Simon) 그리고 애니 설리번(Annie Sullivan)도 내가 자주 같이 업무를 하는 사람들이면서 성능 옹호자들이다. 그 외에 필자가 웹 성능에 대한 알고 있는 지식을 쌓는 데 도움을 준 구글러(Googler)들은 제이컵 허프맨-앤드류스(Jacob Hoffman-Andrews), 카일 숄츠(Kyle Scholz), 스티브 크룰레빗츠(Steve Krulewitz), 맷 건더슨(Matt Gundersen), 게빈 도어티(Gavin Doughtie), 브라이언 맥퀘드(Bryan McQuade)이다.

이 책에 담겨 있는 많은 식견들은 구글 외의 다른 곳에서 일하는 친구들로부터 얻은 것들이다. 괜찮은 성능 향상 팁을 나한테 알려 주면 분명 이 책이나 블로그 글에 포함 될 것이라는 것을 알고 있는 친구들이다. 디온 앨머, 아터 버그먼(Artur Bergman), 더글라스 크록포드, 벤 겔브레스, 에릭 골드스미스, 존 젠킨스(Jon Jenkins), 에릭 로렌스(Eric Lawrence), 마크 노팅햄(Mark Nottingham), 사이먼 퍼킨스(Simon Perkins), 존 레식(John Resig), 알렉스 러셀(Alex Russell), 에릭 슈어맨(Eric Schurman), 딜런 쉬맨(Dylan Schiemann), 빌 스콧(Bill Scott), 조나스 시킹(Jonas Sicking), 조세프 스마르(Joseph Smarr), 테니 뜨레(Tenni Theurer)가 바로 이 친구들이다.

아마 필자가 어쩔 수 없이 빼먹은 분들이 있을 것이다. 그분들에게는 사과의 말씀과 함께 강연장에서 직접 만나 의견을 준 분들과 이메일로 의견을 준 모든 분들에게 감사의 말씀을 전하고 싶다. 여러분들이 말해준 교훈과 성공한 이야기들이야말로 필자가 이 일을 계속 할 수 있게 해주는 원동력이다. 보다 더 빠른 웹을 위해 일하고 있는 사람들이 많다는 것을 알고 있는 것도 매우 중요하기 때문이다.

저자인 아들을 자랑스러워 하는 내 부모님에게도 감사의 말씀을 전하고 싶다. 그리고 가장 중요한 내 아내와 세 딸들에게도 감사의 말을 전하고 싶다. 이제는 좀 쉴 것을 꼭 약속한다.

서문

Vigilant: 조심성 있는, 빈틈 없는, 방심하지 않는, 특히 어떤 위험을 피해

이 책 또는 이 책의 이전 판인 『High Performance Web Sites』[1]를 들여다 보는 사람이라면 그 누구라도 느린 웹사이트의 위험성을 잘 알고 있을 것이다. 다시 말하면 짜증내는 사용자, 부정적인 브랜드 인지도, 증가하는 운영비 그리고 매출 하락 등이 그것이다. 우리 개발자들은 우리의 웹사이트가 더욱더 빨라지도록 항시 노력해야 한다. 하지만 성과가 있으면 잃는 것도 있다. 하나의 버그 수정, 새로 추가된 기능 그리고 시스템 업그레이드 등이 웹사이트의 속도에 미치는 영향을 예의주시해야 한다. 항상 예의주시해야지 그렇지 않으면 오늘 이루어 놓은 속도 향상이, 내일이 되면 사라지고 없을지도 모르는 일이다. 우리는 항시 vigiliant 해야 한다.

Vigil: 축일 전날 밤의 철야 기도

vigil이란 단어의 라틴어원에 따르면 철야 기도는 축제와 함께 끝을 맺는다. 웹사이트들도 진정으로 더 빨라질 수 있다. 그것도 극적으로. 그리고 우리 개발자들은 우리가 쏟아 부은 걱정과 주의로부터 얻은 결과에 대해 축하하고 즐길 수 있어야 한다. 그렇다! 더 빠른 웹사이트는 달성 가능한 목표다. 세계에서 가장 인기 있는 사이트들 중에 일부는 이 책의 기술들을 활용함으로써 해당 사이트의 부하를 60%까지 줄일 수 있었다. 작은 사이트도 이로 인한 이득을 얻을 수 있다. 궁극적으로 이득을 보는 것은 사용자들이다.

Vigilante: 자경 단원

사용자들의 원하는 것을 제대로 제공해 줄 수 있을지는 바로 우리 개발자들에게 달려 있다. 여러분들의 사이트에서 성능의 전도사가 되어 보라. 이 책에서 설명하는 기술들을 적용해 보라. 이 책을 동료와 함께 보라. 더 빠른 사용자 경험을 위해 노력하라. 만약 여러분의 회사에 성능 문제를 전담하는 직원이 없다면 당신이 그 역할을 맡아 해 보라. 즉, 성능의 Vigilante(자경 단원). 이 말의 어감이 참 좋지 않은가?

---

1 (옮긴이) 번역서로 『웹사이트 최적화 기법 : UI 개발자를 위한 필수 지침서』(2008, ITC)가 있다

이 책의 구성

이 책은 저자의 첫 번째 책인 『High Performance Web Sites』(O'Reilly) 의 후속 판이다. 그 책에서는 더 나은 웹 성능을 위한 다음의 14 가지 규칙을 논의했다.

- 규칙 1: HTTP 요청을 줄여라

- 규칙 2: 콘텐츠 전송 네트워크를 이용하라

- 규칙 3: 헤더에 만료 기간을 추가하라

- 규칙 4: Gzip 컴포넌트

- 규칙 5: 스타일시트는 위에 넣어라

- 규칙 6: 스크립트는 아래에 넣어라

- 규칙 7: CSS Expression을 피하라

- 규칙 8: 자바스크립트와 CSS를 외부 파일에 넣어라

- 규칙 9: DNS 조회를 줄여라

- 규칙 10: 자바스크립트를 최소화하라

- 규칙 11: 리다이렉트를 피하라

- 규칙 12: 중복되는 스크립트를 제거하라

- 규칙 13: ETag를 설정하라

- 규칙 14: 캐시를 지원하는 Ajax 만들기

이를 '규칙'이라고 부르는 이유는 이 규칙들을 적용하는 데 있어 약간의 애매모호함이 없지 않기 때문이다. 그럼 미국의 상위 10개 웹사이트[2]에 대한 2007년 3월 당시의 몇 가지 통계 정보를 한번 보자.

- 두 개의 사이트에서 CSS Sprite[3]를 사용했다.

- 26%의 리소스들이 미래 날짜로 된 Expires 헤더[4]를 갖고 있었다.

---

2   Alexa를 기준으로 뽑은 것으로 이들 사이트 들은 AOL, eBay, Facebook, Google Search, Live Search, MSN.com, MySpace, Wikipedia, Yahoo!, YouTube 이다.

3   (옮긴이) CSS Sprite란 CSS를 이용하여 하나의 큰 이미지를 이용하여 여러 군데 쪼개서 사용하는 기법을 말한다.

4   (옮긴이) HTTP 헤더의 한 항목으로 해당 HTTP 요청에 대한 응답이 언제까지 유효한지를 나타낸다.

- 5개의 사이트에서 HTML, 자바스크립트, CSS를 압축해 놓았다.

- 4개의 사이트에서 자바스크립트를 최소화했다.

2009년 4월에 다시 앞의 통계를 내어 보니 앞에서 나열한 규칙들이 채택되고 있음을 알 수 있었다.

- 9 개의 사이트에서 CSS Sprite를 사용했다.

- 93%의 리소스들이 미래 날짜로 된 Expires 헤더를 갖고 있었다.

- 10 개의 사이트에서 HTML, 자바스크립트, CSS를 압축해 놓았다.

- 9 개의 사이트에서 자바스크립트를 최소화했다.

'High Performance Web Sites'에서의 규칙들은 여전히 유효하며 대부분의 회사들 또한 이 규칙들을 적용하는 것부터 시작하는 것이 좋을 것이다. 그동안 이 규칙들이 보여준 야간이 성과는 있었지만 이들 규칙들은 여전히 많은 작업들이 필요한 것도 사실이다.

하지만 웹이라는 것이 우리가 뒤쫓는 동안 가만히 멈춰 있는 것 또한 아니다. 'High Performance Web Sites'에서의 14가지 규칙들이 여전히 유효하지만 웹페이지 콘텐츠와 웹 2.0 응용프로그램이 보여준 그동안의 성상은 새로운 성능 문제를 우리에게 선사하고 있다. 『초고속 웹사이트 구축』(Even Faster Web Sites)에서는 이런 차세대 웹사이트를 더욱 빠르게 작동할 수 있도록 개발자들이 따라야 할 우수 사례들을 보여 준다.

이 책의 각 장들은 3가지 분야로 나뉘어져 있다: 자바스크립트 성능(1~7장), 네트워크 성능(8~12장) 그리고 브라우저 성능(13, 14장). 부록에서는 성능 분석을 위한 도구들을 소개한다.

6개의 장들은 다음의 저자들이 집필했다.

- 1 장: Ajax 성능의 이해 _ 더글라스 크록포드

- 2 장: 빠른 반응을 하는 웹 응용프로그램 만들기 _ 벤 겔브레스와 디온 앨머

- 7 장: 효율적인 자바스크립트 작성하기 _ 니콜라스 자카스

- 8 장: 코멧을 이용한 확장 _ 딜런 시맨

- 9 장: GZip을 뛰어 넘어 _ 토니 젠틀코어

- 10 장: 이미지 최적화 _ 스토얀 스테파노프와 니콜 설리번

앞의 저자들은 각 분야에서의 전문가들이다. 이들의 글을 직접 여러분에게 전달해 주고 싶었다. 이렇게 별도의 저자들이 집필한 장들을 알아보기 쉽게 각 장의 앞부분에 해당 저자의 이름을 달아 주었다.

자바스크립트 성능

오늘날의 웹사이트를 분석하면서 항상 눈에 띄는 것은 바로 자바스크립트가 바로 웹 응용프로그램 성능의 주요 요소라는 점이다. 따라서 이 책의 서두에 이와 관련한 내용으로 채웠다. 더글라스 크록포드는 1장에서 Ajax 성능에 대해 논의한다. 더글라스는 브라우저와 서버가 서로 상호작용하는 방식이 Ajax로 인해 어떻게 바뀌었는지 살펴보고 웹 개발자가 성능 향상의 여지가 있는지를 알아보기 위해 어떻게 해야 하는지 설명한다.

벤 겔브레스와 디온 앨머가 집필한 2장 '빠른 웹 응용프로그램 만들기'에서는 자바스크립트 성능을 우리가 진정으로 향상시켜야 하는 것, 다시 말해 사용자 경험에 빗대어 설명한다. 오늘날의 웹 응용프로그램들은 단순한 버튼 클릭에도 복잡한 함수가 호출되며 이런 함수들은 사용자가 브라우저에 하고자 하는 무언가를 수행해야 한다. 자신이 작성하는 코드가 적절한 응답 시간 내에 미치는 영향을 잘 이해하는 개발자들만이 성공적인 웹 응용프로그램을 만들 수 있을 것이다.

그 다음의 4개 장들은 필자가 직접 집필했다. 이 장들에서는 자바스크립트의 작동 방식에 초점을 맞추었다. 자바스크립트를 웹페이지에 삽입하고 로드하는 가장 좋은 방법들 그리고 페이지 내 어디에 삽입을 하는 것이 좋은지 등에 대해 설명한다. 3장 '초반 다운로드를 분산시키기'에서는 오늘날의 수많은 웹 응용프로그램들이 직면하는 문제, 다시 말해 웹페이지 앞부분에 삽입되어 있는 덩치 큰 자바스크립트로 인해 페이지의 렌더링과 다른 구성 요소의 다운로드를 지연시키게 되는 문제에 대해 설명한다. 이의 해답은 바로 이 덩치 큰 하나의 자바스크립트를 보다 효율적인 페이지 로딩을 위해 쪼개는 것이다.

4장과 5장은 서로 관련이 있다. 오늘날 대부분의 인기 브라우저들에서 외부 스크립트를 사용하는 경우 페이지의 다른 모든 것들을 멈춰 버린다. 4장 '블로킹 없이 스크립트 로딩하기'에서는 외부 스크립트를 로드할 때 이런 문제를 피할 수 있는 방법에 대해 설명한다. 웹페이지 내에서 직접 사용된 코드에서 참조하는 스크립트를 비동기적으로 로딩하는 경우에는 또 다른 문제가 있다. 운 좋게도 이렇게 웹페이지 내의 코드가 참조하는 스크립트를 비동기적으로 로딩할 수 있게 해주는 몇 가지 해결 방법이 있다. 이 기법들은 5장 '비동기 스크립트와 결합시키기'에서 알아본다.

6장 '인라인 스크립트를 올바르게 배치하기'에서는 코드 내에 직접 사용되는 inline 스크립트에 성능과 관련해서 적용할 수 있는 우수 기법들에 대해 설명한다. 특히 Blocking 병렬 다운로드에 미치는 영향에 대해서도 알아본다.

니콜라스 자카스가 쓴 7장 '효율적인 자바스크립트 작성하기'는 더글라스가 쓴 장(1장)을 보완하는 장이다. 더글라스가 Ajax에 대한 전반적인 내용을 다루었다면 니콜라스는 자바스크립트의 속도를 더 빠르게 할 수 있는 몇 가지 세부 기법들에 대해 설명한다.

네트워크 성능

웹 응용프로그램은 데스크톱 응용프로그램과 다르다. 즉 사용할 때마다 인터넷을 통해 다운로드해야 한다는 것이다. Ajax가 채택됨으로 인해 서버와 클라이언트 간의 새로운 데이터 통신 방식이 생겨났다. 웹 업계에서 가장 큰 성장 가능성은 인터넷 연결 보급이 덜 된 이머징(Emerging) 시장에 있다고 할 수 있다. 이 모든 요소들이 바로 보다 나은 네트워크 성능이 어느 때보다 필요하다는 점을 말해 준다.

8장 '코멧을 이용한 확장'에서 딜런 시맨은 Ajax를 뛰어 넘어 채팅이나 문서 공동 작업과 같은 실시간 응용프로그램을 위한 대용량이면서 빠른 응답 시간을 갖는 통신 방식에 대해 설명한다.

9장 'Gzip을 넘어서'에서는 콘텐츠를 압축하는 것만으로는 최적의 웹사이트 콘텐츠 전달을 보장할 수 없다는 점에 대해 설명한다. 이 장에서 토니 젠틀코어는 전 세계 인터넷 사용자의 15%의 네트워크 성능에 영향을 미치는 미처 알려지지 않은 현상에 대해 밝힌다.

스토얀 스테파노프와 니콜 설리번은 함께 10장에서 이미지 최적화에 대해 설명한다. 이 장에서는 널리 사용하는 모든 이미지 포맷에 대해 설명하고 몇 가지 이미지 최적화 기법들과 추천하는 이미지 압축 도구들에 대해 상세하게 설명한다.

나머지 장들은 본인이 작성한 것들이다. 11장 '도메인의 공유'에서는 오늘날 널리 사용되는 브라우저와 차세대 브라우저의 연결 개수 제한에 대해 알아본다. 그리고 여러 도메인에 리소스들을 나누어 놓는 기법에 대해서도 알아본다.

12장 '플러시를 통해 문서 먼저 내리기'에서는 HTML 문서가 모두 다운로드되기도 전에 화면에 렌더링을 시작할 수 있게 해주는 chunked encoding의 이점과 관련해서 알아두어야 할 만한 함정들에 대해 알아본다.

브라우저 성능

아이프레임(Iframe)은 제삼자가 만든 웹페이지를 손쉽게 삽입하는 데 흔히 사용되는 기법이다. 하지만 이 방법은 손쉬운 대신 단점이 있다. 13장 '아이프레임의 자제'에서는 아이프레임의 단점에 대해 설명하며 이에 대한 몇 가지 대안에 대해 설명한다.

14장 'CSS 선택자의 단순화'에서는 복잡한 선택자(Selector)가 성능을 어떻게 저해하는지 알아본다. 그리고 가장 주의 깊게 보아야 할 상황에 대한 객관적인 분석을 해본다.

부록, '성능 관리 도구'에서는 필자가 추천하는 웹사이트 분석 도구와 성능 개선을 위해 고쳐야 할 가장 중요한 부분을 찾는 데 도움을 주는 도구들에 대해 알아본다.

이 책에서 사용하는 조판 관례

이 책에서 사용하는 서식은 다음과 같다.

고정폭 폰트

Constant width bold
명령어, 옵션, 명령어 스위치, 변수, 특성, 키값, 함수, 타입, 클래스, 네임스페이스, 메서드, 모듈, 속성, 파라미터, 값, 객체, 이벤트, 이벤트 핸들러, XML 태그, 매크로, 파일 내용 그리고 특정 명령에 대한 출력과 같은 내용을 나타낸다.

볼드 고정폭 폰트

Constant width bold
독자가 직접 입력해야 하는 명령어나 문구를 나타낸다.

이탤릭 고정폭 폰트

Constant width bold
사용자의 값으로 대치되어야 하는 문구를 나타낸다.

✱ **참고**　이 아이콘은 팁이나 제안 또는 일반적으로 알아 두어야 할 사항을 나타낸다.

▼ **주의**　이 아이콘은 경고 또는 주의 사항을 나타낸다.

의견과 질문

이 책에 대한 의견이나 질문은 다음의 주소로 보내주길 바란다.

O'Reilly Media, Inc.
1005 Gravenstein Highway North
Sebastopol, CA 95472
800-998-9938 (미합중국 또는 캐나다)
707-829-0515 (국제 전화 또는 국내 전화)
707-829-0104 (팩스)

이 책의 오류, 예제 그리고 추가 정보를 담고 있는 웹페이지도 있으며 다음의 주소에서 볼 수 있다:

http://oreilly.com/catalog/errata.csp?isbn=9780596522308

이 책에 대한 의견이나 기술적인 질문이 있는 독자분들은 다음의 주소로 이메일을 보내기 바란다.

bookquestions@oreilly.com

다른 책이나 컨퍼런스, 자료 센터 그리고 O'Reilly 네트워크에 대한 추가 정보를 원하는 독자분들은 다음의 URL을 방문하기 바란다.

http://www.oreilly.com

이 책의 예제 코드 활용과 관련하여

아래 사이트에서 소스코드와 예제를 살펴볼 수 있다.

http://stevesouders.com

이 책의 코드를 여러분의 프로그램이나 문서에서 이용해도 된다. 만약 코드의 중요한 부분을 변경하지 않고 사용한다면 사용에 대해서 허락을 받기 위해 우리에게 연락할 필요가 없다. 예를 들어 큰 코드 몇 부분을 통째로 사용하여 프로그램을 작성하는 경우에는 우리에게 허가를 받을 필요가 없다. 하지만 이 책의 예제를 CD-ROM으로 팔거나 배포할 때는 우리에게 허가를 받아야 한다. 질문에 대한 답변으로 이 책의 예제를 인용할 때에는 별도의 허가 없이 이용할 수 있다. 그리고 이 책의 코드 중 상당 부분을 자신의 상품으로 만들기 위해서 사용할 경우에는 허가를 받아야 한다.

출처를 기재해 준다면 고맙겠지만 꼭 하진 않아도 된다. 출처에는 항상 책 제목, 저자, 출판사, 그리고 ISBN을 포함해야 한다. 예를 들면 다음과 같다. "Even Faster Web Sites, by Steve Souders. Copyright 2009 Steve Souders, 978-0-596-52230-8"

이 책의 예제 코드를 사용하려고 하는 데 정당한 사용 용도에서 벗어난다거나 위의 허락 범위를 벗어난다고 생각되는 경우 언제라도 permissions@oreilly.com 으로 연락을 주면 된다.

Safari® Books Online

Safari Books Online 아이콘을 여러 기술서적에서 보았을 것이다. 이 아이콘은 O'Reilly Network Safari Bookshelf를 온라인으로 이용할 수 있다는 것을 의미한다. Safari는 E-book보다 더 좋은 솔루션을 제공하고 있다. 기술 서적들의 수천 개의 기술 서적들을 쉽게 검색할 수 있는 가상 도서관이고 또한 예제 코드들을 잘라내고 붙일 수 있다. 그리고 원하는 챕터를 다운로드하고 질문에 따른 답이 필요할 때 빠르게 찾을 수 있을 것이다. 사이트 주소는 다음과 같고 무료로 사용해 볼 수도 있다. http://safari.oreilly.com

표지에 대해

『초고속 웹사이트 구축』 도서 표지에 사용된 동물은 바로 인도영양이다. 이 종은 멸종 위기에 처한 동물로 주로 인도에서 찾아볼 수 있다. 남자 영양이 가지고 있는 V 모양의 뿔은 소용돌이 모양으로 이루어져 있고 그 길이는 28인치나 된다. 수컷 영양의 몸은 검정색이나 어두운 갈색으로 구성되어 있고 배와 눈은 하얀색으로 덮힌다. 암컷 영양은 몸 색깔이 밝은 갈색이고 뿔은 없다. 영양은 15~20명의 떼를 이루며 초원을 누비며 풀과 꽃 그리고 과일을 먹으며 산다. 영양은 지구에서 가장 빠른 동물 중에 하나이며 시속 45마일이라는 속도로 굉장히 먼 거리를 달릴 수 있다.

18세기 초부터 20세기 초까지 영양은 인디아에서 야생 동물에 의해서 사냥당해 왔다. 1932년도에 인도의 몇몇 사슴과 영양들은 사냥을 위해서 텍사스에 유입된 적이 있다. 오늘날에는 이러한 종들은 대규모 농장에서 사육되고 있고 초원을 누비고 있다. 이 영양들은 이 당시 개체수가 19,000 이상이었으며 굉장히 풍부해졌으며 인도에서 자연적인 서식지에서 자라왔다.

현재, 인도에서는 1972년도부터 야생 보호를 통하여 이 종을 보호해왔고 인디아영양은 50,000마리 이상의 수를 유지하고 있고 텍사스에서 43,000마리가 있다고 전해지고 있다. 밀렵이 아직도 문제이고 인간들이 그들의 삶을 침해하고 있다는 것이 사실이었지만 2006년도에 영화를 통하여 영양 보호에 대한 메시지를 전달할 적이 있다. 인도에서 만들어진 이 영화의 제목은 <살만 칸>(Slaman Khan)으로 영양을 두 마리 죽인 혐의로 감옥에 가서 5년 동안 지내게 된 이야기가 담겨 있었다. 힌두교 신화에 따르면 영양은 달의 신이 타고 다녔던 동물이었고 할머니들은 그 동물이 사는 곳에는 번창이 이루어진다고 믿고 있다.

여기서 사용된 이미지는 도버 픽토리얼 아카이브(Dover Pictorial Archive)로부터 제공된 것이며 표지에서 사용된 폰트는 Adobe ITC Garamond이다. 책에서 사용된 내용의 폰트는 Linotype Birka이며 머릿말에서 사용된 폰트는 Adobe Myriad Condensed이다. 그리고 코드에서는 LucasFont's의 TheSansMonoCondensed 폰트가 사용되었다.

01

Ajax의 성능 제대로 이해하기

• 더글라스 크록포드(Douglas Crockford) •

> "너무 서두른 최적화는 악의 근원이다."
>
> - 도널드 커누스(Donald Knuth)

Trade-offs: 얻는 것이 있으면 잃는 것이 있다

하나의 컴퓨터 프로그램을 설계하고 작성하는 과정 속에는 수천 번의 결정을 거쳐가는데 이 각각의 결정을 통해 얻는 것도 있고 잃는 것도 있기 마련이다. 어려운 결정을 해야 할 때 각각의 대안들에는 그에 따르는 중대한 이득과 손실이 있다. 이 이득과 손실을 저울질(Tradeoff)하면서 우리는 나쁜 것은 최소화하고 좋은 것은 가능하면 최적으로 가져가길 원한다. 아마도 가장 최고의 저울질은 다음이 아닐까?

"천국에 가고는 싶으나 죽고 싶진 않다."

조금 더 와 닿는 예로는 다음의 프로젝트 트라이앵글(Project Triangle)[1] 을 들 수 있다:

"빠른 것. 좋은 것. 싼 것. 이 중 둘만 고르시오."

앞의 프로젝트 트라이앵글에서 말해 주듯이 가장 이상적인 상황에서도 빠르고 좋고 싼 것을 동시에 만족하는 것을 얻을 수는 없다. 얻는 게 있으면 잃는 것이 있다는 말이다.

---

1   (옮긴이) 프로젝트 트라이앵글(Project Triangle)이란 프로젝트 관리를 삼각형으로 표현하는 것으로 삼각형의 각 모서리는 서로 상반되는 특성을 나타내며 프로젝트의 목표를 분석하는 데 사용한다.

컴퓨터 프로그램에서 보면 알고리즘 선택과 관련해서 실행 시간과 메모리 양을 저울질해야 하는 경우가 생긴다. 그리고 코드의 질 대비 빠른 개발 속도 또는 시장 출시(Time To Market)를 저울질해야 하는 경우도 있다. 이런 저울질은 계속 진행되는 개발의 유효성에 큰 영향을 미칠 수 있다.

우리가 코드를 건드릴 때마다 코드를 개선할 수 있는 여지와 함께 새로운 버그가 추가될 수 있다는 점을 저울질하게 되는 셈이다. 프로그램 성능의 측면에서 봤을 때에는 이 모든 사항들이 저울질 대상이다.

최적화의 원칙

최적화를 할 때에는 프로그램의 전체적인 비용을 줄이는 것이 목표이다. 일반적으로 이는 사용자가 인지하는 프로그램의 실행 시간으로 나타내지만 다른 요소들을 최적화할 수도 있다. 그런 다음 프로그램의 비용에 가장 두드러진 영향을 미치는 부분을 찾아 최적화를 진행한다.

예를 들어 보자. 프로파일러(profiler)[2]를 통해 프로그램의 네 가지 모듈의 비용을 다음과 같이 측정하였다고 해보자.

모듈	A	B	C	D
비용	54%	4%	30%	12%

모듈 B의 비용을 반으로 줄인다면 전체적인 비용은 2%만 줄게 된다. 대신 모듈 A의 비용을 10%만 줄여도 더 좋은 결과를 얻을 수 있다. 즉 비용에 큰 영향을 미치지 않는 구성 요소를 최적화해서는 별다른 이득을 얻기 힘들다는 것이다.

응용프로그램 분석은 알고리즘 분석과 밀접한 관계가 있다. 실행 시간을 고려할 때 프로그램이 실행되면서 가장 오랜 시간이 걸리는 부분이 바로 반복문(Loop)이다. 딱 한 번만 실행되는 코드를 최적화해서 얻을 수 있는 이점은 거의 무시해도 될 만한 수준으로 미미하다. 내부 반복문을 최적화해서 얻을 수 있는 이득은 상당할 수 있다.

예를 들어 반복문의 비용이 반복 횟수에 비례한다면 우리는 이를 O(n)으로 표현할 수 있고 이의 성능을 그림 1-1의 그래프처럼 나타낼 수 있다.

---

2 (옮긴이) 컴퓨터 공학에서 말하는 프로파일러(profiler)란 프로그램이 실행 중인 동안에 어떻게 동작을 하는지에 대한 정보를 수집 하는 도구를 말한다. 보통은 프로그램의 주요 병목 지점을 찾는 데 활용한다.

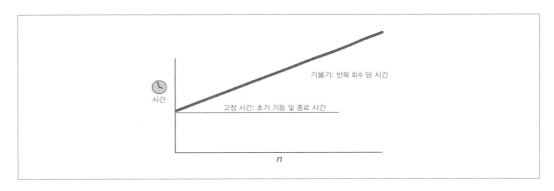

그림 1-1 | 반복문의 성능

반복문의 한 반복 횟수에 대한 실행 시간은 그래프 선의 기울기로 표현된다. 즉 비용이 클수록 선의 기울기는 더 가파르다. 해당 반복문의 고정 비용에 따라 선이 시간 축과 만나는 점, 즉 시작점이 정해 진다. 보통 이 고정된 비용을 줄여서 얻는 이득은 별로 크지 않다. 때에 따라서는 이 고정 비용을 늘림 으로 해서 반복문의 비용을 줄일 수 있다면 이로 인해 얻는 이득이 있을 수도 있다. 바로 이런 것을 좋 은 저울질이라고 할 수 있다.

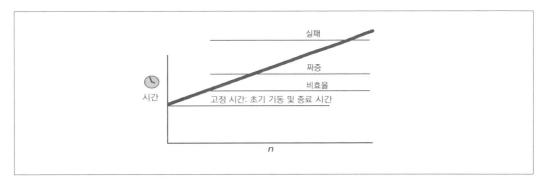

그림 1-2 | 에러의 축

이렇게 실행 시간에 대한 그래프에는 세 가지의 선이 또 있다. 바로 '에러의 축'이라고 하는데 앞의 그 래프의 선이 절대로 만나서는 안 되는 선들이다(그림 1-2 참조). 이 중 첫 번째 선이 바로 비효율 선이 다. 이 선을 만나는 시점부터 사용자의 집중력은 떨어지기 시작한다. 그리고 사용자들을 금방 실증나 게 할 수도 있다. 두 번째가 바로 짜증의 선이다. 이 선을 만나는 순간 사용자는 계속 기다려야 한다는 점을 인지하게 된다. 이 시점에서부터 사용자는 다른 것들을 고려하기 시작한다. 가령, 다른 경쟁사의 웹 응용프로그램은 얼마나 좋을까 하는 것들 말이다. 세 번째 선은 실패의 선이다. 이 시점이 바로 사 용자가 새로고침(refresh)을 누르거나 브라우저를 아예 닫아 버리는 시점인데 응용프로그램이 죽었다고 사용자가 생각하거나 무언가 잘못됐으니 브라우저가 무언가 행동을 취하라고 사용자에게 알리기 때문이다.

이 에러의 축을 만나지 않기 위해 취할 수 있는 세 가지 방법이 있다. 각 반복문의 비용을 줄이는 방법, 반복 횟수를 줄이는 방법 그리고 응용프로그램을 재설계하는 것이다. 반복문이 중첩되어 있는 경우 취할 수 있는 방법은 더 줄어든다. 반복문의 비용이 O(n log n)이거나 O(n²) 아니면 이보다도 나쁜 경우 각 반복문의 실행 시간을 줄여도 별 효과가 없다(그림 1-3 참조). 여기서 효과를 볼 수 있는 방법은 n의 크기를 줄이거나 알고리즘을 교체하는 방법밖에는 없다. 반복문이 한 번 실행되는 동안의 실행 시간을 줄여 보려고 이런저런 방법들을 사용해 보는데 이는 n이 매우 작은 경우에만 효과적이다.

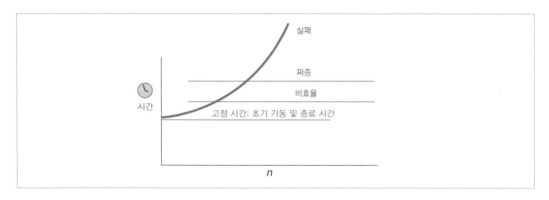

그림 1-3 | 중첩된 반복문의 성능

프로그램은 옳게 작동하도록 설계되어야 한다. 올바르지 않은 프로그램은 아무리 빨라야 아무런 소용이 없다. 하지만 성능 문제는 개발의 과정 중 가능하면 빨리 발견하는 것이 중요하다. 웹 응용프로그램을 테스트할 때에는 느린 네트워크 회선이 물려 있는 느린 컴퓨터에서 테스트하여 실제 사용자와 유사한 환경을 만들어 테스트하는 것이 좋다. 반면 개발자가 구성해 놓은 환경에서 테스트를 하면 성능 문제가 보이지 않을 가능성이 높다.

Ajax

코드를 리팩터링하면 코드의 복잡도를 줄이는 것은 물론 추가적인 최적화나 다른 수정으로 인해 이득을 볼 수 있는 가능성이 커진다. 예를 들어 YSlow 규칙들을 적용하면 웹페이지 전달 시간에 매우 큰 효과를 볼 수 있다(http://developer.yahoo.com/yslow 참조).

그럼에도 불구하고 웹페이지의 규모와 복잡도 때문에 웹 응용프로그램이 앞에서 본 '비효율 선' 아래의 영역에서 작동하게 하는 것이 여전히 어려운 것이 사실이다. 웹페이지들은 크고 무겁고 많은 부분으로 나누어진 덩어리들이다. 페이지를 교체하는 것만 해도 상당한 비용이 든다. 이전 페이지와 그 다음에 오는 페이지 간의 차이점이 상대적으로 적은 응용프로그램의 경우 Ajax 기술을 사용하면 큰 향상을 볼 수 있다.

사용자가 어떤 입력을 했을 때 결과로 보여줄 다른 새 페이지를 서버에 요청하는 대신 데이터 패킷(보통 JSON 텍스트로 인코딩한) 하나만 서버로 보내고 서버는 이에 대한 응답으로 데이터를 담은 패킷(이 또한 JSON으로 인코딩된)을 보낸다. 자바스크립트(JavaScript) 프로그램은 이 데이터를 사용하여 브라우저의 화면을 갱신한다. 이렇게 하면 주고 받아야 하는 데이터의 상당량을 줄일 수 있으며 사용자가 입력을 한 시점부터 화면상으로 응답을 볼 수 있을 때까지의 시간 또한 상당히 줄어든다. 서버 쪽에서 해야 하는 작업의 양도 줄어든다. 브라우저가 해야 하는 작업의 양도 줄어든다. 하지만 안타깝게도 Ajax 프로그래머가 해야 하는 일의 양은 늘어날 가능성이 높다. 바로 이것이 앞에서 말한 저울질 대상의 한 예이다.

Ajax 응용프로그램의 구조는 다른 종류의 응용프로그램의 그것과는 상당히 다른데 이는 Ajax 응용프로그램이 두 가지의 시스템으로 나뉘어 있기 때문이다. Ajax를 이용하여 성능을 높이려면 응용프로그램이 해야 하는 작업을 올바르게 나누어 주는 것이 매우 중요하다. 응용프로그램은 브라우저와 서버가 대화하는 것처럼 구성되어야 하며 이 둘은 간결하고 표현력 있고 서로 공유할 수 있는 언어로 대화할 수 있어야 한다. 데이터가 필요한 그 시점에 바로 받아옴으로써 브라우저 단의 응용프로그램은 n을 작게 유지할 수 있으며 이렇게 함으로써 반복문의 실행 속도도 빨라질 수 있다.

Ajax 응용프로그램을 작성하면서 흔하게 하는 실수가 응용프로그램의 모든 데이터를 브라우저로 내려 보내는 것이다. 이렇게 하면 Ajax를 이용하여 피하려고 했던 낮은 반응 속도라는 문제를 다시 겪게 된다. 브라우저가 처리해야 하는 데이터의 양이 커지면서 n도 다시 증가하고 성능 또한 나빠진다.

브라우저

Ajax 응용프로그램을 만들기 위해서는 상당한 노력을 들여야 한다. 이는 브라우저가 응용프로그램을 위한 플랫폼으로 사용되도록 설계된 것이 아니기 때문이다. 스크립트(Script) 언어와 Document Object Model(DOM)은 간단한 Form으로 구성된 응용프로그램을 만드는 데 사용하도록 고안된 것들이다. 놀랍게도 오늘날의 브라우저는 상당히 세련된 응용프로그램들을 제공하는 것이 가능할 정도로 꽤나 올바르게 작동한다. 하지만 안타깝게도 100% 올바르다고는 할 수 없으며 따라서 난이도가 매우 높아질 수 있다. 이 높아진 난이도는 Ajax 라이브러리(예를 들어 http://developer.yahoo.com/

yui)를 사용하면 어느 정도 해소할 수 있다. Ajax 라이브러리는 JavaScript의 높은 표현력을 통해 보다 실용적으로 DOM을 활용할 수 있게 해준다. 게다가 다양한 브라우저상에서 응용프로그램이 만족스럽게 작동하지 못하게 하는 원인이 될 수 있는 많은 위험 요소들을 고쳐 주기도 한다.

한 가지 안타까운 점은 DOM API가 아주 비효율적이면서 신비로운 물건이라는 점이다. 프로그램을 실행할 때 가장 많은 비용이 드는 곳은 보통 JavaScript가 아닌 바로 DOM이다. 다음의 데이터는 Velocity 2008 컨퍼런스에서 마이크로소프트사의 Internet Explorer 8 개발팀에서 발표한 성능 데이터인데 Alexa 기준 상위 100개 웹페이지[3] 들을 실행할 때 어디에서 시간이 소비되는지를 보여준다.

동작	Layout	Rendering	HTML	Mashaling	DOM	Format	JScript	기타
비용	43.16%	27.25%	2.81%	7.34%	5.05%	8.66%	3.23%	2.5%

브라우저가 실행 중 소비하는 총 시간에 비해 JavaScript를 실행하는 데 소비하는 시간은 거의 무시할 만한 수준이다. 마이크로소프트의 개발팀은 조금 더 무거운 Ajax 응용프로그램이라고 할 수 있는 서로 관련 있는 이메일들 열기 작업에 대한 예도 보여주었다.

동작	Layout	Rendering	HTML	Marshaling	DOM	Format	JScript	기타
비용	9.41%	9.21%	1.57%	7.85%	12.47%	38.97%	14.43%	3.72%

스크립트 실행에 소비되는 시간은 여전히 15% 미만이다. 이번의 경우에는 CSS를 처리하는 데 든 시간이 가장 컸다. DOM의 신비스러움을 이해하고 DOM이 성능에 미치는 안 좋은 영향을 줄이는 것이 스크립트를 더 빠르게 수정하는 것보다 훨씬 더 좋은 전략이다. 자바스크립트에 무언가를 해서 2배나 빠르게 수정했다고 한들 이의 효과를 눈치 채기는 힘들 것이다.

Wow!(우와!)

기획자들은 보통 자신이 기획하는 응용프로그램에 무언가 우와! 하고 놀랄 만한 기능을 추가하려고 하는 경향이 있다. 이런 기능에는 보통 사용자들로부터 "우와, 브라우저에서도 이런 기능이 되는지 몰랐네." 하는 반응이 나오게 하려는 의도도 들어 있다. 하지만 이런 '우와 기능'을 잘못 사용하면 오히려 사용자의 주의를 산만하게 하여 생산성을 떨어트리거나 화려한 애니메이션이 다 끝날 때까지 사용자를 기다리게 만든다. 올바르지 않게 사용된 우와 기능으로 인한 불필요한 DOM 작업은 해당 웹사이트의 비용만 가중시킬 뿐이다.

---

3   http://en.oreilly.com/velocity2008/public/schedule/detail/3290

우와 기능은 이를 추가함으로써 사용자의 경험이 진정으로 향상될 수 있을 때에만 사용하는 것이 좋다. 이런 기능을 단순 자랑거리나 부족한 기능이나 사용성에 대한 보상으로 여기면 안 된다.

브라우저가 잘할 수 있는 것들을 위주로 기획하고 설계하자. 예를 들자면 무한대로 스크롤이 되는 리스트에 데이터베이스의 내용을 보여주려면 브라우저가 효과적으로 처리할 수 있는 양보다 훨씬 많은 내용을 관리하고 화면에 보여줘야 한다. 이보다는 스크롤이 아예 없으면서도 효과적으로 페이지로 나누어 보여주는 기능이 더 좋다. 이것이 더 성능의 측면에서도 더 낫고 사용하기에도 더 쉽다.

자바스크립트

대부분의 자바스크립트(JavaScript) 엔진들은 성능보다는 빠른 개발 및 출시를 위한 최적화가 되어 있다. 따라서 자바스크립트야말로 성능 저하의 주요 원인(Bottleneck)이라고 흔히들 생각한다. 하지만 일반적인 성능 저하의 원인은 자바스크립트보다는 DOM이며 스크립트를 만지작거리며 수정해도 효과를 보기는 힘들다.

스크립트를 만지작거리는 것은 아예 안 하는 것이 좋다. 프로그램의 코드는 올바르게 그리고 명확하게 작성되어야 한다. 스크립트를 만지작거려 봤자 코드의 명확성만 나빠질 수 있으며 이는 프로그램에 버그가 추가될 가능성만 높인다.

다행히도 시장의 경쟁으로 인해 브라우저 회사들이 요즘은 자바스크립트 엔진의 효율성을 높이는 데 많은 노력을 기울이고 있다. 이런 향상을 통해 새로운 종류의 브라우저 응용프로그램들이 가능해질 것으로 생각한다.

성능을 높여 줄 것 같은데 잘 알려지지 않은 기법이 있다면 그 기법을 사용했을 때 실제로 기능 향상이 있다는 증거를 찾기 전에는 되도록이면 사용하지 말자. 대부분의 경우 실제로 눈에 띄는 성능 향상은 거의 없으며 코드의 질만 떨어뜨릴 것이다. 특정 브라우저만에서만 사용할 수 있는 꼼수 또한 사용하지 말자. 브라우저는 여전히 개발이 진행 중인 물건이므로 궁극적으로는 꼼수보다는 더 좋은 코딩 방식을 더 선호할 수 있다.

그래도 스크립트를 좀 만지작거려야 할 것 같다면 우선은 성능 측정부터 하자. 프로그램의 어디에서 가장 많은 시간이 소비 되는지에 대한 우리 개발자들의 직감은 보통 실제와는 다른 경우가 많다. 오로지 정확한 측정을 통해서만 성능에 긍정적인 영향이 있었는지 확신할 수 있다.

요약

거의 모든 것들에는 얻는 것이 있으면 잃는 것이 있다. 성능을 위한 최적화를 할 때에는 의미 있는 시간을 소비하는 곳 이외의 것들의 속도를 향상시키는 데 들이는 노력은 시간 낭비일 뿐이다. 먼저 측정부터 하자. 괜찮은 이득이 없는 곳에서는 최적화를 피하자.

브라우저가 자바스크립트를 실행하는 데 들이는 시간은 대체로 적다. 대부분의 시간은 DOM과 관련된 곳에서 소비된다. 브라우저 제작사 측에 보다 좋은 성능 측정 도구들을 만들어 달라고 요구하자. 그리고 코드의 질을 염두에 두고 작성하자. 깔끔하면서 읽기 좋은 그리고 잘 설계된 코드라야 올바르게 작성하기 쉽고 유지보수도 더 쉬우며 최적화하기에도 더 좋다. 꼼수 같은 기능은 성능을 상당히 향상시켜 주지 않는 이상 사용하지 말자.

Ajax 기술은 잘만 활용하면 응용프로그램을 더욱더 빠르기 작동할 수 있게 해준다. 여기서의 핵심은 브라우저와 서버 간의 올바른 균형을 이루어내는 것이다. Ajax는 페이지를 갱신하는 데 매우 효과적인 방법으로 활용할 수 있게 해줌으로써 브라우저 자체를 강력한 응용프로그램 플랫폼으로 탈바꿈시켜 준다. 그렇다고 성공이 보장되는 것은 아니다. 브라우저는 매우 많은 노력을 들여야 하는 플랫폼이라 여러분들이 갖고 있는 성능과 관련된 직감도 맞으리라는 보장이 없다. 다음 장에서부터 보다 더 빠른 웹사이트를 만드는 방법들에 대해 설명할 것이다.

02

빠른 웹 응용프로그램 만들기

• 벤 겔브레스(Ben Galbraith)와 디온 앨머(Dion Almaer) •

Ajax가 인기를 끌면서 웹사이트 성능은 더 이상 단순히 웹사이트의 화면을 표시해주는 문제가 아니다. 점점 많은 웹사이트에서 페이지가 로딩되면 자바스크립트를 이용하여 동적으로 페이지를 변경하고 새로운 콘텐츠를 그때그때 갱신해준다. 그리고 이런 웹 응용프로그램에서의 성능 최적화 작업은 기존의 웹사이트와는 또 다른 기술들이 요구된다.

높은 수준에서 봤을 때 웹 응용프로그램과 기존의 데스크톱 응용프로그램의 UI(User Interface)는 하나의 공통적인 목적을 갖는다. 즉, 사용자의 입력에 가능하면 빠르게 반응을 보이라는 것이다. 그리고 사용자가 브라우저에서 웹사이트를 요청하면 이를 빠르게 보여줘야 하는 짐은 전적으로 브라우저가 짊어지게 된다. 요청한 웹사이트로의 네트워크 연결을 맺고, HTML을 파싱하고, 기타 필요한 리소스들을 요청하는 등의 작업을 한다. 이 과정을 자세히 분석한 결과를 이용하면 웹페이지를 가능하면 빠르게 화면에 렌더링되도록 최적화할 수는 있으나, 이렇게 페이지를 로드하고 화면에 보여주는 일은 궁극적으로 브라우저의 통제하에 이루어진다는 것이다.

사용자 입력에 대해 웹사이트가 어떻게 반응을 해야 하는지는(사용자 입력으로 인해 새 페이지를 보여주지 않은 경우) 우리 웹 개발자들이 주도권을 가진다. 우리 개발자들이 할 일은 사용자의 입력에 의한 결과로 실행되는 자바스크립트가 빠른 반응을 보이게끔 하는 것이다. 개발자들이 이 반응 속도와 관련해서 얼마나 관여를 할 수 있는지에 대한 보다 자세한 이해를 위해 브라우저의 사용자 인터페이스(User Interface)가 어떻게 작동하는지 잠시 알아보도록 하자.

그림 2-1에서 나온 것처럼 사용자가 브라우저와 상호작용을 할 때 운영체제는 키보드 또는 마우스 같은 컴퓨터와 연결된 여러 가지의 기기들로부터 입력을 받는다. 운영체제는 이렇게 받은 입력을 어느 응용프로그램이 받아야 할지를 판단한 후 입력 데이터를 개별적인 이벤트로 묶어 해당 응용프로그램을 위한 큐에 집어 넣는다. 우리는 이 큐를 이벤트 큐라고 한다.

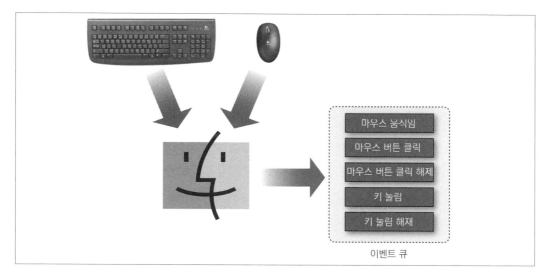

그림 2-1 | 사용자의 모든 입력은 운영체제에 의해 이벤트 큐로 보내지고 저장된다

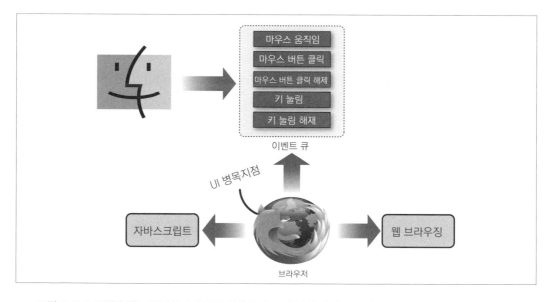

그림 2-2 | 브라우저는 하나의 스레드를 이용하여 큐에 쌓인 이벤트를 처리하고 사용자 코드를 실행한다

이 큐에 추가된 개별 이벤트를 어떻게 처리하는지는 브라우저가 결정할 사항으로 이는 여느 기타 GUI 응용프로그램과 마찬가지이다. 우선은 이 큐로부터 먼저 들어온 순서대로(First-in First-out) 이벤트를 빼와서 이벤트가 무엇인지를 보고 처리를 한다. 브라우저는 이벤트에 따라 보통 다음 두 가지 중에 하나를 수행한다. 이벤트 자체를 처리(가령 메뉴를 보여주거나, 웹페이지를 보여주거나, 설정 화면을 보여주는 등등)하거나 웹페이지 자체의 자바스크립트(예를 들어 페이지 내에 있는 onclick 핸들러의 자바스크립트 코드)를 실행한다. 이를 그림 2-2에서 보여준다.

여기서 짚고 넘어가야 할 중요한 점은 바로 이 과정이 하나의 스레드로 실행된다는 점이다. 즉, 브라우저는 하나의 스레드상에서 큐의 이벤트를 빼내고 이를 직접 처리(그림 2-2의 '웹 브라우징')하거나 자바스크립트를 실행한다. 따라서, 한 번에 하나의 이벤트만을 처리할 수 있으며 이는 곧 하나의 이벤트가 처리되는 동안에는 다른 이벤트가 처리될 수 없다는 것을 의미한다.

브라우저가 웹페이지의 자바스크립트를 실행하는 데 얼마의 시간이 걸린다고 했을 때 이는 곧 그 시간 동안은 다른 이벤트를 처리할 수 없다는 말이 된다. 따라서 웹페이지 내의 자바스크립트를 실행하는 데 소요되는 시간을 가능하면 줄이는 것이 매우 중요하다. 이렇게 하지 않는 경우 웹페이지와 브라우저 자체가 매우 느려지거나 완전히 먹통이 되어 버릴 수 있다.

지금 여기서 논하는 브라우저와 운영체제의 사용자 입력 처리 방식은 일반적으로 널리 적용 가능한 사항들이다. 하지만 세부 사항들은 다를 수 있다. 세부 사항은 다를 수 있다고 해도 모든 브라우저가 웹페이지 내의 자바스크립트를 실행할 때에는 단일 스레드로 처리(물론 이는 이번 장의 후반부에서 설명하는 Web Workers를 사용하는 경우는 제외)한다. 따라서 이번 장에서 소개하는 추천 기술들 또한 적용 가능하다.

그럼 대체 얼마나 빨라야 빠른 것일까?

코드가 '최대한 빠르게' 실행되어야 한다고 말하는 것도 좋지만 때에 따라서는 시간이 걸릴 수밖에 없는 일들을 실행해야 하는 경우도 있다. 가령 암호화 알고리즘, 복잡한 그래픽 렌더링, 이미지 조작과 같은 작업들은 개발자가 '최대한 빠르게' 실행될 수 있도록 아무리 많은 노력을 들인다고 한들 수행하는 데 많은 시간이 걸릴 수밖에 없는 연산들이다.

하지만 더글라스가 1장에서 언급한 바와 같이 개발자들이 아무리 빠르게 작동하는 고성능의 웹사이트를 만들고 싶다고 해도 해당 웹사이트에 사용되는 모든 코드를 최적화할 수도 없으며, 하려고 해서도 안 된다. 이보다는 이와 반대로 해야 한다. 즉, 개발자들은 충분히 빠르지 않은 부분만을 찾아 최적화해야 한다.

따라서 여기서 가장 중요한 점은 바로 얼마나 빨라야 '충분히 빠른 것'인지에 대한 정의를 내려야 한다. 다행스럽게도 이를 벌써 정의해 둔 사람들이 있다.

제이콥 닐슨(Jakob Nielsen)은 웹 사용성 분야에 있어서 매우 유명하고 정평이 나 있는 전문가이다. 그가 말한 다음의 내용[1]에서 '충분히 빠르다'라는 말이 어떤 의미를 가져야 하는지 알 수 있다.

> 웹 기반 응용프로그램들의 반응 속도를 위한 가이드라인은 여느 다른 응용프로그램들과 동일하다. 이 가이드라인은 지난 37년 내내 동일했고 따라서 앞으로 어떤 구현 기술이 나올지라도 바뀌지 않을 가능성이 높다.

0.1초: 사용자 자신이 UI에서 보여주는 개체들을 직접 조작한다고 느낄 수 있는 최대 시간. 예를 들면 사용자가 한 테이블에서 한 열(column)을 선택한 그 순간부터 해당 열이 선택되었다는 반응이 화면에 보여질 때까지의 시간을 들 수 있다. 한 열을 기준으로 정렬을 한 경우에도 이 정도의 시간만 걸리면 이상적이라고 할 수 있을 것 같다. 이때 사용자는 자신이 직접 테이블의 내용을 정렬하고 있다는 느낌을 갖는다.

1초: 사용자가 컴퓨터가 작업을 끝낼 때까지 과도하게 기다릴 필요 없이 자연스럽게 명령을 내린다는 느낌을 가질 수 있는 최대 시간. 0.2에서 1.0초 정도 지연되는 경우 사용자는 무언가 오래 걸린다는 것을 인지하게 되며 명령에 대한 결과가 사용자의 동작에 대한 직접적인 결과라기보다는 컴퓨터가 현재 명령을 처리하기 위해 '일'을 하고 있다고 느낀다. 예를 들어보자. 테이블의 내용을 선택한 열을 기준으로 정렬하는 작업이 0.1초 이내에 완료되지 않는 경우에도 웬만하면 1초 이내에는 완료가 되어야 한다. 그렇지 않으면 사용자는 UI가 굼뜨게 반응을 한다고 느끼게 되고 현재 하고자 하는 작업의 '흐름'이 깨지게 된다. 1초 이상 지연되는 경우에는 현재 작업을 수행하기 위해 컴퓨터가 작업을 하고 있다는 것을 커서의 모양을 바꾸는 등의 방법을 통해 사용자에게 알려주는 것이 좋다.

10초: 사용자가 현재의 작업에 열중할 수 있는 최대 시간. 10초 이상 소요되는 작업의 경우에는 현재까지 완료된 작업의 비율을 퍼센트로 표시를 해주어야 하며 눈에 잘 띄는 곳에 진행 중인 작업을 중지시킬 수 있는 방법 또한 제공해야 한다. 10초 이상 걸리는 작업이 완료된 후에는 작업하던 UI로 돌아왔을 때 어디에 무엇이 있었는지 다시 훑어봐야 할 것이라는 가정을 하는 것이 좋다. 10초 이상의 지연 시간은 사람이 일하는 도중에 현재 작업하던 일을 잠시 그만 두고 다른 일을 하는 등의 자연스럽게 쉬게 되는 경우에나 인정할 수 있다.

---

1   http://www.useit.com/papers/responsetime.html

이를 나르세 표현해보사. 즉, 여러분이 작성한 자바스크립트 코드를 실행하는 데 0.1초 이상이 걸린 다면 이는 곧 해당 페이지가 매끄럽고 빠릿빠릿한 느낌이 나지 않는다는 것을 의미한다. 1초 이상 걸리 면 응용프로그램이 느리다는 느낌을 주게 되고 10초 이상이 걸리면 사용자들은 상당히 짜증을 낼 것이다. 바로 이것이 '충분히 빠르다'라는 말을 어떻게 정의해야 하는지 잘 말해 주고 있다.

지연 시간 측정

얼마나 빨라야 충분히 빠른 것인지는 배웠으니 다음으로 배울 내용은 바로 자바스크립트의 실행 속도를 측정하는 방법이다. 이를 통해 자바스크립트가 앞서 언급한 시간 내에 실행이 가능한지 아닌지를 알 수 있다(여러분이 희망하는 웹페이지의 속도는 알아서 결정하면 된다. 필자는 모든 인터페이스의 지연시간을 0.1초 미만을 목표로 하고 있다).

지연시간을 측정하는 데 가장 쉬우면서도 간단한 그리고 아마도 가장 덜 정확한 방법이라고 한다면 아마 직접 사람이 관찰하는 방법일 것이다. 즉 목표로 하고 있는 플랫폼에서 만들고 있는 응용프로그램을 실행해 보고 충분한 성능이 나오는지 확인하면 된다. 물론 웹 인터페이스가 충분한 성능을 보여주느냐의 문제는 이를 사용하는 사용자가 얼마나 만족하느냐에 달린 문제이므로 이른 측정을 하는 데 꽤나 좋은 방법이라고도 할 수 있다(웹이 얼마나 느린지 정확하게 몇 초 또는 몇 분의 몇 초 등의 믿을 만한 수치로 집어 낼 수 있는 사람은 아마도 거의 없을 것이므로 그냥 대충 '날렵함', '느릿함', '충분함' 등으로 분류만 해도 충분할 것이다).

하지만, 이보다 조금은 더 정확한 측정 방법을 원한다면 다음 두 가지의 대안이 있다. 바로 수동 코드 측정(로그 출력)과 자동 코드 측정(프로파일링)이다.

수동 코드 측정 방식은 그냥 간단하다. 가령, 다음과 같은 이벤트 핸들러를 한 웹페이지에 등록을 했다고 가정해 보자.

```
<div onclick="myJavaScriptFunction()"> ... </div>
```

여기에 수동으로 측정 코드를 추가하는 간단한 방법으로는 myJavaScriptFunction()의 코드를 찾아서 시간을 재는 함수를 추가하는 것이다:

```
function myJavaScriptFunction() {
    var start = new Date().getMilliseconds();
    // 실행하는 데 오래 걸리는 코드가 여기 온다.
    var stop = new Date().getMilliseconds();
    var executionTime = stop - start;
```

```
        alert("myJavaScriptFunction() executed in " + executionTime +
            " milliseconds");
    }
```

앞의 코드를 실행하면 실행 시간을 알리는 팝업 대화상자가 뜬다. 1밀리초(millisecond)는 1000분의 1초를 뜻하므로 100밀리초는 앞서 언급한 '사용자가 빠르다고 느낄 수 있는' 0.1초 한계점을 나타낸다.

> **참고** 많은 브라우저들은 log() 함수를 제공하는 console 객체를 내장하고 있다(FireFox는 이미 많이 알고 있는 Firebug Plug-in을 통해 이를 제공한다). 필자는 alert() 대신 console.log()을 사용하는 것을 추천한다.

코드 실행 시간을 자동으로 측정해 주는 도구도 있다. 하지만 보통 이런 도구들은 약간 다른 용도로 사용한다. 이런 도구를 프로파일러라고 하는데 이는 주어진 일련의 함수들을 실행하는 데 소요된 정확한 실행 시간을 측정해 주는 것이 아니라 상대적인 시간을 측정해 준다. 즉, 코드 중에서 가장 느린 부분을 찾는 데 사용된다는 것이다.

Firefox의 유명한 확장인 Firebug(http://getfirebug.com/)에는 자바스크립트 코드 프로파일러가 들어 있다. 이를 이용하면 그림 2-3와 같은 출력을 볼 수 있다.

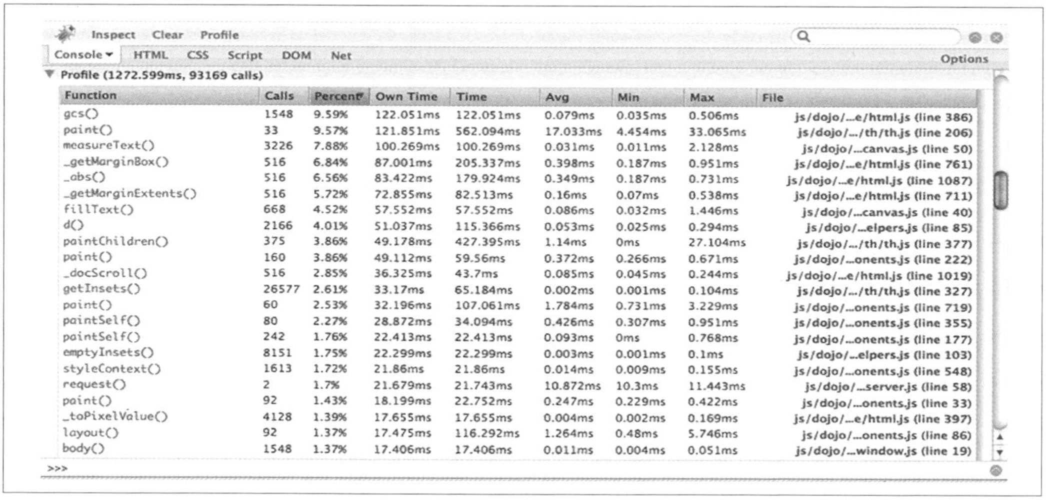

Inspect Clear Profile

Console HTML CSS Script DOM Net Options

Profile (1272.599ms, 93169 calls)

Function	Calls	Percent	Own Time	Time	Avg	Min	Max	File
gcs()	1548	9.59%	122.051ms	122.051ms	0.079ms	0.035ms	0.506ms	js/dojo/...e/html.js (line 386)
paint()	33	9.57%	121.851ms	562.094ms	17.033ms	4.454ms	33.065ms	js/dojo/.../th/th.js (line 206)
measureText()	3226	7.88%	100.269ms	100.269ms	0.031ms	0.011ms	2.128ms	js/dojo/...canvas.js (line 50)
_getMarginBox()	516	6.84%	87.001ms	205.337ms	0.398ms	0.187ms	0.951ms	js/dojo/...e/html.js (line 761)
_abs()	516	6.56%	83.422ms	179.924ms	0.349ms	0.187ms	0.731ms	js/dojo/...e/html.js (line 1087)
_getMarginExtents()	516	5.72%	72.855ms	82.513ms	0.16ms	0.07ms	0.538ms	js/dojo/...e/html.js (line 711)
fillText()	668	4.52%	57.552ms	57.552ms	0.086ms	0.032ms	1.446ms	js/dojo/...canvas.js (line 40)
d()	2166	4.01%	51.037ms	115.366ms	0.053ms	0.025ms	0.294ms	js/dojo/...elpers.js (line 85)
paintChildren()	375	3.86%	49.178ms	427.395ms	1.14ms	0ms	27.104ms	js/dojo/.../th/th.js (line 377)
paint()	160	3.86%	49.112ms	59.56ms	0.372ms	0.266ms	0.671ms	js/dojo/...onents.js (line 222)
_docScroll()	516	2.85%	36.325ms	43.7ms	0.085ms	0.045ms	0.244ms	js/dojo/...e/html.js (line 1019)
getInsets()	26577	2.61%	33.17ms	65.184ms	0.002ms	0.001ms	0.104ms	js/dojo/.../th/th.js (line 327)
paint()	60	2.53%	32.196ms	107.061ms	1.784ms	0.731ms	3.229ms	js/dojo/...onents.js (line 719)
paintSelf()	80	2.27%	28.872ms	34.094ms	0.426ms	0.307ms	0.951ms	js/dojo/...onents.js (line 355)
paintSelf()	242	1.76%	22.413ms	22.413ms	0.093ms	0ms	0.768ms	js/dojo/...onents.js (line 177)
emptyInsets()	8151	1.75%	22.299ms	22.299ms	0.003ms	0.001ms	0.1ms	js/dojo/...elpers.js (line 103)
styleContext()	1613	1.72%	21.86ms	21.86ms	0.014ms	0.009ms	0.155ms	js/dojo/...onents.js (line 548)
request()	2	1.7%	21.679ms	21.743ms	10.872ms	10.3ms	11.443ms	js/dojo/...server.js (line 58)
paint()	92	1.43%	18.199ms	22.752ms	0.247ms	0.229ms	0.422ms	js/dojo/...onents.js (line 33)
_toPixelValue()	4128	1.39%	17.655ms	17.655ms	0.004ms	0.002ms	0.169ms	js/dojo/...e/html.js (line 397)
layout()	92	1.37%	17.475ms	116.292ms	1.264ms	0.48ms	5.746ms	js/dojo/...onents.js (line 86)
body()	1548	1.37%	17.406ms	17.406ms	0.011ms	0.004ms	0.051ms	js/dojo/...window.js (line 19)

>>>

그림 2-3 | Firebug의 프로파일러

여기서 '시간' 열은 프로파일러가 실행되는 동안 자바스크립트가 주어진 함수를 실행하는 데 소비한 시간을 나타낸다. 대게는 한 함수 안에서 다른 함수를 호출하는 경우가 많은데 '자신의 시간' 열은 특정 함수의 실행 도중 호출한 다른 함수를 제외한 자신을 실행하는 데 소요된 시간만을 나타낸다.

앞서 보여준 이 시간 관련 수치들이 특징 함수를 실행하는 네 소요된 정확한 시간 값을 나타낸다고 생각할 수도 있지만 프로파일러도 물리에서 말하는 관찰자 효과와 비슷한 영향을 받는다. 즉, 코드의 성능을 측정하는 행위 자체가 코드의 실제 성능에 영향을 미친다는 것이다.

프로파일러가 코드의 성능을 측정하기 위해 택할 수 있는 방법은 두 가지가 있는데 이 둘은 서로 간에 장단점이 있다. 즉, 자신이 측정하고자 하는 코드에 직접 들어가 성능에 대한 통계 값을 얻기 위한 코드를 추가하거나(보통 앞에서 본 것과 같은 코드 생성을 자동화하는 등의 방법을 통해) 특정 시간에 어떤 코드가 실행 중인지 런타임을 통해 수동으로 검사하는 것이다. 이 두 방법 중 후자가 성능 측정 결과에 미치는 왜곡은 덜하겠지만 이로 인해 얻어진 결과 값은 그만큼 질이 떨어질 수밖에 없다.

Firebug를 이용하면 측정 결과가 더욱더 왜곡되는데 이는 프로파일러 자체가 Firefox의 프로세스 내에서 실행되기 때문이다. 즉, 자신이 성능을 측정하고자 하는 코드와 함께 실행이 되므로 그만큼 영향을 미칠 가능성이 있다는 것이다.

어찌되었든 Firebug의 결과 중 '퍼센트' 열을 보면 실행 시간을 상대적으로 측정함으로써 얻을 수 있는 진가를 잘 볼 수 있다. 즉, 여러분이 만든 웹페이지의 인터페이스에서 구현하는 큼지막한 기능(가령, 보내기 버튼을 누른다거나 하는) 하나를 실행 한 후 Firebug의 프로파일러를 들여다 보면 실행된 코드 중에 어디에서 가장 많은 시간이 소요되는지를 확인할 수 있고 바로 그곳에 최적화 노력을 기울이면 된다는 것이다.

지연 시간이 길어져 문제가 될 때

자바스크립트 코드의 실행 시간이 특히 길어져서 브라우저의 스레드를 혼자 다 잡아 먹는 경우 대부분의 브라우저들은 이를 가만히 두지 않고 현재 실행 중인 코드를 중단시킬 수 있는 무언가를 사용자에게 제시한다. 브라우저가 이를 사용자에게 보여줄지 말지를 무엇을 보고 판단하는지에 대한 표준은 없는 상태이다(각 브라우저가 어떻게 작동하는지에 대해서는 http://www.nczonline.net/blog/2009/01/05/what-determines-that-a-Script-is-long-running/ 를 참고하라).

어쨌든 여기서의 교훈은 간단하다. 즉, 장시간 동안 실행될 만한 저성능의 코드를 웹페이지에 사용하지 말자.

스레드 사용

일단 충분한 성능을 내지 못하는 코드를 찾았다면 바로 다음에 해야 할 일은 이를 최적화하는 것이다. 하지만 종종 그 코드가 수행하는 그 일 자체가 너무 크고 비용이 높을 수밖에 없어서 딱히 좋은 최적화 방법이 없는 경우도 있을 것이다. 이런 경우에는 느려 터진 웹 인터페이스를 사용할 수밖에 없는 것인가? 우리의 사용자들을 보다 기분 좋게 해줄 방법이 전혀 없을까?

지금껏 사용해 왔던 전통적인 해결 방법은 비용이 많이 드는 작업을 사용자 인터페이스를 실행하는 데 사용하는 스레드 대신 별도의 스레드를 이용해 실행하는 것이다. 앞의 시나리오에 이를 적용해 보면 브라우저는 사용자 인터페이스가 제대로 작동할 수 있도록 이벤트 큐에 쌓여 있는 이벤트를 계속 처리할 수 있으며 동시에 장시간이 필요한 그 코드는 별도의 스레드에서 아무런 문제 없이 잘 실행될 것이다(그리고 사용자 인터페이스 스레드와 뒤에서 작동하는 백그라운드 스레드에 컴퓨터의 자원을 공정하게 배분하는 역할은 운영체제가 맡는다).

하지만, 자바스크립트에는 스레드가 없다. 따라서 자바스크립트 코드에서 고비용 코드 실행을 위한 백그라운드 스레드를 생성하는 일은 불가능하다. 그리고 당분간은 제약에 변경은 없을 것 같다.

자바스크립트의 창시자이면서 Mozilla의 CTO(Chief Technical Officer)인 브렌던 아이크(Brendan Eich)는 이 문제에 대한 입장을 다음과 같이 명백히 밝혔다.[2]

> [NBA 농구 선수만큼이나 키가 큰] 사람 정도는 되야 스레드 같은 주제에 관심을 가져야 맞지 않나 싶다. 즉 대부분의 프로그래머들은 무서워서 도망을 치는 것이 정상이지만 그렇지도 않다. 대신 자신이 얼마나 대단한가 뽐내고 싶은 유혹에 어디서 주워 온 단일스레드용 코드를 멀티스레드 환경에 쑤셔 넣거나 경쟁 상태(race-condition)를 만들어 버리곤 한다. 이렇게 스레드를 올바르지 않게 사용함으로써 생기는 문제 중에는 이미 잘 알려진 것들도 있지만 컴퓨터상에서 문제가 생겨 봤자 내 팔 다리가 부러져 나가는 것도 아닌데 하는 식의 생각에 아무것도 얻어 가지 못하는 경우도 허다하다. 즉, 스레드는 추상화를 저해하는 주범이다. 이는 보통 경쟁 상태(Race-Condition), 교착 상태(Deadlock) 그리고 Pessimistic Locking에 대한 오버헤드 같은 문제로 나타나곤 한다. 이뿐만 아니라 앞으로 다가올 다중 코어 테라플롭(teraflop) 시대를 위한 좋은 확장성을 제시해 주지도 못한다. 따라서 "자바스크립트에 언제쯤 스레드가 추가되나요?" 같은 질문에 대한 내 답은 오로지 "내 죽는 그날까지는 그런 일 없을 것이오~"이다.

---

2   http://weblogs.mozillazine.org/roadmap/archives/2007/02/threads_suck.html

브렌던이 자바스크립트의 미래나 업계에 미치는 영향이 크다는 점과 이런 생각이 널리 퍼져 있다는 점으로 미루어 봤을 때 자바스크립트에 스레드가 추가되는 일은 당분간 없을 것이다.

하지만 대안은 있다. 스레드의 기본적인 문제는 바로 서로 다른 스레드가 동일한 변수를 동시에 접근하고 수정할 수 있다. 즉, 스레드 A에서 스레드 B가 현재 수정하고 있는 변수의 값을 동시에 수정하려고 하면 온갖 문제가 발생할 수 있다는 것이다. 어느 정도 실력을 갖춘 프로그래머라면 이런 문제를 잘 피해 코드를 작성하지 않을까 생각할 수도 있지만 브렌던의 말에서처럼 가장 뛰어난 프로그래머들도 스레드와 관련해서는 불미스러운 실수를 하곤 한다.

빠른 응답 속도를 보장하는 방법

그럼 여기서 필요한 것은 스레드의 장점 즉, 여러 작업을 동시에 실행하는 데서 얻는 이점은 살리면서 여러 스레드가 서로 무엇을 하는지는 관여하지 않도록 하는 것이다. Google이 바로 이런 용도로 Gears 브라우저 플러그인에 만들어 놓은 것이 WorkerPool API 이다. 이 API가 해주는 일은 브라우저의 자바스크립트 스레드와 별도로 실행되는 '작업자'(worker) 스레드를 생성해주는 것이다. 이 스레드는 시작과 동시에 간단한 '메시지'(공유되는 변수에 대한 참조가 아닌 별도의 상태 값)를 받아 처리하며 완료 시 메시지를 반환한다.

이 API를 사용해 본 경험을 바탕으로 많은 브라우저들이 이런 '작업자' 스레드를 자체적으로 지원하도록 HTML5 명세서에 정의되어 있는 공통 API 기반으로 구현을 해 놓은 상태이다. 이는 'Web Worker'로 알려져 있기도 하다.

Web Worker

그럼 Web Worker API를 이용하여 값을 복호화하는 예를 보도록 하자. 다음 코드는 작업자 스레드를 생성하고 실행하는 것을 보여 주고 있다.

```javascript
// 작업자 스레드를 생성한 후 실행 시작한다.
var worker = new Worker("js/decrypt.js");

// 작업 스레드가 메인 스레드로 메시지를 보내면 실행할
// 이벤트 핸들러를 등록한다
worker.onmessage = function(e) {
    alert("The decrypted value is " + e.data);
}
```

```
// 작업자 스레드로 메시지를 보낸다. 이 경우엔 복호화할 값 값
worker.postMessage(getValueToDecrypt());
```

그럼, 이제 js/decript.js에 있을 법한 코드를 들여다 보자.

```
 // 메인 스레드로부터 받을 메시지를 처리할 핸들러를 등록
onmessage = function(e) {
    // 전달받은 데이터를 얻어 온다
    var valueToDecrypt = e.data;

    // TODO: 여기에 복호화 구현을 추가한다
    // 메인 스레드에 값을 전달한다
    postMessage(decryptedValue);
}
```

응용프로그램들이 먹통이 되도록 하기 쉽고 비용이 많이 들 만한(가령 실행 시간이 긴) 자바스크립트 작업들은 이런 작업 스레드에 위임하는 것이 좋다.

Gears

Web Worker API를 지원하지 않는 브라우저를 지원해야 하는 상황인 경우에도 몇 가지 대안은 있다. 앞서 언급한 구글의 Gears 플러그인을 이용하면 Web Worker와 매우 유사한 기능을 인터넷 익스플로러, 파이어폭스의 이전 버전 그리고 사파리의 이전 버전에서 사용할 수 있다.

Gears의 worker API는 Web Worker API와 비슷하지만 동일하지는 않다. 바로 다음의 코드는 앞서 본 Web Worker를 이용한 코드를 Gears API로 변환한 것이다. 우선 작업(worker) 스레드를 생성하는 메인 스레드에서 실행할 코드이다.

```
// 작업자 Pool을 생성한다. 이는 곧 작업자 스레드를 생성한다
var workerPool = google.gears.factory.create('beta.workerpool');
// 작업자로부터 메시지를 받아 처리할 이벤트 핸들러를 등록
workerPool.onmessage = function(ignore1, ignore2, e) {
    alert("The decrypted value is + " e.body);
}
// 작업자 생성
var workerId = workerPool.createWorkerFromUrl("js/decrypt.js");
// 작업자에게 메시지 전송
workerPool.sendMessage(getValueToDecrypt(), workerId);
```

다음은 js/decrypt.js의 Gears 버전이다.

```
var workerPool = google.gears.workerPool;
workerPool.onmessage = function(ignore1, ignore2, e) {
    // 전달받은 데이터를 얻는다
    var valueToDecrypt = e.body;

    // TODO: 여기에 복호화 구현을 추가한다
    // 메인 스레드에 값을 반환한다
    workerPool.sendMessage(decryptedValue, e.sender);
}
```

Gears에 대한 추가 정보

Gears Worker Pool은 매우 실용적인 곳에서 만들어진 것이기에 이에 대한 약간의 역사적 배경 중 흥미로운 내용이 있어 소개하고자 한다. Gears 플러그인은 그 당시의 브라우저에서 보다 많은 일을 처리할 수는 없을까 고민하던 구글의 팀이 만든 작품이다(물론 이는 구글 크롬 이전의 얘기다. 크롬이 나온 현재에도 구글은 가능하면 많은 사용자들이 구글의 웹 응용프로그램을 이용해 많은 것들을 할 수 있기를 기대한다).

가령, Gmail을 오프라인에서 작동하게끔 하고 싶다고 해보자. 무엇이 필요할까? 첫째, 메일 문서들을 로컬의 저장소 어디엔가 저장할 수 있는 방법이 있어야 할 것이고 브라우저가 http://mail.google.com/에 접근하려고 할 때 이를 가로채어 현재 오프라인이라는 메시지를 보여주는 대신 저장해둔 내용을 보여줄 수 있는 방법 또한 필요할 것이다. 두 번째로는 예전 문서와 새 메일 모두 저장할 수 있는 방법이 필요하다. 이는 여러 가지의 방법으로 해결할 수 있을 텐데 SQLite가 이미 잘 알려져 있고 많은 브라우저와 운영체제에 포함되어 나오니 그냥 그걸 사용하면 되지 않을까. 진짜 문제는 바로 다음이다.

지금까지 단일 스레드 브라우저에 대한 여러 가지 문제점들에 대해 얘기했다. 그럼, 이제 새 메시지를 데이터베이스에 쓴다거나 긴 시간이 소요되는 쿼리와 같은 작업이 있다고 해보자.

데이터베이스가 작업을 하는 동안 UI가 먹통이 되어 있게 놔둘 수는 없다. 왜냐하면 이로 인한 지연 시간은 상당할 것이기 때문이다. Gears 팀은 이 문제를 해결할 방법이 필요했다. Gears 플러그인에서는 하고자 하는 그 어떤 작업도 가능했기 때문에 자바스크립트에서 스레드를 사용할 수 없는 제약을 쉽게 해결할 수 있었다. 하지만 이 동시성에 대한 문제는 너무나도 일반화된 문제였기 때문에 아예 이를 외부에 공개하게 된 것이다. 그리하여 "Worker Pool" API가 탄생하게 되었고 이는 곧 HTML5 표준인 "Web Workers"의 탄생으로 이어졌다.

이 두 API는 서로 미묘한 차이점을 갖고 있는데 이는 Web Workers가 Gears API의 버전 2.0이라고 할 수 있기 때문이다. Gears에서도 곧 이 표준 API를 지원했으면 한다.

그리고 기존의 Gears API와 표준 Web Worker API 간의 차이를 메워줄 수 있는 라이브러리들도 나오고 있으며 이들 라이브러리는 Gears나 Web Workers 없이도 사용할 수 있다(이 장에서 설명할 setTimeout()를 이용하여).

타이머

Gears와 Web Worker 출현 이전에 사용되었던 다른 접근 방법으로는 실행하는 데 긴 시간이 소요되는 작업들을 별도의 코드로 모아 두고 자바스크립트 타이머를 이용하여 실행을 제어하는 방법이었다. 예를 보자.

```
var functionState = {};
function expensiveOperation() {
    var startTime = new Date().getMilliseconds();
    while ((new Date().getMilliseconds() - startTime) < 100) {
        // TODO: 긴 시간이 소유되는 작업을
        // 100ms 이내로 끝낼 수 있는 여러 덩어리로 쪼갠 다음 반복
        // 하도록 한 후 현재 작업의 상태를 현재 함수의 외부에 선언되어 있는
        // "functionState"에 저장한다; 잘될지는 모르겠으나 행운을 빈다 ;-)
    }
    if (!functionState.isFinished) {
        // expensiveOperation를 실행한 지 10ms 이상 지났으면 다시 호출;
        // 성능과 UI의 반응성 둘 다 만족시킬 수 있도록
        // 이 시간을 늘이거나 줄여보면서 테스트를 진행한다;
        setTimeout(expensiveOperation(), 10);
    }
}
```

방금 보여준 방식으로 작업을 쪼개면 UI는 조금 더 반응성이 높아질 수는 있으나 앞의 주석에서 언급한 대로 이런 식으로 작업을 구성하는 것이 별로 깔끔하지 않을 수도(심지어 가능하지 않을 수도) 있다. setTimeout()을 이런 방식으로 사용하는 것에 대한 더 자세한 내용은 페이지 122쪽의 '타이머를 이용하여 유연하게 만들기' 절을 참고하라.

이 방법에는 또 한 가지의 근본적인 문제가 있다. 대부분의 현재 컴퓨터들은 복수의 '코어'를 갖고 있는데 이는 곧 이 컴퓨터들은 여러 개의 스레드를 정말로 동시에 실행할 수 있다는 것을 의미한다(이에 반해 이전 컴퓨터들은 빠른 작업 전환을 통해 이를 흉내내기만 했었다). 방금 보여준 코드에서처럼 자바스크립트를 이용하여 작업 전환을 직접 구현하는 방법은 이런 복수 '코어'의 장점을 제대로 활용하지 못한다. 즉, 한 코어에만 작업을 하게 함으로써 다른 코어는 놀리게 되는 셈이다.

따라서, 브라우저의 메인 스레드에서도 긴 시간이 소요되는 작업을 실행하면서도 반응성이 높은 UI를 가질 수는 있다. 하지만 작업자를 사용하는 것이 더 쉽고 효율적이다.

> **XMLHttpRequest**
>
> 스레드에 대한 논의는 Ajax를 가능케 한 그 유명한 XMLHttpRequest 또는 짧게 "XHR"를 빼놓을 수 없을 것 같다. XHR을 이용하면 웹페이지에서 메시지를 보내거나 받는 것을 전적으로 자바스크립트 환경 내에서 처리할 수 있게 된다. 이는 곧 새 페이지를 로드하지 않고도 뛰어난 상호작용을 가능하게 한다.
>
> XHR은 두 가지의 실행 모드가 있다. 동기와 비동기. 비동기 모드에서 XHR은 이를 위한 별도의 API가 없을 뿐이지 Web Worker와 동일하다고 볼 수 있다. 그리고 HTML5 명세서에 현재 진행 중인 다른 기능과 함께 사용하면 작업자(worker)를 이용하여 XHR의 기능을 다시 만들어 사용할 수도 있다. 동기 모드에서 XHR은 자신의 모든 작업을 브라우저의 메인 스레드에서 실행하는 것처럼 수행하며 따라서 XHR이 요청을 보내고 응답을 서버로부터 받아 처리하는 동안 만큼 UI는 멈춰 있게 된다. XHR을 동기 모드로 사용하면 허용 범위를 훨씬 벗어나 UI를 지연시킬 수 있으므로 절대로 사용하지 않는 것이 좋다.

메모리 사용이 응답 시간에 미치는 영향

빠른 웹페이지를 만드는 데 중요한 또 다른 중요 요소가 있다. 바로 메모리 관리다. 지수준 언어에서 직접 해줘야 했던 메모리 관리를 추상화해 없애 버린 오늘날의 다른 고수준 언어와 마찬가지로 대부분의 자바스크립트 런타임들은 가비지 컬렉션(garbage collection 또는 짧게 "GC")를 구현하고 있다.

가비지 컬렉션은 마치 마술을 부리는 것과도 같다. 즉, 개발자들이 번거로운 세부 사항으로부터 벗어나게 해줘서 프로그램을 작성한다기보다는 회계문서를 작성하고 있는 것처럼 느끼게 해준다는 것이다.

하지만, 자동 메모리 관리 얻은 대신 그에 따르는 대가가 있다. 아주 복잡한 GC 구현을 제외한 대부분의 GC들은 메모리 해제를 수행할 때 '세상을 멈춘다.' 이는 즉, '힙'에 생성되어 있는 객체를 전부 다 들여다 보면서 더 이상 사용되지 않아서 재활용 가능한 메모리를 찾는 동안 런타임 전체가(여기에는 지금까지 설명해 온 메인 브라우저의 자바스크립트 스레드도 포함된다) 일순간 멈춰 버린다는 뜻이다.

대부분의 응용프로그램 입장에서는 GC는 진짜로 있는 듯 없는 듯할 것이다. 런타임이 정지하는 시간은 매우 짧아서 사용자가 거의 눈치 채지 못할 것이다. 하지만 응용프로그램의 메모리 사용량이 늘어 나면 더 이상 사용되지 않는 객체를 찾아 힙 전체를 뒤지는 데 필요한 시간이 늘면서 결국에는 사용자가 체감할 수 있는 수준까지 올라갈 수 있다.

이것이 발생하면 응용프로그램은 가끔씩 또는 주기적으로 느려지기 시작한다. 문제가 더 악화되면 브라우저 전체가 주기적으로 얼어버릴 수도 있다. 이 두 경우 모두 사용자에게는 짜증나는 경험일 수밖에 없다.

현재 대부분의 플랫폼들은 런타임의 GC 과정의 성능 감시는 물론 GC 관련 문제를 진단할 수 있도록 힙에 올라가 있는 객체들의 상태를 조회할 수 있게 꽤 많은 기능의 도구들을 제공한다. 하지만 불행하게도, 자바스크립트 런타임은 앞서 언급한 런타임 부류에 속하지 못한다. 게다가 언제 GC가 일어나는지, GC를 수행하는 데 얼마나 시간이 소요되는지에 대한 정보를 볼 수 있는 도구도 존재하지 않는다. 이런 도구들은 느려지는 현상들이 GC와 관련되어 있는지 확인하는 데 매우 큰 도움이 될 수 있다.

이런 도구의 부재는 대용량의 브라우저 기반 자바스크립트 응용프로그램을 개발하는 데 매우 큰 장애가 되고 있다. 그 와중에 개발자들은 UI가 느린 것이 GC 때문인지 추측만 하고 있어야 한다.

가상 메모리

메모리와 관련하여 위험한 것이 또 하나 있다. 바로 페이징(paging)이다. 운영체제들은 응용프로그램이 사용할 수 있는 두 부류의 메모리를 제공한다. 즉, 실제 물리적 메모리와 가상 메모리다. 물리적 메모리는 굉장히 빠르면서 실행 중인 컴퓨터에 달려 있는 RAM 칩에 할당되는 메모리이다. 가상 메모리는 이보다 훨씬 느린 대용량 저장 장치(예를 들어 하드디스크)에 할당되는 메모리로 상대적 단점을 훨씬 더 큰 저장 용량으로 대신한다.

만약 직접 만든 웹페이지에서 필요로 하는 메모리가 일정량 이상 증가하는 경우 운영체제가 페이징을 시작하게 하는 원인을 제공할 수 있다. 이는 극도로 느린 작업으로 브라우저의 늘어난 식욕 때문에 다른 프로세스들이 사용하던 메모리를 강제로 포기하도록 한다. 여기서 페이징이란 용어를 사용하는 것은 현재의 모든 운영체제들이 메모리를 관리할 때 페이지 단위로 하기 때문인데 여기서 페이지란 실제 또는 가상 메모리에 대응되는 메모리의 가장 작은 단위를 말한다. 이 페이징이 일어나면 해당 페이지는 실제 메모리에서 가상 메모리로 옮겨 저장되거나 또는 그 반대가 일어난다.

페이징으로 인한 성능 저하는 GC 때문에 런타임이 멈춰서 일어나는 성능 저하와는 조금 다르다. 페이징은 일반적이면서 시스템의 전반적인 성능 저하로 나타나는 반면 GC로 인한 멈춤 현상은 불연속적이면서 개별적으로 나타나며 특정 주기마다 일어나곤 한다. GC로 인해 멈춰 있는 시간이 점점 길어지기는 한다. 둘 간의 차이가 어찌되었든 이 두 문제 모두 빠른 응답 속도를 보이는 사용자 인터페이스 개발에는 장애물이 될 수밖에 없다.

메모리 문제 해결하기

앞서 언급한 대로 브라우저에서 실행되는 자바스크립트 응용프로그램을 위한 좋은 메모리 문제 해결 도구는 필자가 알고 있는 한 없다. 지금까지의 가장 앞선 방법은 바로 브라우저 프로세스가 사용하는 메모리 양을 직접 관찰하는 방법(http://blog.pavlov.net/2008/03/11/firefox-3-memory-usage/의 글 중에 "Measuring Memory Use" 부분을 참고하면 Windows와 OS X에서 프로세스 메모리를 측정하는 방법에 대한 내용을 볼 수 있다)으로 응용프로그램이 실행되는 도중에 허용량을 넘어서는 경우가 발생한다면 작성한 코드 중에 메모리 최적화를 할 만한 부분이 있는지 찾아보는 것이다. 일단 메모리 문제가 있다는 것을 확인했으면 다 사용한 메모리를 정리할 부분이 있는지 찾아보는 것부터 하는 것이 좋다. 이는 다음과 같이 두 가지 방법으로 할 수 있다.

- 메모리에서 더 이상 사용되지 않는 자바스크립트 객체를 delete 키워드를 이용하여 해제한다.

- 웹페이지 DOM에서 더 이상 필요하지 않는 노드들을 제거한다.

다음의 코드에서 방금 본 두 방법에 대한 사용 예를 보여 주고 있다.

```
var page = { address: "http://some/url" };
page.contents = getContents(page.address);
...
// 나중에 contents가 더 이상 필요 없게 되면
delete page.contents;
...
var nodeToDelete = document.getElementById("redundant");
// DOM에서 노드를 제거(이는 부모 노드로 removeChild()를
// 호출하는 방법으로 밖에 할 수 없다) 함과 동시에
// 해당 노드를 메모리에서도 해제한다.
delete nodeToDelete.parent.removeChild(nodeToDelete);
```

웹페이지의 메모리 사용 최적화 측면으로 볼 때 개선의 여지가 많은 것이 사실이다. Mozilla에서는 현재 이 문제를 해결할 수 있는 도구들을 개발 중에 있다. 사실, 이 책을 독자들이 받아 읽어 볼 시점에는 아마 http://labs.mozilla.com의 사이트에 접속해 보면 한두 가지의 도구들이 올라가 있지 않을까 싶다.

요약

Ajax는 장시간 실행을 하며 자바스크립트가 중심이 되는 웹페이지의 시대를 열어 주었다. 이런 웹페이지들은 브라우저에서 실행되는 응용프로그램으로서 다른 여느 응용프로그램들이 따르는 사용자 인터페이스 가이드라인을 동일하게 따라야 하는 입장에 있다. 여기서 핵심은 바로 이런 응용프로그램들의 사용자 인터페이스는 응용프로그램의 메인 스레드가 처리하는 작업을 최소화하여 가능하면 빠릿빠릿한 응답 속도를 보여줘야 한다는 것이다.

Web Worker는 UI의 반응성을 위협하는 복잡하고 긴 작업을 대신하게 할 수 있는 강력한 새 도구이다. Web Worker를 사용할 수 없는 환경에서는 Gears 플러그인이나 자바스크립트 타이머를 사용할 수도 있다. 그리고 메모리를 잘못 관리해도 UI 성능 문제에 직면할 수 있다. 비록 이런 메모리 문제를 해결할 수 있는 좋은 도구가 없는 것이 사실이지만 개발자들은 보통 브라우저의 메모리 사용량을 보고 문제가 될 경우 해당 응용프로그램의 메모리 사용량을 최소화하는 작업을 할 수 있다. 좋은 소식은 바로 이런 메모리 해결 도구들이 한참 개발 중이라는 것이다.

03

초반 다운로드를 분산시키기

Ajax와 DHTML(Dynamic HTML)의 사용이 점점 확산되면서 오늘날의 웹페이지들은 자바스크립트와 CSS를 어느 때보다도 많이 사용하고 있다. 웹 응용프로그램들은 날이 갈수록 일반 데스크톱에서 사용하는 응용프로그램과 유사해지고 있으며 데스크톱 응용프로그램과 마찬가지로 대부분의 코드는 초기 실행 시에는 사용되지 않는 코드이다. 고급 데스크톱 프로그램들은 플러그인 구조를 통해 필요한 모듈을 동적으로 불러와 사용할 수 있도록 되어 있는데 이런 구조를 웹 2.0 응용프로그램들에 도입하면 얻을 수 있는 이점이 많을 것이다. 이번 장에서는 몇몇 유명한 웹 2.0 응용프로그램들 중에 초반에 너무 많은 코드를 불러 들이는 예를 보여 준 후 페이지의 내용을 조금 더 동적으로 로드할 수 있는 방법에 대해 논할 것이다.

그 외 모든 것들

페이스북(http://www.facebook.com/)은 총 압축 해제 상태에서 786KB에 달하는 14개의 외부 스크립트를 불러와 사용한다.[1] 이 스크립트 중에 초기 실행에 꼭 필요한 것들을 알아내는 작업은 Facebook의 핵심 프론트엔드(front-end) 개발자라고 하더라도 쉽지 않은 작업이다. 앞서 언급한 14개의 외부 스크립트 중 몇몇은 페이지 초기 렌더링에 필수적으로 필요한 것이겠지만 그 중 몇은 그림 3-1에서 볼 수 있는 드롭다운(Drop-down) 메뉴나 "Comment and Like" 같은 기능을 위한 Ajax나 DHTML 기능을 지원하기 위해 들어가 있는 것도 있다.

---

1   로그인한 사용자가 이 페이지에 방문하면 14개의 스크립트가 다운로드된다. 사용자가 로그인하지 않으면 그보다 적은 스크립트가 사용된다.

웹페이지 렌더링을 가능하면 빠르게 처리해야 함은 매우 중요하다. 렌더링이 빠를수록 사용자는 더 몰입할 수 있으며 사용자에게 훨씬 더 빠른 반응의 UI 경험을 제공할 수 있다. 만약 페이스북의 자바스크립트를 초기 페이지 렌더링에 필요한 것들과 그 이외의 것들로 나눌 수 있으면 어떻게 될지 생각해 보자. 초기에 몽땅 다 다운로드하게 해서 사용자의 첫 인상을 망치는 것보다는 초기 렌더링에 필요한 내용만 다운로드하게끔 하는 것이 좋을 것이다. 그 외 나머지 자바스크립트는 나중에 로드해도 된다.

그림 3-1 ㅣ 페이스북 Ajax 와 DHTML 기능

그럼 이 대목에서 몇 가지 궁금해지는 것들이 있다.

- 이 방법을 사용하면 얼마나 절약할 수 있을까?

- 무엇을 기준으로 코드를 나누면 될까?

- '경쟁 상태'(race condition)는 어떻게 하나?

- '나머지' 코드는 나중에 어떻게 다운로드할 것인가?

처음 3개의 질문에 대한 답은 이번 장에서 알아본다. '그 외 나머지'를 로드하는 방법에 대해서는 4장에서 알아볼 것이다.

쪼갬으로 인해 얻는 이득

페이스북을 뜯어 보니 onload 이벤트가 발생할 때까지 호출되는 함수는 다운로드한 자바스크립트 함수 전체의 9%밖에 안 되었다. 이는 파이어버그(Firebug)[2]의 자바스크립트 프로파일러를 통해 얻은 수치로 onload 이벤트가 발생할 때까지 호출된 함수의 개수를 센 것이다. onload 이벤트 이후에 호출되는 함수를 세지 않는 이유는 그 이후에 호출되는 기능들은 페이지가 처음 렌더링된 이후에 다운로드 받아도 되고 그리고 그러는 것이 더 좋기 때문이다. 필자는 이를 onload-후(post-onload) 다운로드라고 부른다[이와 관련된 지연 로딩(lazy-loading) 기법에 관해서는 4장을 참고하자.

표 3-1을 보면 미국 내 10대 웹사이트에서 다운로드하는 함수 중 onload 이벤트가 발생할 때까지 호출되지 않는 함수들에 대한 비율을 볼 수 있다. 평균적으로 75%에 해당하는 함수들이 해당 페이지 초기 렌더링 시 호출되지 않는다. 따라서, 이런 함수들을 나중에 다운로드한다면 초기에 다운로드하는 자바스크립트의 크기를 극적으로 줄일 수도 있다.

75%라는 수치가 조금은 과장일 수도 있다. 실행되지 않은 함수 중 몇몇은 에러 처리나 다른 특별한 상황을 처리하기 위한 함수일지도 모르기 때문이다. 하지만 이 수치는 초기에 다운로드하는 자바스크립트의 상당 부분을 나중에 받을 수도 있다는 점을 시사한다. 자바스크립트 코드의 압축 안 된 상태의 총 용량의 평균 값은 252KB이다. 앞서 말한 비율은 함수의 개수에 대한 비율이며 용량에 대한 비율은 아니다. 만약 모든 함수가 동일한 크기를 갖는다고 가정해 보면 75%는 평균 189KB의 코드를 onload 이벤트가 발생될 때까지 다운로드하지 않아도 된다는 뜻이고 이는 곧 초기 페이지 렌더링 속도가 더 빨라질 수 있음을 의미한다.

표 3-1 onload 이전에 실행되는 자바스크립트 함수에 대한 비율

웹사이트	실행되지 않은 함수의 %	압축 안된 상태의 자바스크립트 크기
http://www.aol.com/	71%	115 KB
http://www.ebay.com/	56%	183 KB
http://www.facebook.com/	91%	786 KB
http://www.google.com/search?q=flowers	56%	15 KB
http://search.live.com/results.aspx?q=flowers	75%	17 KB
http://www.msn.com/	69%	131 KB
http://www.myspace.com/	87%	297 KB

---

2 Firebug는 뛰어난 웹 개발 툴로 http://getfirebug.com/에서 받을 수 있다.

웹사이트	실행되지 않은 함수의 %	압축 안된 상태의 자바스크립트 크기
http://en.wikipedia.org/wiki/Flowers	79%	114 KB
http://www.yahoo.com/	88%	321 KB
http://www.youtube.com/	84%	240 KB

어디를 쪼개면 될까

Firebug의 자바스크립트 프로파일러는 onload 이벤트가 일어나는 시점까지 호출된 함수의 이름들을 보여준다. 이 목록을 사용하여 페이지의 초기 렌더링에 필요한 코드가 담긴 파일과 나중에 받아도 되는 코드가 담긴 파일로 나눌 수 있다. 하지만 초기에 사용되지 않은 함수라도 에러 처리나 다른 조건에 따라 실행되는 코드에 의해 실행될 수 있기 때문에 필요한 정의를 모두 담아 코드를 나누는 것도 쉽지만은 않다. 자바스크립트의 eval이나 함수 유효 범위 설정(function scoping)같은 고급 기능들을 사용한 경우 상황은 더 복잡해진다.

마이크로소프트 연구소에서 개발한 Doloto(http://research.microsoft.com/apps/pubs/default.aspx?id=70518)는 자바스크립트를 자동으로 쪼개주는 시스템이다. 첫 번째 조각은 웹페이지를 초기화하는 데 필요한 함수들이 들어간다. 나머지 조각들은 초기 다운로드에서 받지 않았던 코드가 실제로 필요한 그 시점에 다운로드해서 로드하거나 초기에 실행되는 자바스크립트가 모두 완료된 후에 로드된다. 이를 GMail, Live Maps, Redfin, MySpace 그리고 Netflix에 적용했을 때 Doloto는 초기에 다운로드한 자바스크립트의 크기를 50% 가량 줄여 주었고 이로 인해 응용프로그램 초기 로딩 시간도 20%에서 40% 가량 줄여 주었다.

Doloto가 어디를 기준으로 코드를 쪼개는지는 Doloto의 학습 과정에 따라 다르며 자바스크립트가 여러 조각으로 쪼개질 수도 있다. 많은 웹 응용프로그램의 경우 onload 이벤트를 기준으로 쪼개는 것이 좋다. 그리고 onload 이벤트 발생 후 즉시 나머지 자바스크립트를 4장에서 설명하는 블로킹하지 않는 방식으로 다운로드하면 된다. 나머지 자바스크립트 코드를 사용자가 메뉴를 누른다거나 페이지 내에 무언가를 클릭하는 등의 실제로 필요할 때 다운로드하는 방식으로 구현을 하면 사용자는 그 추가 자바스크립트를 다운로드할 때까지 기다리게 된다. 이렇게 자바스크립트를 초기 페이지 렌더링 후 바로 다운로드하게 함으로써 사용자가 기다리는 것을 피할 수 있다. Doloto나 다른 비슷한 시스템이 공개될 때 까지는 개발자가 수동으로 코드를 쪼개는 작업을 직접 해야 한다. 다음 절에서는 이 작업을 하면서 염두에 두면 좋을 내용들을 소개한다.

미정의 심볼과 경쟁 상태

자바스크립트 코드를 쪼개는 데 있어 어려운점은 바로 미정의 심볼(undefined symbol)이 없도록 잘 쪼개야 한다는 것이다. 즉, 실행되는 자바스크립트에서 참조하는 심볼(다른 함수나 변수)가 쪼개는 과정에서 나중에 다운로드할 다른 파일에 들어가면서 문제가 생긴다는 것이다. 예를 들어 Facebook 예제에서 필자는 메뉴를 위한 자바스크립트는 나중에 로드해야 한다고 언급했었다. 하지만 메뉴가 해당 자바스크립트가 다운로드되기 전에 화면에 보여지면 필요한 자바스크립트는 없는 상태에서 사용자가 해당 메뉴를 클릭할 소지가 있다. 필자의 조언대로 구현을 했다면 자바스크립트를 막 다운로드하려는 찰나에 사용자가 메뉴를 클릭하려고 할 수 있는 경쟁 상태(race condition)를 만들어 낼 가능성이 있다는 것이다. 대부분의 경우 자바스크립트 다운로드가 먼저 끝나겠지만 사용자가 먼저 눌러 (아직 다운로드 되지 않은) 메뉴 함수가 호출되어 정의되지 않은 심볼 에러가 발생할 가능성은 충분히 있다.

이렇게 지연 다운로드되는 코드가 UI와 관련되어 있는 경우 해당 UI의 외관을 변경함으로써 이런 문제를 피할 수 있다. 즉, 메뉴에 "불러오는 중..."과 같은 문구와 함께 스피너(모래시계와 비슷한)를 사용자에게 보여줌으로써 해당 기능을 아직은 사용할 수 없다는 것을 알리는 것이다.

다른 방법으로는 해당 UI의 핸들러를 지연 로딩되는 코드에서 attach하는 것이다. 이 방법에서 메뉴는 초기에는 그냥 일반 텍스트로 렌더링된다. 이 상태에서 클릭을 하면 어떠한 자바스크립트도 호출되지 않는다. 나중에 지연 로딩되는 코드에 메뉴의 기능 구현과 이를 인터넷 익스플로러(Internet Explorer)인 경우 attachEvent 그리고 다른 브라우저의 경우 addEventListener를 써서 attach 하는 것이다.[3]

지연 다운로드되는 코드가 UI와 관련이 없는 경우 이를 해결하는 방법은 껍데기(Stub) 함수를 사용하는 것이다. 여기서 stub 함수란 원래 함수와 동일한 이름을 갖는 함수를 정의하고 내용은 빈 채로 두거나 임시 코드를 넣어 두는 것이다. 앞 절에서 Doloto는 추가 자바스크립트 모듈을 필요한 그 시점에 동적으로 다운로드하는 on-demand 기능이 있다고 설명했었다. Doloto는 이 on-demand 기능을 이런 stub 함수를 초기에 다운로드하는 자바스크립트에 넣는 방법으로 구현한다. 이 stub 함수를 호출하면 동적으로 필요한 추가 자바스크립트를 다운로드한다. 이렇게 추가로 자바스크립트를 다운로드하면 기존의 stub 함수 정의는 실제 함수로 대치된다.

이와 비슷한 방법은 참조하는 각 함수에 대해 빈 stub 함수를 만들어 두고 나중에 다운로드하게 하는 것이다. 필요한 경우 stub 함수는 빈 스트링과 같은 stub 값을 반환하게끔 할 수도 있다. 만약 해당

---

3 더 자세한 내용은 http://www.quirksmode.org/js/events_advanced.html를 참조하자.

함수의 실제 코드 전체가 다운로드되기 전에 사용자가 DHTML 기능을 호출하려고 하면 아무것도 일어나지 않는다. 이보다 조금 더 나은 해결책은 사용자가 호출하는 모든 stub 함수를 기록해 두었다가 해당 자바스크립트 코드가 다운로드되면 호출하는 것이다.

사례 연구: 구글 캘린더

초기 다운로드 내용을 쪼갠 좋은 예제 사이트가 바로 구글 캘린더이다. 그림 3-2는 구글 캘린더 페이지를 호출했을 때 발생하는 HTTP 요청을 보여준다. 필자는 이런 도표를 HTTP 폭포 도표라고 부른다. 각각의 수평 막대는 하나의 요청을 나타낸다. 요청한 리소스의 종류는 왼쪽에 있다. 수평 축은 시간을 나타내므로 막대가 어디서 시작하는지에 따라 페이지가 로딩되는 과정 중 언제 해당 리소스가 요청되었는지 알 수 있다.

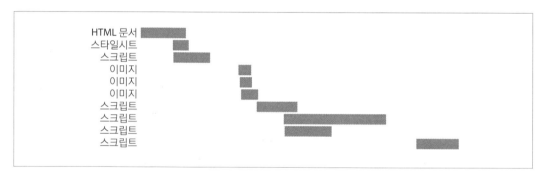

그림 3-2 | 구글 캘린더 HTTP 폭포 도표

　구글 캘린더는 총 압축 해제 용량 330KB의 스크립트를 5개 요청한다. 이 다운로드 데이터는 우선 초기에 요청되는 152KB의 스크립트(위에서 세 번째 막대)로 쪼개어 놓았다. 해당 스크립트를 다운로드함으로 인해 발생하는 블로킹(blocking) 현상은 초기에 다운로드할 코드의 양을 반 이하로 줄여 어느 정도 해소할 수 있다. 나머지 자바스크립트는 페이지가 다 렌더링된 후에 마지막으로 요청된다.

　자바스크립트를 이렇게 쪼갬으로써 구글 캘린더 팀은 자바스크립트 코드를 하나의 큰 파일로 만들었을 때보다 훨씬 더 빠르게 렌더링되는 페이지를 만들 수 있었다. 이렇게 웹페이지의 자바스크립트를 쪼개는 일은 간단한 작업은 아니다. 이 작업은 초기 렌더링에 필요한 함수가 무엇인지 알아야 하고, 또 이 코드가 참조하는 모든 의존성 파악을 해야함은 물론 그 외 함수들의 껍데기(Stub) 처리와 나머지 자바스크립트 코드의 지연 로딩에 대한 처리까지 해줘야 한다는 것을 의미한다. 그리고 이러한 모든 과정의 자동화도 필요하다. 마이크로소프트의 Doloto 프로젝트가 바로 이런 모든 내용을 구현하는 시스템이나 이 책을 집필하는 현재 Doloto는 공개되어 있지 않다.[4] 이런 도구가 대중에 공개될 때까지는 우리 개발자들이 직접 수고를 해주어야 할 것 같다.

이번 장에서는 자바스크립트를 쪼개는 것에 대해 초점을 맞추어 설명했으나 CSS 스타일시트를 쪼개는 것도 좋다. 이로 인해 얻는 이득은 스타일시트의 일반적인 크기가 자바스크립트보다 작기 때문에 자바스크립트를 쪼갬으로써 얻는 이득보다는 덜하다. 그리고 CSS를 다운로드할 때에는 자바스크립트를 다운로드할 때처럼 블로킹 현상이 없다. CSS 스타일시트 쪼개기는 추가 연구와 도구 개발이 요구되는 분야라고 할 수 있다.

---

4 (옮긴이) 2010년 1월 현재, 마이크로소프트사 연구소 웹사이트에 공개되어 있으며 다음 주소에서 다운로드할 수 있다.
http://msdn.microsoft.com/en-us/devlabs/ee423534.aspx

04

블로킹 없이 스크립트 로드하기

SCRIPT 태그들은 실행될 때 블로킹을 하기 때문에 성능에는 안 좋은 영향을 미친다. 현재 대부분의 브라우저들은 스크립트를 다운로드하고 실행하는 동안에는 다른 것들을 다운로드하지 않는다. 이런 블로킹 현상이 필요할 때도 있지만 자바스크립트가 페이지의 다른 내용과는 독립적으로 로드될 수 있는지 알아보는 것도 중요하다.

이것이 가능한 경우, 다른 것들의 다운로드를 막지 않은 채 자바스크립트를 다운로드하고자 한다. 다행히도 이것을 가능하게 하는 몇 가지 방법이 존재하며 이는 곧 페이지를 더 빨리 로드할 수 있게 됨을 의미한다. 이번 장에서는 이런 기법들에 대해 알아보고 이 기법들이 브라우저와 성능에 미치는 영향을 비교해 본다. 그리고 한 방법이 다른 방법에 비해 더 선호되는 상황에 대해서도 알아볼 것이다.

스크립트 블록

자바스크립트는 inline 스크립트 또는 외부 스크립트로 웹페이지에 삽입된다. inline 스크립트는 SCRIPT 태그를 통해 자바스크립트 전체가 HTML 문서 자체에 포함된다.

```
<script> function displayMessage(msg) {
    alert(msg);
}
</script>
```

외부 스크립트는 자바스크립트를 SCRIPT SRC 속성을 이용하여 별도의 파일에서 불러 온다.

```
<script src='A.js'></script>
```

SRC 속성은 로드해야 하는 외부 파일의 URL을 지정한다. 브라우저는 해당 스크립트 파일이 캐시에 있으면 캐시에 있는 걸 가져오고, 캐시에 없으면 HTTP 요청을 해서 가져온다.

보통, 대부분의 브라우저들은 웹페이지의 구성 요소들을 동시에 다운로드한다. 하지만 외부 스크립트의 경우에는 다르다. 브라우저가 외부 스크립트를 다운로드하기 시작하면 해당 스크립트가 완전히 다운로드되어 파싱되고 실행될 때까지 추가적인 다운로드를 하지 않는다(이미 진행 중이었던 다운로드는 블로킹되지 않는다).

그림 4-1은 아래 '스크립트는 다운로드를 막는다' 예제에 대한 HTTP 요청을 보여준다. [1]

스크립트는 다운로드를 막는다

http://stevesouders.com/cuzillion/?ex=10008&title=Scripts+Block+Downloads

그림 4-1 | 스크립트는 동시 다운로드를 막는다

이 페이지에는 상단에 두 개의 스크립트 A.js와 B.js가 있고 그 다음에는 이미지 한 개와 스타일시트 하나 그리고 Iframe을 포함하고 있다. 각 스크립트는 다운로드하는 데 1초 그리고 실행하는 데 1초가 걸리도록 프로그래밍되어 있다. HTTP 다운로드 중간 중간에 있는 흰 공백은 스크립트가 실행되는 것을 나타낸다. 이를 통해 볼 수 있듯이 스크립트가 다운로드되고 실행되는 동안에는 다른 다운로드는 블로킹된다. 스크립트가 완료된 후에야 이미지, 스타일시트 그리고 Iframe이 동시에 다운로드됨을 알 수 있다.

브라우저가 스크립트를 다운로드하고 실행하는 중에 다른 작업을 막는 이유는 바로 해당 스크립

---

[1] 이 예제와 다른 예제들은 모두 필자가 이번 장을 위해 만든 도구인 Cuzillion으로 만든 것이다. Cuzillion에 대한 추가 정보는 부록을 참고하라.

트가 실행되는 중에 해당 페이지 또는 자바스크립트 네임스페이스를 변경할 수 있고 해당 스크립트가 삽입된 곳 이후에 오는 것들에 영향을 미칠 수 있기 때문이다. 이를 설명하기 위해 흔히 사용하는 예가 바로 A.js가 document.write를 이용하여 페이지를 변경하는 경우이다. 또 다른 예가 바로 A.js가 B.js에서 사용되는 경우이다. 스크립트는 HTML 문서 내에 선언된 순서대로 다운로드되어 실행된다는 것이 보장되며 따라서 A.js가 B.js보다 먼저 다운로드되고 실행된다는 것이다. 이런 보장 없이는 B.js가 A.js보다 먼저 다운로드되어 실행되고 경쟁 상태로 인한 자바스크립트 에러가 일어날 수 있다.

스크립트가 꼭 순서대로 실행되어야 함은 명백하지만 다운로드도 순서대로 되어야만 하는 것은 아니다. 바로 이 대목에서 인터넷 익스플로러(Internet Explorer) 8을 언급해야 할 것 같다. 그림 4-1에서 보았던 내용은 대부분의 브라우저에서 동일하게 나타난다. 이는 파이어폭스(Firefox) 3.0과 그 이전 버전, 그리고 인터넷 익스플로러 7과 그 이전 버전에서도 동일하다. 하지만 인터넷 익스플로러 8은 그림 4-2에서 볼 수 있는 것처럼 다르다. 인터넷 익스플로러 8은 스크립트의 동시 다운로드를 지원하는 첫 번째 브라우저이다.

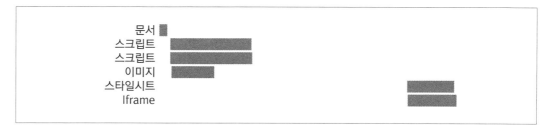

그림 4-2 ㅣ 인터넷 익스플로러 8은 스크립트를 블로킹 없이 다운로드한다

인터넷 익스플로러 8에서 스크립트 동시 다운로드가 가능해짐에 따라 페이지 로딩은 빨라졌으나 그림 4-2에서 볼 수 있듯이 동시 다운로드가 블로킹되는 문제를 완전히 해결해 주진 못한다. A.js와 B.js가 동시에 다운로드되는 것은 맞으나 이미지와 Iframe은 스크립트가 다운로드되어 실행될 때까지는 여전히 블로킹된다. 사파리 4와 크롬 2도 비슷하다. 스크립트는 동시에 다운로드하지만 그 후에 오는 다른 리소스들은 여전히 블로킹된다. [2]

우리가 정말 원하는 것은 바로 스크립트가 다운로드되는 동안 다른 모든 구성 요소들도 동시에 다운로드할 수 있으면 좋겠다는 것이다. 그리고 이것을 모든 브라우저에서 지원해 주었으면 한다. 이를 어떻게 하면 되는지는 바로 다음 절에서 알아본다.

---

2   이 책을 집필하는 현재, 파이어폭스(Firefox)는 스크립트 동시 다운로드를 지원하지 않는다. 하지만 곧 지원될 것으로 기대한다.

스크립트를 사이좋게 만드는 방법

외부 스크립트를 다운로드하면서 페이지의 다른 내용도 블로킹 없이 다운로드하는 방법에는 몇 가지가 있다. 필자가 추천하지 않는 한 가지 방법은 바로 모든 자바스크립트를 inline으로 페이지에 다 포함시키는 것이다. 이 방법이 괜찮은 경우(홈페이지와 같은 작은 양의 자바스크립트)도 있겠지만 일반적인 경우라면 페이지 크기와 캐싱으로 얻는 이점 때문에라도 자바스크립트를 외부 파일로 분리하는 것이 좋다(이의 이점과 단점에 대한 보다 자세한 내용은 웹사이트 최적화 기법의 '규칙 8: 자바스크립트와 CSS는 외부 파일에 넣어라'를 참고하라).

여기서 소개하는 기법들은 외부 스크립트의 장점은 가져 가면서 블로킹으로 인한 속도 저하는 없애 준다.

- XHR Eval
- XHR 삽입(Injection)
- Iframe에 스크립트 넣기
- 스크립트DOM Element
- 스크립트 Defer
- document.write 스크립트 태그

다음 절부터 앞의 각 기법들에 대해 자세히 알아볼 것이다. 그러고 나서 각 기법들이 브라우저에 어떤 영향을 미치는지를 비교해 보고 서로 다른 상황에서 어떤 기법이 가장 좋은지도 알아본다.

XHR Eval

이 기법에서는 XMLHttpRequest(XHR)을 이용하여 자바스크립트를 서버로부터 다운로드한다. 서버로부터의 응답이 완료되면 스크립트의 내용을 다음 예제에서 보여주는 것처럼 eval 명령을 이용하여 실행한다.

XHR Eval

  http://stevesouders.com/cuzillion/?ex=10009&title=Load+Scripts+using+XHR+Eval

그림 4-3의 HTTP 도표에서 볼 수 있듯이 XMLHttpRequest는 페이지 내의 다른 요소들을 블로킹하지 않는다. 즉, 5개의 리소스 전부 다 동시에 다운로드함을 알 수 있다. 스크립트는 다운로드가 완료된 후에 실행된다(이 실행 시간은 HTTP 도표에는 나타나 있지 않은데 실행 중에 네트워크 사용이 없기 때문이다).

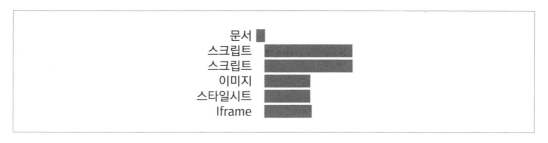

문서
스크립트
스크립트
이미지
스타일시트
Iframe

그림 4-3 │ XHR Eval을 이용한 스크립트 로딩

이 방법의 주된 단점은 XMLHttpRequest의 요청이 이를 호출하는 페이지와 동일한 도메인에 있어야 한다는 것이다. XHR Eval 예제에서 이와 관련된 소스 코드를 보자면 다음과 같다.[3]

```
var xhrObj = getXHRObject();
xhrObj.onreadystatechange =
    function() {
        if ( xhrObj.readyState == 4 && 200 == xhrObj.status ) {
            eval(xhrObj.responseText);
        }
    };
xhrObj.open('GET', 'A.js', true); // 메인 페이지와 동일한 도메인이어야 한다
xhrObj.send('');

function getXHRObject() { var xhrObj = false;
    try {
        xhrObj = new XMLHttpRequest();
    } catch(e){
        var progid = ['MSXML2.XMLHTTP.5.0', 'MSXML2.XMLHTTP.4.0', 'MSXML2.XMLHTTP.3.0', ➥
                      'MSXML2.XMLHTTP', 'Microsoft.XMLHTTP'];
        for ( var i=0; i < progid.length; ++i ) {
            try {
                xhrObj = new ActiveXObject(progid[i]);
            } catch(e) {
                continue;
            }
            break;
        }
    }
    finally {
        return xhrObj;
    }
}
```

---

3   자바스크립트 라이브러리를 사용하는 경우 jQuery.ajax나 dojo.xhrGet 같은 XMLHttpRequest 래퍼가 이미 있을 것이다. 래퍼를 직접 작성하는 대신 이것들을 사용하는 것이 좋다.

XHR Injection

XHR Eval과 비슷하게 XHR Injection 기법도 XMLHttpRequest를 통해 자바스크립트를 내려받는다. 하지만 eval을 사용하는 대신 스크립트 DOM Element를 생성한 후 XMLHttpRequest로부터 받은 응답을 삽입하는 방식으로 자바스크립트를 실행한다. eval은 이 방법보다 느릴 수도 있다.

XHR Injection

http://stevesouders.com/cuzillion/?ex=10015&title=XHR+Injection

XMLHttpRequest는 메인 페이지와 동일한 도메인에서 자바스크립트를 불러와야 한다. 앞의 XML Injection 예제에서 주요 부분만 발췌해 보면 다음과 같다.

```
var xhrObj = getXHRObject(); // 전 예제에 정의되어 있음
xhrObj.onreadystatechange =
    function() {
        if ( xhrObj.readyState == 4 ) {
            var scriptElem = document.createElement('script');
            document.getElementsByTagName('head')[0].appendChild(scriptElem);
            scriptElem.text = xhrObj.responseText;
        }
    };
xhrObj.open('GET', 'A.js', true); // 메인 페이지와 동일한 도메인에 있어야 한다
xhrObj.send('');
```

Iframe 안의 스크립트

Iframe은 메인 페이지의 다른 구성 요소들과 동시에 로드된다. 보통 Iframe은 HTML 페이지 내에 다른 HTML 페이지를 포함시키는 데 사용되지만 Iframe 안의 스크립트 기법은 대신 자바스크립트를 블로킹 없이 로드하기 위해 사용한다. 이는 다음의 Iframe 안의 스크립트 예제에서 볼 수 있다.

Iframe 안의 스크립트

http://stevesouders.com/cuzillion/?ex=10012&title=Script+in+Iframe

이번 구현은 HTML으로만 이루어져 있다.

```
<Iframe src='A.html' width=0 height=0 frameborder=0 id=frame1></Iframe>
```

한 가지 주목할 점은 이 기법은 A.js 대신 A.html을 사용한다는 것이다. 이렇게 해줘야만 하는 이유가 있는데 Iframe이 HTML 문서만 받아 처리하기 때문이다. 그런 다음 일은 외부 스크립트를 HTML

문서 내에 인라인 스크립트로 넣어 주기만 하면 된다.

XHR Eval과 XHR Injection 기법과 비슷하게 이 기법 또한 Iframe이 불러오는 URL이 동일한 도메인의 서버이어야만 한다(브라우저의 Cross-site 보안 제약 때문에 서로 다른 도메인의 Iframe과 부모 간의 자바스크립트 접근은 허용되지 않는다). 메인 페이지와 Iframe이 동일한 도메인의 서버에서 문서를 불러온다고 해도 이 둘이 서로 참조하면서 잘 작동하려면 자바스크립트를 이에 맞게 수정해 주어야 한다. 이렇게 하기 위한 한 가지 방법은 부모에서 Iframe의 자바스크립트의 심볼에 frames 배열이나 document.getElementById를 이용해 접근하는 것이다.

```
// 메인 페이지에서 Iframe에 접근하기 위해 "frames"를 사용
window.frames[0].createNewDiv();
// 메인 페이지에서 "getElementById"를 사용하여 Iframe에 접근
document.getElementById('frame1').contentWindow.createNewDiv();
```

Iframe은 자신의 부모에 parent 변수를 이용하여 접근할 수 있다.

```
// Iframe에서는 "parent"를 이용하여 메인 페이지에 접근할 수 있다
function createNewDiv() {
    var newDiv = parent.document.createElement('div');
    parent.document.body.appendChild(newDiv);
}
```

Iframe은 그 외에도 선천적으로 단점을 갖고 있다. 13장에서도 언급하겠지만 다른 DOM element 보다도 10배 이상 비용이 많이 드는 구성 요소이다.

스크립트 DOM Element

HTML의 SCRIPT 태그를 사용하여 스크립트 파일을 다운로드하는 방법 대신 이 기법은 자바스크립트를 통해 스크립트 DOM Element를 생성한 후 SRC 속성을 동적으로 지정한다. 자바스크립트 몇 줄이면 할 수 있다.

```
var scriptElem = document.createElement('script');
scriptElem.src = 'http://anydomain.com/A.js';
document.getElementsByTagName('head')[0].appendChild(scriptElem);
```

이렇게 스크립트를 생성하면 다른 구성 요소를 동시에 다운로드하는 것이 가능해진다. 이전에 소개한 기법들과는 달리 스크립트 DOM Element는 메인 페이지와 다른 도메인의 서버로부터 자바스크립트를 불러오는 것이 허용된다. 이를 구현하기 위한 코드는 짧고 간단하다. 그리고 외부 스크립트 파일도 XHR Eval이나 Iframe의 스크립트 기법과는 달리 수정 없이 그대로 사용 가능하다.

스크립트 DOM Element

> *http://stevesouders.com/cuzillion/?ex=10010&title=Script+Dom+Element*

스크립트 지연

인터넷 익스플로러는 지금 즉시 로드되지 않아도 되는 스크립트를 위한 SCRIPT DEFER 속성을 제공한다. 즉, document.write를 호출하지 않거나 페이지 내의 다른 스크립트에서 해당 스크립트를 사용하지 않는 경우에는 사용해도 안전하다. 인터넷 익스플로러가 이렇게 스크립트를 지연 다운로드하는 경우에는 다른 구성요소와 동시에 다운로드할 수 있다.

스크립트 지연(Script Defer)

> *http://stevesouders.com/cuzillion/?ex=10013&title=Script+Defer*

DEFER 속성을 잘만 활용하면 스크립트의 안 좋은 블로킹 현상을 단지 한 단어만으로도 없앨 수 있는 손 쉬운 방법이 될 수 있다.

```
<script defer src='A.js'></script>
```

DEFER는 HTML4 명세서(http://www.w3.org/TR/REC-html40/interact/scripts.html#adef-defer)의 일부로 정의되어 있으나 인터넷 익스플로러와 일부 최근 브라우저에서만 지원한다.

document.write 스크립트 태그

마지막으로 알아볼 기법은 document.write를 이용하여 페이지에 SCRIPT HTML 태그를 삽입하는 방법이다.

document.write 스크립트 태그

> *http://stevesouders.com/cuzillion/?ex=10014&title=document.write+Script+Tag*

이 기법 또한 스크립트 지연(Script Defer)과 비슷하게 인터넷 익스플로러에서만 다른 구성 요소의 동시 다운로드가 가능하다. 비록 여러 스크립트를 동시에 다운로드할 수는 있지만(모든 document.write 호출이 동일한 스크립트 블록에 들어 있다는 가정하에) 스크립트가 다운로드되는 동안에 다른 리소스의 다운로드는 여전히 블로킹된다.

```
document.write("<script type='text/javascript' src='A.js'><\/script>");
```

브라우저의 작업 중 표시

방금 설명한 이 모든 기법들을 활용하면 여러 리소스의 동시 다운로드를 가능하게 함으로써 자바스크립트의 다운로드를 향상시켜 준다. 하지만 이런 기법들 간에는 약간씩 서로 다른 점들이 있다. 이 기법들을 분류할 수 있는 한 가지 방법은 바로 페이지가 로딩된다는 것을 사용자가 어떻게 받아들이느냐에 따른 분류 방법이다. 브라우저들은 여러 가지 표시를 통해 현재 페이지가 로딩 중임을 사용자에게 알린다.

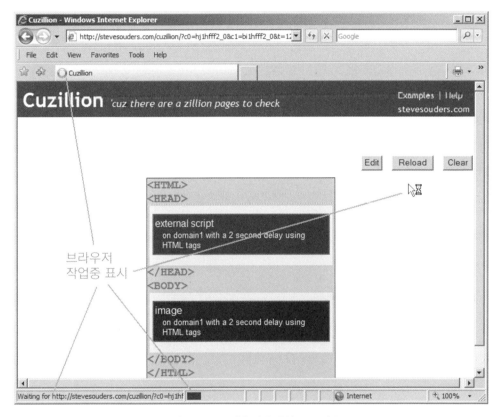

그림 4-4 | 브라우저의 작업 중 표시들

그림 4-4에서 브라우저의 이런 작업 중 표시 4가지를 볼 수 있다: 상태표시줄, 진행 표시바, 탭 아이콘 그리고 마우스 커서. 상태표시줄은 현재 다운로드 중인 URL을 표시한다. 진행 표시바는 다운로드가 진행됨에 따라 창 하단 한쪽에서 다른 쪽으로 움직인다. 탭의 아이콘은 다운로드되는 동안 뱅글뱅글 돈다. 그리고 마우스 커서는 모래시계나 다른 비슷한 커서로 바뀌어 현재 페이지가 작업 중이라는 것을 표시한다.

이외 브라우저가 작업 중이라는 것을 보여주는 다른 표시는 화면 렌더링이 멈춰 버리는 것과 onload 이벤트가 블로킹되는 것이다. 화면 렌더링이 멈춰 버리는 현상은 사용자 경험에 아주 큰 방해 요소가 된다. 스크립트를 보통 때처럼 SCRIPT SRC를 통해 다운로드할 경우 해당 스크립트 밑에 오는 것들은 렌더링되지 않는다. 즉, 페이지가 완전히 렌더링되기 전에 멈추게 하는 행위 자체가 브라우저가 작업하느라 바쁘다는 것을 아주 극한으로 보여주는 것이다.

일반적으로 페이지의 모든 리소스가 다운로드 완료될 때까지 onload 이벤트는 발생되지 않는다. 즉, 브라우저의 상태표시줄에 '완료'가 뜨고 기본 입력 필드에 포커스가 갈 때까지 시간이 오래 걸리면 사용자 경험도 그만큼 영향을 받는다.

대부분의 브라우저에서 SCRIPT SRC를 이용해 자바스크립트를 다운로드하면 작업 중 표시가 나타나지만 인터넷 익스플로러, 파이어폭스와 오페라에서 XHR Eval과 XHR Injection 기법을 사용하는 경우 작업 중 표시는 나타나지 않는다. 이 작업 중 표시는 사용하는 방법과 브라우저에 따라 보이기도 하고 안 보이기도 한다.

표 4-1에서 각 자바스크립트 다운로드 기법에 대해 어떤 작업 중 표시가 나타나는지를 보여 준다. XHR Eval과 XHR Injection이 가장 적은 작업 중 표시를 보여준다. 다른 기법들은 혼재된 반응을 보인다. 서로 다른 브라우저 간에는 이런 작업 중 표시가 다양하지만 같은 브라우저의 다른 버전 간에는 대체적으로 일관성을 보여주고 있다.

여기서 설명한 각 기법에 따라 브라우저가 어떤 작업 중 표시기를 보여 주는지 이해하고 넘어 가는 것이 중요하다. 경우에 따라서는 작업 중 표시기를 보여주는 것이 사용자 경험상 더 나을 수도 있다. 즉, 페이지가 무언가 작업을 하고 있다는 것을 사용자에게 알려 주기 때문이다. 하지만 다른 경우에는 무언가 바쁘게 일어나고 있다는 것을 아예 보여 주지 말고 사용자가 바로 웹페이지를 사용하도록 유도하는 것이 좋을 수도 있다.

순서대로 실행되도록(또는 실행되지 않도록) 하기

웹페이지에서 사용하는 여러 스크립트들이 특정 순서대로 실행되어야 하는 경우가 있다. SCRIPT SRC 기법을 사용하면 이런 스크립트가 페이지에 나오는 순서대로 다운로드되어 실행됨을 보장받을 수 있다. 하지만 앞서 설명한 고급 다운로드 기법들을 사용하는 경우 이런 보장은 더 이상 유효하지 않다. 왜냐하면 여러 스크립트가 동시에 다운로드되고 이로 인해 다운로드가 완료되는 순서대로 실행되기 때문이다. 즉, 페이지 내에 선언된 순서가 아닌 먼저 다운로드되는 순서대로 실행이 된다는 것이다. 이렇게 되면 정의되지 않은 심볼로 인한 에러가 일어날 수 있다.

표 4-1 자바스크립트 다운로드로 인해 표시되는 작업 중 표시

기법	상태표시줄	진행바	로고	커서	렌더링 멈춤	onload를 블로킹
일반적인 Script Src	FF, Saf, Chr	IE, FF, Saf	IE, FF, Saf, Chr	FF, Chr	IE, FF, Saf, Chr, Op	IE, FF, Saf, Chr, Op
XHR Eval	Saf, Chr	Saf	Saf, Chr	Saf, Chr	--	--
XHR Injection	Saf, Chr	Saf	Saf, Chr	Saf, Chr	--	--
Script in Iframe	IE, FF, Saf, Chr	FF, Saf	IE, FF, Saf, Chr	FF, Chr	--	IE, FF, Saf, Chr, Op
Script DOM Element	FF, Saf, Chr	FF, Saf	FF, Saf, Chr	FF, Chr	--	FF, Saf, Chr
Script Defer[a]	FF, Saf, Chr	FF, Saf	FF, Saf, Chr	FF, Chr, Op	FF, Saf, Chr, Op	IE, FF, Saf, Chr, Op
document. write Script Tag[b]	FF, Saf, Chr	IE, FF, Saf	IE, FF, Saf, Chr	FF, Chr, Op	IE, FF, Saf, Chr, Op	IE, FF, Saf, Chr, Op

a _ 스크립트 지연(Script Defer)은 Firefox 3.1과 그 이상의 버전에서부터 동시 다운로드가 가능해짐.

b _ document.write 스크립트 태그는 인터넷 익스플로러(IE), Safari 4 그리고 Chrome 2에서만 동시 다운로드가 가능하다.

✱ **참고** 약어에 대한 설명은 다음과 같다: (Chr) Chrome 1.0.154와 2.0.156; (FF) Firefox 2.0, 3.0 그리고 3.1; (IE) 인터넷 익스플로러(Internet Explorer) 6, 7 그리고 8; (Op) Opera 9.63과 10.00 alpha; (Saf) Safari 3.2.1과 4.0 (developer preview).

스크립트가 순서대로 실행됨을 보장할 수 있는 여러 방법들이 있으나 이 방법들은 브라우저에 따라 다르다. 인터넷 익스플로러의 경우 스크립트 지연(Script Defer) 기법과 document.write 스크립트 태그 기법들을 사용하면 다운로드 순서에 상관없이 스크립트가 순서대로 실행됨을 보장받을 수 있다. 예를 들면 다음의 인터넷 익스플로러의 순차 실행을 보장하는 예제는 세 개의 스크립트를 포함하는데 스크립트 지연(Script Defer)을 통해 로드한다. 첫 번째 스크립트(URL에 sleep=3가 있는 것)가 가장 나중에 다운로드되지만 여전히 가장 먼저 실행된다.

인터넷 익스플로러(IE)는 실행 순서를 보장

http://stevesouders.com/cuzillion/?ex=10017&title=IE+Ensure+Ordered+Execution

스크립트 지연과 document.write 스크립트 태그 기법들이 파이어폭스에서는 동시 다운로드가 되지 않기 때문에 한 스크립트가 다른 스크립트에 의존성을 갖는 경우에는 다른 기법을 사용해야만 한다. 스크립트 DOM Element 기법을 사용하면 파이어폭스에서도 스크립트가 선언되는 순서대로 실행됨을 보장받을 수 있다. 다음의 파이어폭스에서 순차 실행 보장 예제는 세 개의 스크립트를 포함하는데 스크립트 DOM Element 기법을 통해 로드한다. 첫 번째 스크립트(URL에 sleep=3가 있는 것)가 가장 마지막으로 다운로드되지만 가장 먼저 실행됨을 볼 수 있다.

파이어폭스는 실행 순서를 보장

http://stevesouders.com/cuzillion/?ex=10018&title=FF+Ensure+Ordered+Execution

항상 스크립트가 선언된 순서대로 실행되어야만 하는 건 아니다. 경우에 따라서는 먼저 다운로드되는 스크립트부터 바로 실행되는 것이 좋을 때도 있다. 이렇게 하면 페이지가 더욱너 빨리 로드될 수 있기 때문이다. 이런 예가 바로 서로 관련 없는 여러 위젯(A, B, C)과 이와 관련된 스크립트(A.js, B.js, C.js)를 포함하는 웹페이지이다. 웹페이지 내에 해당 위젯들이 A, B, C 의 순서대로 선언되어 있어도 다운로드되는 순서대로 실행하는 것이 보다 나은 사용자 경험을 제공할 것이다. XHR Eval과 XHR Injection 기법을 사용하면 이런 효과를 얻을 수 있다. 다음의 순차 실행 피하기 예제에서는 페이지 내에 선언된 순서와 상관없이 먼저 다운로드되는 스크립트부터 실행한다.

순차 실행 피하기

http://stevesouders.com/cuzillion/?ex=10019&title=Avoid+Ordered+Execution

지금까지의 결과를 정리해보면

지금까지 외부 스크립트를 다운로드하는 여러 가지의 고급 기법과 이 기법들 간의 장단점에 대해 설명했다. 표 4-2에서 이를 요약한 내용을 볼 수 있다.

앞에서 설명한 기법들은 스크립트와 다른 리소스들을 동시에 다운로드할 수 있게 해준다. 이는 브라우저가 그냥 해주지는 않는 것으로 요즘 나오는 새 브라우저에서도 동일하다. 이를 활용하면 웹페이지의 로딩 속도를 상당히 개선할 수 있다. 이는 보통의 다른 웹페이지보다 더 많은 외부 스크립트를 불러와 사용하는 Web 2.0 응용프로그램에는 특별히 더 중요하다.

document.write 스크립트 태그 기법은 소수의 브라우저에서만 지원하고 스크립트 이외의 리소스에 대한 동시 다운로드는 지원하지 않기 때문에 덜 선호되는 기법이다. 스크립트 지연(Script Defer) 또한 일부 브라우저에서만 동시 다운로드가 지원된다.

표 4-2 고급 스크립트 다운로드 기법 요약

기법	동시 다운로드	서로 다른 도메인 사용 가능	기존 스크 립트 사용 가능	작업중 표시	순서 보장	크기 (바이트)
Normal Script Src	(IE8, Saf4)[a]	Yes	Yes	IE, Saf4, (FF, Chr)[b]	IE, Saf4, (FF, Chr, Op)[c]	~50
XHR Eval	IE, FF, Saf, Chr, Op	No	No	Saf, Chr	--	~500
XHR Injection	IE, FF, Saf, Chr, Op	No	Yes	Saf, Chr	--	~500
Script in Iframe	IE, FF, Saf, Chr, Op[d]	No	No	IE, FF, Saf, Chr	--	~50
Script DOM Element	IE, FF, Saf, Chr, Op	Yes	Yes	FF, Saf, Chr	FF, Op	~200
Script Defer	IE, Saf4, Chr2, FF3.1	Yes	Yes	IE, FF, Saf, Chr, Op	IE, FF, Saf, Chr, Op	~50
document.write Script Tag	(IE, Saf4, Chr2, Op)[e]	Yes	Yes	IE, FF, Saf, Chr, Op	IE, FF, Saf, Chr, Op	~100

a _ 스크립트는 다른 스크립트와 동시에 다운로드된다. 하지만 다른 종류의 리소스들은 다운로드되지 않고 블로킹된다
b _ 이 브라우저들은 이 기법을 통한 동시 다운로드를 지원하지 않는다.
c _ a를 참고
d _ Opera에서 한 가지 흥미로운 점은 Iframe을 통한 스크립트 동시 다운로드로 인한 성능 향상 이외에도 코드도 동시에
　실행된다.
e _ 앞의 a 참고

✱ 참고　약어에 대한 설명은 다음과 같다. (Chr) Chrome 1.0.154와 2.0.156; (FF) Firefox 2.0, 3.0
　　　　　그리고 3.1; (IE) 인터넷 익스플로러(Internet Explorer) 6, 7 그리고 8; (Op) Opera 9.63과
　　　　　10.00 alpha; (Saf) Safari 3.2.1과 4.0 (developer preview).

　　XHR Eval, XHR Injection, Iframe 내의 스크립트 기법들은 모두 해당 스크립트가 메인 페이지와
동일한 서버에 있어야 한다는 조건을 만족시켜 줘야 한다. XHR Eval과 Iframe 내의 스크립트 기법을
사용하려면 스크립트 코드를 약간 수정해야 한다. 반면에 XHR Injection과 스크립트 DOM Element

기법은 기존의 스크립트 파일을 아무런 수정 없이도 다운로드할 수 있다. 각각의 기법을 구현하는 데 추가로 입력해야 하는 문자의 대략적인 개수가 표 4-2의 '크기' 열에 나와 있다.

그리고 각각의 기법들이 브라우저의 작업 중 표시기에 미치는 영향이 약간씩 다르기 때문에 고려해야 하는 사항들이 있다. 페이지의 초기 렌더링과는 부수적으로 다운로드하는 스크립트에 대해서는 페이지가 완전히 로드된 것처럼 보이게 하는 기법이 더 좋다. 이런 기법에는 XHR Eval과 XHR Injection이 있다. 브라우저가 스크립트를 다운로드하는 동안 사용자에게 해당 페이지가 계속 로딩 중임을 보여주고 싶은 경우 더 많은 브라우저 작업 중 표시기를 보여주는 Iframe 내의 스크립트가 더 나은 방법이다.

마지막으로 스크립트의 순차 실행이 필요한지 아닌지에 따라 선호되는 기법들이 있다. 스크립트를 다른 리소스와 동시에 다운로드하면서 해당 스크립트가 지정된 순서대로 실행되기를 원한다면 브라우저에 따라 그에 맞는 기법들을 섞어 사용해야 한다. 실행 순서가 중요하지 않은 경우 XHR Eval과 XHR Injection 기법을 사용할 수 있다.

그럼 최종 승자는?

필자의 결론은 바로 '하나의 최적 솔루션은 없다'이다. 사용해야 하는 기법은 응용프로그램의 요구 사항에 따라 다를 것이다. 그림 4-5에서 스크립트 다운로드를 위한 최적의 기법 선택을 위한 판단 도표를 볼 수 있다.

이 결정 트리로부터 우리는 6가지의 결과를 얻을 수 있다.

서로 다른 도메인, 순서에 무관

XHR Eval, XHR Injection 그리고 Iframe 내의 스크립트 기법들은 이런 조건에는 사용할 수 없다. 왜냐하면 메인 페이지의 도메인과 스크립트의 도메인이 서로 다르기 때문이다. 스크립트 지연 기법은 해당 스크립트를 지정된 순서대로 로드되게끔 하기 때문에 사용하면 안 된다. 반면 스크립트가 다운로드되자마자 실행된다면 페이지가 더 빨리 로딩될 수는 있다. 이런 경우, 가장 좋은 대안은 스크립트 DOM Element이다. 파이어폭스에서는 원하지는 않지만 스크립트 로드 순서가 보존된다. 이 두 기법들은 브라우저의 작업 중 표시기를 보여주게 하기 때문에 이를 피할 수는 없다. 이런 조건을 갖는 웹페이지의 예를 들자면 자바스크립트를 사용하는 광고와 위젯들이다. 이런 광고나 위젯들에서 사용하는 스크립트는 메인 페이지와는 다른 도메인의 서버에 있을 가능성이 높다. 하지만 서로 의존성은 없을 것이기 때문에 로드 순서가 중요하지는 않다.

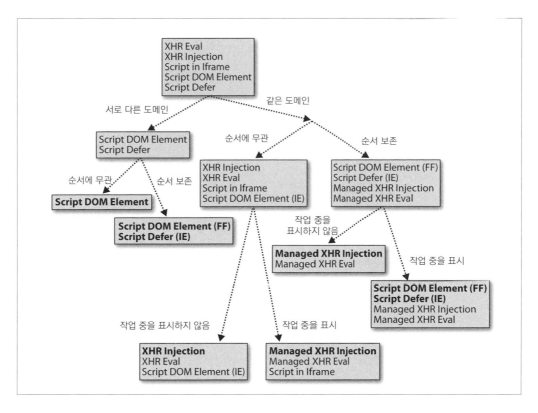

그림 4-5 | 스크립트 로딩 기법 선택을 위한 결정 트리

서로 다른 도메인, 순서 보존

메인 페이지와 스크립트의 도메인이 서로 다르기 때문에 전과 마찬가지로 XHR Eval, XHR Injection 그리고 Iframe 내의 스크립트는 사용 가능 기법에서 제외된다. 스크립트가 순서대로 로드된다는 것을 보장하기 위해서는 인터넷 익스플로러에서는 스크립트 지연 그리고 파이어폭스에서는 스크립트 DOM Element 기법을 사용해야 한다. 이 두 기법들 모두 브라우저의 작업 중 표시기를 보여준다. 이런 요구 사항을 만족시키는 웹페이지의 예를 들자면 여러 자바스크립트 파일을 여러 서버로부터 불러 오면서 서로 간의 의존성까지 있는 페이지이다.

동일한 도메인, 순서 무관, 작업 중 표시하지 않음

작업 중 표시를 하지 않는 기법은 XHR Eval과 XHR Injection뿐이다. 이 두 XHR 기법 중에서 필자는 XHR Injection을 더 선호하는데 기존의 스크립트를 수정하지 않고도 사용 가능하기 때문이다. 이를 적용하기에 좋은 웹페이지는 3장에서 설명한 것처럼 다른 작업을 하는 것과 동시에 스크립트를 다운로드하고자 하는 경우이다.

동일한 도메인, 순서 무관, 작업 중 표시

XHR Eval, XHR Injection, Iframe 내의 스크립트 기법뿐만이 인터넷 익스플로러와 파이어폭스 브라우저 모두에서 스크립트의 순서를 보존해 주지 않는 기법이다. Iframe 내의 스크립트가 가장 좋은 선택일 것으로 판단한다. 왜냐하면 작업 중 표시기를 보여주고 페이지의 크기 또한 약간만 증가하기 때문이다. 하지만 필자는 XHR Injection을 더 선호하는데 기존 스크립트의 수정이 필요 없고 판단 도표에서 볼 수 있듯이 다른 경우에서도 선호되는 방법이기 때문이다. 브라우저 작업 중 표시를 보여주기 위해서는 추가적인 클라이언트 쪽 자바스크립트가 필요하다: XHR을 보낼 때 상태 표시줄과 커서를 직접 활성화해 주어야 하고 XHR가 응답을 받으면 이를 해제해 주어야 한다. 필자는 이를 '관리(managed) XHR Injection'이라고 부른다.

동일한 도메인, 순서 보존, 작업 중 표시 안 함

작업 중 표시를 하지 않는 기법들은 XHR Eval와 XHR Injection뿐이다. 이 두 기법 중에서는 기존의 스크립트를 수정 없이 사용할 수 있는 XHR Injection을 더 선호한다. 스크립트가 지정된 순서대로 로드되게 하기 위해서는 약간 다른 형식의 '관리(managed) XHR Injection'이 필요하다. 이런 경우, 스크립트가 지정된 순서대로 실행됨을 보장하기 위해 XHR 응답을 큐에 담아 두었다가 처리할 수도 있다. 이런 페이지의 예는 바로 서로 간의 의존성이 있는 여러 스크립트를 동시에 다운로드해 처리하는 페이지이다.

동일한 도메인, 순서 보존, 작업 중 표시

인터넷 익스플로러의 스크립트 지연과 Firefox의 스크립트 DOM Element 기법들을 추천한다. 관리(managed) XHR Injection과 관리(managed) XHR Eval도 유효한 대안이 될 수 있다. 하지만 메인 페이지에 추가적인 코드가 필요하며 구현하기에도 약간 더 복잡하다.

그럼, 다음 단계로 할 일은 다른 개발자들이 최적의 방법으로 스크립트를 로드할 수 있게 해주는 코드로 앞에서 설명한 내용을 구현하는 것이다.

```
function loadScript(url, bPreserveOrder, bShowBusy);
```

필요한 것보다 많은 자바스크립트를 다운로드하지 않도록 하기 위해서는 서버 단에서 실행되고 Perl, PHP 또는 Python 같은 언어로 백엔드에서 구현하는 것이 더 유용할 것이다. 이런 백엔드 서버의 코드에서 웹 개발자들은 앞의 함수를 호출하면 적절한 기법을 활용하여 HTML 문서에 내용이 삽입 되도록 하는 것이다. 이를 보다 널리 채택되도록 하기 위한 그 다음의 단계로는 이를 개발 프레임워크에 포함시키는 것이다.

05

비동기 스크립트와 결합시키기

4장에서는 외부 스크립트를 비동기적인 방식으로 로드하는 방법을 설명했다. 스크립트를 보통 방식(`<script src="url"></script>`)으로 로드하는 경우 해당 페이지의 다른 모든 구성 요소들의 다운로드를 블록시킨다. 그리고 그 스크립트 이후에 오는 내용도 로드 완료될 때까지 렌더링되지 않는다. 비동기 방식으로 스크립트를 로드하면 이런 블로킹 현상을 피할 수 있으며 이로 인해 페이지의 로딩 속도와 체감 속도가 빨라진다.

이렇게 블로킹 없이 스크립트를 로드함에 따라 얻는 성능 향상은 공짜로 얻어지는 것이 아니다. 코드를 비동기 방식으로 실행하는 경우에는 경쟁 상태가 일어날 수 있다. 외부 스크립트에서 문제가 되는 경우는 바로 페이지에 직접 정의되어 있는 인라인 스크립트가 외부 스크립트에 정의되어 있는 심볼을 사용하는 경우이다. 이런 인라인 코드에 대한 고려가 없는 상태에서 외부 스크립트를 비동기적으로 로드하면 경쟁 상태가 일어나고 미정의(undefined) 심볼 에러가 일어날 수 있다는 것이다.

이렇게 비동기적으로 로드되는 외부 스크립트의 코드와 인라인 스크립트 간에 의존성이 있는 경우 두 스크립트가 올바른 순서로 실행될 수 있도록 보장하기 위해서는 이 둘을 어떻게든 결합을 시켜 주어야 한다. 짐작했겠지만 이를 모든 브라우저에서 손쉽게 처리할 수 있는 방법이란 없다. 이번 장에서는 이 문제와 이에 대한 몇 가지 해결책들을 다음의 소주제로 나누어 소개하려 한다.

코드 예제: menu.js

4장에서 알아본 여러 가지 내용 중에는 실행 순서를 보장하는 방법도 있었다. 거기서는 외부 스크립트의 실행 순서에 대해서 주로 알아보았었지만 외부 스크립트를 사용하는 대부분의 웹페이지들은 이 스크립트의 심볼을 참조하는 인라인 스크립트 갖고 있다. Google Analytics(http://www.google.com/analytics/)나 유명한 자바스크립트 프레임워크인 jQuery(http://jquery.com/) 그리고 Yahoo!

UI 라이브러리(http://developer.yahoo.com/yui/)가 여기에 포함된다.

이런 상황을 직접 보여주기 위해 외부 스크립트를 사용하면서 이에 의존하는 인라인 스크립트를 포함 하는 Normal 스크립트 Src 예제를 만들어 보았다. 외부 스크립트로 사용된 menu.js는 그림 5-1에서 볼 수 있는 것 같은 메뉴를 그리는 기능을 제공한다.

일반 스크립트 Src

http://stevesouders.com/efws/couple-normal.php

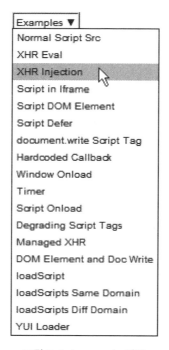

그림 5-1 | menu.js 예제

바로 밑에서 보는 것이 일반 스크립트 Src 예제의 구현이다. 우선 menu.js를 일반적인 방식으로 로드하는 것으로부터 시작한다. 바로 다음에 오는 인라인 스크립트에서 메뉴를 생성한다. 인라인 스크립트에서 메뉴 항목들을 담는 배열인 aExamples를 정의한다. init 함수는 EFWS.Menu.createMenu 함수를 element ID(examplesbtn)와 메뉴 항목을 담은 배열을 파라미터로 하여 호출한다. 메뉴는 'examplesbtn' 엘리먼트에 할당이 되며 이번 예제의 경우 "Examples"라는 문구의 버튼이다.

```
<script src="menu.js" type="text/javascript"></script>
<script type="text/javascript">
var aExamples =
[
  ['couple-normal.php', 'Normal Script Src'],
  ['couple-xhr-eval.php', 'XHR Eval'], ...
];

function init() {
    EFWS.Menu.createMenu('examplesbtn', aExamples);
}

init();
</script>
```

menu.js 예제가 바로 이번 장을 쓰게 된 이유이자 오늘날의 수많은 웹사이트들에서 겪는 문제를 잘 보여주는 예제이다. 이 페이지는 외부 스크립트와 인라인 스크립트를 포함하고 있다. 인라인 스크립트는 외부 스크립트를 사용하기 때문에 실행 순서가 보존되어야 함은 매우 중요하다. 즉, 외부 스크립트가 먼저 다운로드되어 파싱되고 실행되어야 한다는 것이다.

그리고 해당 페이지의 다른 리소스들의 다운로드도 동시에 이루어질 수 있도록 비동기 스크립트 로딩을 적용하기 딱 좋은 예이다. 여기서 이 페이지의 '다른 리소스'들은 이미지다. 이 이미지는 다운로드하는 데 정확히 1초가 걸리도록 설정되어 있다. 반면에 menu.js는 2초 걸리도록 되어 있다. 만약 이 스크립트가 일반적인 방법으로 로드하도록 되어 있었다면 그림 5-2에서 보는 것처럼 이 이미지는 스크립트가 다운로드되는 동안 블로킹될 것이다.

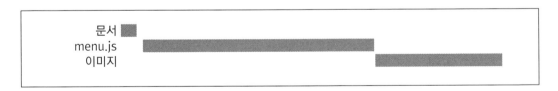

그림 5-2 | 일반 스크립트 Src의 HTTP 폭포수 도표

만약 menu.js가 비동기 방식으로 로딩되었다면 이미지는 동시에 다운로드될 것이고 페이지도 더 빠르게 로드될 것이다. 게다가 menu.js에는 렌더링 관련 코드가 전혀 없기 때문에 비동기 로딩의 아주 좋은 대상이 된다. 즉, 해당 페이지가 완전히 렌더링된 후에나 접근 가능한 기능만을 제공한다. 그럼 여기서 좋은 질문은 다음이다. 인라인 스크립트 단에서 미정의 심볼 에러가 나지 않게 menu.js를 비동기 방식으로 로드하는 것이 가능한가?

경쟁 상태

일반 스크립트 Src 예제를 실행해 보면 아무런 미정의 심볼 에러도 나지 않는다. 하지만 menu.js가 이미지 다운로드를 막으며 이는 곧 페이지가 느리게 로딩된다는 것을 의미한다. 성능 향상을 위해서는 menu.js를 비동기 방식으로 로딩하는 것이 더 낫지만 실행 순서가 보존되는지 경쟁 상태로 인한 미정의 심볼 에러가 나지는 않는지 확인해 봐야 한다.

이번에는 일반 스크립트 Src 예제를 4장에서 소개한 비동기 방식으로 변경해 보았다. 각 예제는 다음의 두 가지 질문을 프로그램 코드로 답한다: 스크립트는 블로킹 없이 로드되었는가? 실행 순서는 보존되었는가?

XHR Eval

http://stevesouders.com/efws/couple-xhr-eval.php

XHR Injection

http://stevesouders.com/efws/couple-xhr-injection.php

Iframe 내의 스크립트

http://stevesouders.com/efws/couple-script-Iframe.php

스크립트 DOM Element

http://stevesouders.com/efws/couple-script-dom.php

스크립트 지연(Script Defer)

http://stevesouders.com/efws/couple-script-defer.php

document.write 스크립트 Tag

http://stevesouders.com/efws/couple-doc-write.php

표 5-1은 앞의 예제들을 주요 브라우저에서 실행한 결과를 보여 준다. 앞의 방법 중 동시 다운로드를 하면서 실행 순서를 보존 하는 방법은 하나도 없다. 한 가지 예외는 바로 파이어폭스의 스크립트 DOM Element 기법이다.

표 5-1 외부 스크립트와 인라인 스크립트 사용 시 실행 순서 보장하기

기법	스크립트와 이미지 동시 다운로드	실행 순서 보장
Normal Script Src	IE8, Saf4, Chr2	IE, FF, Saf, Chr, Op
XHR Eval	IE, FF, Saf, Chr, Op	--
XHR Injection	IE, FF, Saf, Chr, Op	--
Script in Iframe	IE, FF, Saf, Chr, Op[a]	--
Script DOM Element	IE, FF, Saf, Chr	FF, Op
Script Defer	IE, (Saf4, Chr2)[b]	FF, Saf, Chr, Op
document.write Script Tag	Saf4, Chr2	IE, FF, Saf, Chr, Op

a _ Opera에서 한 가지 흥미로운 점은 Iframe를 통한 스크립트 동시 다운로드로 인한 성능 향상 이외에도 실행도 동시에 이루어진다는 것이다.

b _ 이 새 브라우저들은 기본적으로 스크립트를 동시에 다운로드한다. DEFER 속성은 아무런 효과가 없다.

> ✱ **참고**   약어에 대한 설명은 다음과 같다: (Chr) Chrome 1.0.154와 2.0.156; (FF) Firefox 2.0, 3.0 그리고 3.1; (IE) Internet Explorer 6, 7 그리고 8; (Op) Opera 9.63과 10.00 alpha; (Saf) Safari 3.2.1과 4.0 (developer preview).

새 브라우저들은 조금 더 나은 상황을 제시하고 있다. 인터넷 익스플로러 8, 사파리 4 그리고 크롬 2는 일반적인 SCRIPT 태그(<script src="url"></script>)만을 써도 동시 다운로드와 실행 순서 보장을 해준다. 하지만 인터넷 익스플로러 8과 크롬 2에서 이미지와 같은 특정 리소스에 대해서는 여전히 블로킹을 하여 로딩을 지연시킨다. 이런 새 브라우저뿐만 아니라 인터넷 익스플로러 6과 7 같은 현재 사용자들이 많이 사용하는 주요 브라우저에서도 페이지가 더 빨리 뜨도록 속도 향상을 시키는 것 또한 중요하다(어떻게 보면 더 중요하다). 그럼 여기서 필요한 것은 여러 브라우저에 비동기 스크립트 로드와 실행 순서를 보존할 수 있는 방법이다. 다음 절에서 바로 이런 것들을 가능하게 하는 기법들에 대해 설명한다.

비동기 방식으로 순서 보존하기

외부 스크립트를 기존의 방식으로 로드하는 경우, 인라인 코드는 실행되지 않고 대기를 하며 경쟁 상태도 발생할 일이 없다. 하지만 일단 스크립트를 비동기 방식으로 로드하게 되면 이번 장에서 설명할 기법 중 하나를 사용해서 인라인 코드와 해당 코드가 사용하는 외부 스크립트를 결합시켜 주어야 한다. 여기서 설명할 결합 기법은 다음과 같다.

- 하드 코딩된 콜백
- Window Onload
- 타이머(Timer)
- 스크립트 Onload
- 나쁜 스크립트 Tags(Degrading Script Tags)

스크립트 Onload가 가장 좋은 선택이 될 것으로 보이지만 일단 우선은 다른 기법들에 대해서도 살펴보고 이들의 문제점들에 대해서 알아보도록 하자.

이번 절에서 보여줄 결합 예제에서는 4장에서 설명한 스크립트 DOM Element 기법을 사용하여 비동기 로딩을 한다. 이 기법은 자바스크립트를 사용하여 script element를 생성한 후 SRC 속성을 menu.js로 지정한다. 다음의 코드는 스크립트 DOM Element 예제(http://stevesouders.com/efws/couple-script-dom.php)에서 따온 것이다.

```
<script type="text/javascript">
var domscript = document.createElement('script'); domscript.src = "menu.js";
document.getElementsByTagName('head')[0].appendChild(domscript);
</script>

<script type="text/javascript">
var aExamples = [['couple-normal.php', 'Normal Script Src'],...];
function init() {
    EFWS.Menu.createMenu('examplesbtn', aExamples);
}
init();
</script>
```

필자가 선호하는 방법이 바로 이 기법으로 가벼우면서 메인 페이지와 다른 도메인에서 스크립트를 불러 올 수도 있다는 장점이 있다. 그림 5-3에서 볼 수 있는 것 같이 이 기법을 사용하면 외부 스크립트(2초 소요)와 이미지(1초 소요)가 성공적으로 동시에 다운로드된다. 하지만, 이 기법은 인터넷 익스플로러와 사파리 그리고 크롬에서는 미정의 심볼 에러를 낸다. 이는 외부 스크립트가 완전히 다운로드되기 전에 인라인 스크립트가 실행되기 때문이다. 이 세 브라우저에서는 스크립트 DOM Element 기법을 통해 실행 순서가 보존되지 않으며 이는 표 5-1의 '실행 순서 보증' 열이 비어 있는 것을 봐도 알 수 있다. 다음 절에서 알아볼 결합 기법들을 사용하면 이런 경쟁 상태 문제를 해결할 수 있다.

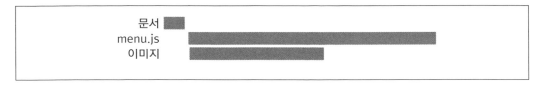

그림 5-3 | 스크립트 DOM Element의 HTTP 폭포수 도표

제1 기법: 하드 코딩된 콜백

간단한 결합 기법으로는 외부 스크립트에서 인라인 코드에 있는 함수를 호출하도록 하는 방법이 있다. 앞에서 본 예제에 이를 적용한 예제에서는 외부 스크립트의 끝 부분에 init을 호출하는 코드를 추가했다(이 외부 스크립트를 menu-with-init.js로 했다). 이 기법을 보여주는 하드 코딩된 콜백 예제는 다음에서 볼 수 있다.

하드 코딩된 콜백

http://stevesouders.com/efws/hardcoded-callback.php

인라인 코드 또한 몇 가지 수정 사항이 있다. init을 호출하는 코드는 외부 스크립트에서 호출하도록 수정되었다. aExamples와 init에 대한 정의도 menu-with-init.js가 로딩 완료되는 시점에 사용할 수 있도록 menu-with-init.js를 삽입하기 전으로 이동되었다.

```
<script type="text/javascript">
var aExamples = [['couple-normal.php', 'Normal Script Src'],...];
function init() {
    EFWS.Menu.createMenu('examplesbtn', aExamples);
}
var domscript = document.createElement('script');
domscript.src = "menu.js";
document.getElementsByTagName('head')[0].appendChild(domscript);
</script>
```

만약, 웹 개발자가 메인 페이지와 외부 스크립트 둘 다 개발한다면, 이 기법은 사용 가능한 기법이다. 하지만 서드파티(third-party)가 만든 자바스크립트 모듈에 이런 콜백을 추가하는 것이 항상 가능하지는 않을 것이다. 게다가 이 기법은 그다지 유연하지 못하다. 즉, 콜백 함수의 인터페이스를 변경하면 외부 스크립트도 그에 맞춰 수정해 주어야만 한다.

제2 기법: Window Onload

이 기법은 해당 window의 onload 핸들러를 통해 인라인 코드의 실행을 시작하는 방법이다. 이 기법은 window.onload가 실행되기 전에 외부 스크립트가 다운로드되어 실행된다는 보장만 된다면 실행 순서를 보존시켜 준다. 비동기 스크립트 로드 기법의 전부는 아니지만 몇몇은 이런 보장을 해준다.

- Iframe 내의 스크립트는 인터넷 익스플로러, 파이어폭스, 사파리, 크롬 그리고 오페라에서 실행 순서를 보장한다

- 스크립트 DOM Element 기법은 파이어폭스, 사파리 그리고 크롬에서 실행 순서를 보장한다.

- 스크립트 지연(Script Defer) 기법은 인터넷 익스플로러에서 실행 순서를 보장한다.

이 기법들 중 하나를 사용하고 window.onload를 이용한 인라인 스크립트 결합 방법을 사용하면 신행 순서도 보장하고 동시 다운로드 또한 이룰 수 있다. 이는 다음의 Window Onload 예제를 보면 알 수 있다.

Window Onload

   http://stevesouders.com/efws/window-onload.php

이번 예제에서는 Iframe 내의 스크립트 기법을 사용하여 외부 스크립트를 불러오고 있다. 이 기법을 사용하면 대부분의 브라우저에서 다운로드가 완료될 때까지 onload 이벤트가 발생하지 않기 때문이다. menu.js를 로드하는 대신 menu.php에 삽입되어 Iframe에서 로드된다. 인라인 코드는 init이 해당 window의 onload 이벤트에서 호출되도록 수정했다. 이는 사용하는 브라우저에 따라 addEventListener나 attachEvent를 통해 하면 된다. 이렇게 하는 방법이 window.onload=init을 하는 것보다 더 나은 점은 기존의 onload 핸들러에는 아무런 영향을 미치지 않는다는 것이다.

```
<Iframe src="menu.php" width=0 height=0 frameborder=0></Iframe>
<script type="text/javascript">
var aExamples = [['couple-normal.php', 'Normal Script Src'],...];
function init() {
    EFWS.Menu.createMenu('examplesbtn', aExamples);
}
if ( window.addEventListener ) {
    window.addEventListener("load", init, false);
} else if ( window.attachEvent ) {
    window.attachEvent("onload", init);
}
</script>
```

Window Onload 결합 기법에는 두 가지 단점이 있다. 첫째 비동기로 다운로드되는 스크립트가 onload 이벤트가 발생되기 전에 로드되어야 한다(이것 때문에 필자가 더 선호하는 것은 스크립트 DOM Element 대신 Iframe 내의 스크립트를 사용한 것이다). 둘째, 인라인된 코드가 필요 이상으로 늦게 호출될 수 있다. 즉, 웹페이지가 더 많은 리소스(이미지, 플래시, 등등)들을 포함하고 있었다면 onload 이벤트가 발생하기 훨씬 전에 외부 스크립트가 로드 완료될 수도 있다는 것이다. 일반적인 경우라면 외부 스크립트가 다운로드되어 실행되자마자 인라인 코드를 호출하는 것이 좋다. 앞 예제의 경우, 인라인 코드가 더 빨리 호출되면 될수록 메뉴를 더 빨리 사용할 수 있다.

제3 기법: 타이머

타이머 기법은 폴링(polling) 방식을 이용하여 필요한 것들이 모두 로드되었는지를 확인한 후 인라인 코드를 실행한다. 이는 아래 타이머 예제에서 볼 수 있듯이 setTimeout을 통해 구현한다.

타이머

http://stevesouders.com/efws/timer.php

이번 예제에서는 인라인 코드를 수정하여 initTimer 함수를 추가했다. 이 함수는 인라인 코드에서 사용하는 네임스페이스(EFWS)가 존재하는지를 확인한다. 만약 존재하면 init을 호출한다. 존재하지 않으면 지정된 시간(300밀리초) 후에 initTimer를 다시 호출한다.

```
<script type="text/javascript">
var domscript = document.createElement('script');
domscript.src = "menu.js";
document.getElementsByTagName('head')[0].appendChild(domscript);
var aExamples = [['couple-normal.php', 'Normal Script Src'],...];
function init() {
    EFWS.Menu.createMenu('examplesbtn', aExamples);
}
function initTimer() {
    if ( "undefined" === typeof(EFWS) ) {
        setTimeout(initTimer, 300);
    } else {
        init();
    }
}
initTimer();
</script>
```

만약에 setTimeout에 사용한 타이머 값이 너무 작으면, 이 폴링 방식은 오히려 페이지에 부하를 줄 수 있다. 반대로 너무 큰 값을 사용하면 외부 스크립트가 로드된 후 인라인 스크립트가 실행될 때까지 필요 이상의 시간이 걸릴 수 있다. 앞의 예제에서 처리하지 못하는 한 가지 예외 상황은 바로 menu.js를 불러오지 못하는 경우이다. 이런 경우 menu.js가 로드될 때까지 무한정 폴링을 하게 된다. 그리고 유지보수 측면에서 봤을 때 로딩 완료를 확인하기 위해 외부 스크립트의 특정 심볼을 사용하기 때문에 약간 손이 더 간다고 할 수 있다. 만약 이 심볼이 변경되는 경우 인라인 코드 또한 이에 맞게 수정해 주어야 하기 때문이다.

제4 기법: 스크립트 Onload

앞에서 설명한 결합 기법들은 견고하지만 더 망가지기 쉽고 불필요하게 시간을 더 잡아 먹거나 기존 페이지에 추가적인 부담을 준다. 스크립트 Onload 기법은 스크립트의 onload 이벤트를 통해 이 세 가지 문제를 모두 해결해준다.

스크립트 Onload

http://stevesouders.com/efws/script-onload.php

이번 예제에서 변경된 것들은 바로 스크립트의 onload와 onreadystatechange 핸들러들이다. 이 둘 모두 init을 호출하도록 되어 있다. 오페라에서는 init이 두 번 호출되는 것을 막기 위해 onloadDone 플래그를 추가로 사용한다.

```
<script type="text/javascript">
var aExamples = [['couple-normal.php', 'Normal Script Src'],...];
function init() {
    EFWS.Menu.createMenu('examplesbtn', aExamples);
}
var domscript = document.createElement('script');
domscript.src = "menu.js";
domscript.onloadDone = false;
domscript.onload = function() {
    domscript.onloadDone = true; init();
};
domscript.onreadystatechange = function() {
    if ( ( "loaded" === domscript.readyState || "complete" === domscript.readyState ) && ➥
        ! domscript.onloadDone ) {
        domscript.onloadDone = true; )
        init();
    }
```

```
    }
    document.getElementsByTagName('head')[0].appendChild(domscript);
</script>
```

스크립트 Onload 기법은 비동기로 로드하는 외부 스크립트와 인라인 스크립트를 결합시키는 데 가장 좋은 방법이다. 외부 스크립트의 다른 심볼을 참조하지도 않으며 유지보수도 그만큼 간단해진다. 인라인 코드는 가능한 빨리 호출된다. 즉, 외부 스크립트가 로드 완료되는 즉시 호출된다는 것이다. 그리고 이벤트를 사용함으로써 CPU 사용량도 최소화하였다.

제5 기법: 나쁜 스크립트 태그

이 기법은 존 레식(John Resig)의 블로그 글 "Degrading Script Tags"(http://ejohn.org/blog/degrading-script-tags/)에 기반을 둔 기법이다. 존은 모질라(Mozilla)에서 일하는 에반젤리스트(evangelist)로 인기 높은 jQuery를 만든 장본인이기도 하다. 존은 그의 블로그 글에서 이 기법을 jQuery 외부 스크립트와 jQuery 심볼을 참조하는 인라인 스크립트를 결합시키는 방법으로 설명하고 있다.

```
<script src="jquery.js" type="text/javascript">
jQuery("p").addClass("pretty");
</script>
```

원리는 외부 스크립트가 성공적으로 로드되면 인라인 코드가 실행된다는 것이다. 이 패턴에는 몇 가지 장점이 있다.

더 깔끔하다

SCRIPT 태그는 한 개뿐이다.

더 명백하다

인라인 코드가 외부 스크립트에 대한 의존성을 갖는다는 것이 더 잘 드러난다.

더 안전하다

외부 스크립트가 로드되지 않는 경우, 인라인 코드는 실행되지 않으며 따라서 미정의 심볼 에러를 피할 수 있다.

한 가지 단점이 있긴 하다. 오늘날의 브라우저들이 이런 구문을 지원하지 않는다는 점이다. 존의 글에서 알 수 있듯이 브라우저들은 외부 스크립트는 로드하지만 같은 SCRIPT 태그 내의 인라인 코드는 무시한다. 하지만 그 글의 샘플 코드를 보면 외부 스크립트에 약간의 추가 코드만으로도 제대로 작동하게 하는 방법을 볼 수 있다. 필자는 이를 다음의 나쁜 스크립트 태그를 일반 예제에 적용해 보았다.

나쁜 스크립트 태그 일반 예제

http://stevesouders.com/efws/degrading-script-tag-normal.php

인라인 스크립트는 존이 보여준 패턴을 그대로 따르고 있다. 즉, 하나의 SCRIPT 태그를 이용하여 외부 스크립트와 이에 의존하는 인라인 스크립트 둘 다 지정한다.

```
<script src="menu-degrading.js" type="text/javascript">
var aExamples = [['couple-normal.php', 'Normal Script Src'],...];
function init() {
    EFWS.Menu.createMenu('examplesbtn', aExamples);
}
init();
</script>
```

앞의 예제가 제대로 작동하기 위해서는 menu-degrading.js 끝 부분에 추가된 자바스크립트는 꼭 필요하다. 새로 추가한 이 코드는 해당 페이지의 모든 스크립트 엘리먼트를 하나씩 검사하고 그중 src에 "menu-degrading.js"를 포함하는 항목을 찾는다. 즉, 외부 스크립트는 DOM에 자기 자신이 어디 있는지 찾는 것이다. 자기 자신을 찾고 나면 해당 스크립트가 innerHTML에 eval을 호출한다.

```
var scripts = document.getElementsByTagName("script");
var cntr = scripts.length;
while ( cntr ) {
    var curScript = scripts[cntr-1];
    if ( -1 != curScript.src.indexOf("menu-degrading.js") ) {
        eval( curScript.innerHTML ); break;
    }
    cntr--;
}
```

나쁜 스크립트 태그 일반 예제(http://stevesouders.com/efws/degrading-script-tag-normal.php) 는 테스트해본 모든 브라우저 즉, 인터넷 익스플로러 6에서 8, 파이어폭스 2와 3, 사파리 3과 4, 크롬 1 과 2, 그리고 오페라 9와 10에서 다 제대로 작동했다. 그러나 외부 스크립트가 비동기로 로드되진 않는다(이미지는 기존의 1초가 아니라 페이지 로딩이 시작된 지 3초가 지나야 로드된다). 이런 블로킹 현상을 피하기 위해서는 이 기법과 전에 설명한 비동기 스크립트 로드 기법을 같이 써야 한다. 이를 다음에 볼 비동기 나쁜 스크립트 태그에 적용했다.

비동기 나쁜 스크립트 Tags

http://stevesouders.com/efws/degrading-script-tag.php

이번 예제에서는 앞 예제에서 사용했던 것과 동일한 외부 스크립트 menu-degrading.js를 사용한다. 즉, 추가 코드를 사용하여 스크립트를 찾고 해당 항목의 innerHTML을 이용해 eval을 호출한다. 하지만 SCRIPT 태그를 통해 외부 스크립트를 불러오는 대신 스크립트 DOM Element 비동기 기법을 사용했다. 인라인 코드는 스크립트 엘리먼트의 text 속성에 "init();"을 직접 지정하는 방법(오페라의 경우에는 innerHTML)으로 추가하였다.

```
<script type="text/javascript">
var aExamples = [['couple-normal.php', 'Normal Script Src'],...];

function init() {
    EFWS.Menu.createMenu('examplesbtn', aExamples);
}
var domscript = document.createElement('script');
domscript.src = "menu-degrading.js";
if ( -1 != navigator.userAgent.indexOf("Opera") ) {
    domscript.innerHTML = "init();";
} else {
    domscript.text = "init();";
}
document.getElementsByTagName('head')[0].appendChild(domscript);
</script>
```

필자는 이 방법을 우아함과 단순함 때문에 더 선호한다. 하지만 이 기법은 스크립트 Onload보다는 덜 알려져 있다. 아마도 대부분의 개발자들이 이런 방법이 있다는 것에 약간 놀라지 않을까 싶다. 이를 사용하는 데 드는 부하도 적다(이벤트 핸들러를 전혀 사용하지 않는다). 이 방법을 이용하면 외부 스크립트와 인라인 스크립트 코드의 결합을 우아하면서도 실용적으로 할 수 있으며 이는 외부 스크립트가 비동기로 로드되지 않는 경우에도 동일하게 적용된다. 한 가지 주요 단점은 외부 스크립트를 수정해야 한다는 점인데 서드파티 자바스크립트 라이브러리를 사용할 때와 같이 이것이 허용되지 않는 경우도 있기 때문이다. 하지만 지금으로써는 이 방법이 최선이라고 할 수 있다.

여러 외부 스크립트

지금까지 본 예제들은 하나의 외부 스크립트와 인라인 코드를 결합시키는 데 중점을 뒀었다. 사용하는 자바스크립트 프레임워크가 Google Analytics(http://www.google-analytics.com/ga.js)나 jQuery(http://ajax.googleapis.com/ajax/libs/jquery/1.3.0/jquery.min.js) 같이 하나의 파일로 이루어진 경우라면 유용할 수 있다. 하지만 때에 따라서는 둘 이상의 스크립트와 인라인 코드가 원하는 순서대로 실행되어야 하는 경우도 있다. 지금까지 설명한 기법들—4장과 이번 장을 통틀어서—중 그 어떤 방법도 여러 개로 이루어진 외부 스크립트와 인라인 코드의 실행 순서를 보장해주는 방법은 없다. 브라우저의 호환성 결여로 인해 이 문제에 대한 완전한 해결책은 없는 상황이다.

이번 절에서는 여러 개의 스크립트를 비동기적으로 로드하면서 이런 여러 외부 스크립트와 인라인 스크립트의 실행 순서도 보존하는 두 가지 방법을 보여 줄 것이다. 관리 XHR 기법은 잘 작동은 하나 해당 스크립트가 동일한 메인 페이지와 동일한 도메인에 있는 경우로 제한된다. DOM Element와 Doc Write 기법은 서로 다른 도메인인 경우에도 작동하지만 User Agent 값이 무엇이냐에 따라 코드도 다르다. 게다가 사용하는 브라우저에 따라 리소스가 비동기로 로드될 수도 아닐 수도 있다.

여러 스크립트를 사용하는 예를 보여주기 위해 menutier.js를 만들었다. 이 스크립트는 기존의 메뉴 기능을 확장하여 그림 5-4에서처럼 여러 층 또는 그룹으로 묶은 메뉴 기능을 제공한다(약간 어둡게 처리된 그룹 제목이 추가된 것을 볼 수 있다). 또한 menutier.js는 menu.js를 사용한다. 따라서 실행 순서가 보존돼야 한다. 계층화된 메뉴는 인라인 코드에서 EFWS.Menu.createTieredMenu를 호출 함으로써 생성된다. 이렇게 구성함으로써 이번 절에서 논의한 문제 상황을 만들 수 있다. 즉, 지정된 순서대로 실행되어야 하는 여러 개의 외부 스크립트와 인라인 스크립트 말이다. 게다가 menutier. js는 자신이 의존하는 menu.js보다 먼저 로드되도록 설정되어 있다. 이것이 문제가 될까? 그럼 이제 관리 XHR과 DOM Elemnent와 Doc Write 기법이 어떻게 외부 스크립트를 동시에 다운로드하면서 실행 순서를 보존시키는지 알아보자.

그림 5-4 | menutier.js 예제

관리 XHR

'관리 XHR'는 4장에서 XMLHttpRequest(XHR) 요청과 응답 관리를 통해 비동기로 스크립트를 로드하는 기법을 부르는 이름이었다. 작업 중 표시와 실행 순서를 보존하기 위해서는 관리 코드가 필수다. 4장에서는 이와 관련된 코드를 하나도 보여주지 않았지만 이번 절에서는 실행 순서 보존과 관련된 코드를 보여줄 것이다.

XHR Injection 기법은 표 5-1에서 볼 수 있는 것처럼 그 어떤 브라우저에서도 실행 순서를 보존해주지 못한다. EFWS.Script 모듈은 이 기법을 래핑하여 XHR 응답을 큐(queue)에 쌓아 스크립트가 순서대로 실행될 수 있도록 한다. 이를 구현하는 코드는 100줄도 안 된다.

```
<script type="text/javascript">
EFWS.Script = {
    queuedScripts: new Array(),

    loadScriptXhrInjection: function(url, onload, bOrder) {
        var iQueue = EFWS.Script.queuedScripts.length;
```

```
        if ( bOrder ) {
            var qScript = { response: null, onload: onload, done: false };
            EFWS.Script.queuedScripts[iQueue] = qScript;
        }

        var xhrObj = EFWS.Script.getXHRObject();
        xhrObj.onreadystatechange = function() {
            if ( xhrObj.readyState == 4 ) {
                if ( bOrder ) {
                    EFWS.Script.queuedScripts[iQueue].response = xhrObj.responseText;
                    EFWS.Script.injectScripts();
                }
                else {
                    var se = document.createElement('script');
                    document.getElementsByTagName('head')[0].appendChild(se);
                    se.text = xhrObj.responseText;
                    if ( onload ) {
                        onload();
                    }
                }
            }
        };
        xhrObj.open('GET', url, true);
        xhrObj.send('');
    },

    injectScripts: function() {
        var len = EFWS.Script.queuedScripts.length;
        for ( var i = 0; i < len; i++ ) {
            var qScript = EFWS.Script.queuedScripts[i];
            if ( ! qScript.done ) {
                if ( ! qScript.response ) {
                    // STOP! need to wait for this response
                    break;
                } else {
                    eval(qScript.response);
                    if ( qScript.onload ) {
                        qScript.onload();
                    }
                    qScript.done = true;
                }
            }
        }
    },
```

```
    getXHRObject: function() {
        var xhrObj = false;
        try {
            xhrObj = new XMLHttpRequest();
        } catch(e){
            var aTypes = ["Msxml2.XMLHTTP.6.0",
                          "Msxml2.XMLHTTP.3.0",
                          "Msxml2.XMLHTTP",
                          "Microsoft.XMLHTTP"];
            var len = aTypes.length;
            for ( var i=0; i < len; i++ ) {
                try {
                    xhrObj = new ActiveXObject(aTypes[i]);
                } catch(e) {
                    continue;
                }
                break;
            }
        } finally {
            return xhrObj;
        }
    }
}; </script>
```

queuedScripts 배열에는 실행되어야 할 스크립트를 담는다. 이 queue에 쌓인 스크립트는 다음의 세 가지 속성을 가진 객체이다.

응답

XHR 응답(자바스크립트 스트링)

Onload

스크립트가 로드 완료되면 실행될 함수(옵션)

bOrder

다른 스크립트와 함께 순서대로 실행되어야 하는 경우 True(기본값은 false)

앞의 예제를 직접 사용하기 위해서는 EFWS.Script.loadScriptXhrInjection에 로드할 외부 스크립트의 URL과 onload 함수 그리고 실행 순서 보존 여부를 나타내는 불린(Boolean) 값을 인자로 넘기면 된다. 실행 순서가 보존될 필요가 없는 경우 XHR 응답은 queuedScripts 배열에 추가되고 EFWS.

Script.injectScripts가 호출된다. 이 함수는 queue에 쌓인 항목들을 하나씩 보고 해당 항복이 의존하는 모든 스크립트가 로드되었다면 아직 실행되지 않은 응답을 삽입한다. 다음의 관리 XHR 예제에서 이 코드의 사용 예를 볼 수 있다.

관리 XHR

> *http://stevesouders.com/efws/managed-xhr.php*

이번 예제에서 수정된 인라인 스크립트는 다음과 같다. 처음 몇 줄은 앞에서 본 예제와 비슷하다. 메뉴 항목을 나타내는 배열과 스크립트의 URL을 나타내는 배열을 우선 만든다. init 함수는 EFWS. Menu.createTieredMenu를 호출한다. 마지막 두 줄에서 관리 XHR을 사용한다.

```
<script type="text/javascript">
var aRaceConditions = [['couple-normal.php', 'Normal Script Src'], ...];
var aWorkarounds = [['hardcoded-callback.php', 'Hardcoded Callback'], ...];
var aMultipleScripts = [['managed-xhr.php', 'Managed XHR'], ...];
var aLoadScripts = [['loadscript.php', 'loadScript'], ...];
var aSubmenus =
    [
        ["Race Conditions", aRaceConditions],
        ["Workarounds", aWorkarounds],
        ["Multiple Scripts", aMultipleScripts],
        ["General Solution", aLoadScripts]
    ];
function init() {
    EFWS.Menu.createTieredMenu('examplesbtn', aSubmenus);
}
EFWS.Script.loadScriptXhrInjection("menu.js", null, true);
EFWS.Script.loadScriptXhrInjection("menutier.js", init, true);
</script>
```

첫 번째 EFWS.Script.loadScriptXhrInjection 호출은 menu.js를 실행 순서 보존을 하도록 하여 호출한다. 두 번째 호출할 때에는 menutier.js가 다운로드된다. 이번에도 실행 순서가 보존되도록 하여 호출하고 onload 이벤트에 호출될 함수로 init 함수를 넘긴다.

이 예제의 HTTP 폭포수 도표는 그림 5-5에서 볼 수 있다. 우선 HTML 문서를 요청을 나타내는 짧은 막대가 있고 그 후에 3개의 리소스 즉, menu.js(2초), menutier.js(1초) 그리고 이미지(1초)를 요청하는 것을 볼 수 있다. 이 페이지에서 포함하는 모든 리소스들이 동시에 다운로드되며 실행 순서는 보존된다(미정의 심볼 에러가 나지 않음).

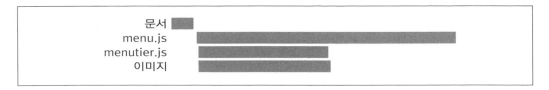

그림 5-5 | 관리 XHR HTTP 폭포수 도표

관리 XHR을 사용하면 거의 모든 주요 브라우저에서 이 문제를 해결할 수 있다. 하지만 이 기법은 XMLHttpRequest의 동일-도메인 정책 때문에 메인 페이지와 다른 도메인에서 외부 스크립트를 불러 오는 경우 제대로 작동하지 않는다.[1] 이렇게 스크립트가 다른 도메인의 서버에 있는 경우 DOM Element와 Doc Write 기법이 해결책이다.

DOM Element와 Doc Write

관리 XHR 기법은 외부와 인라인 스크립트를 지정된 순서로 로드하는 데 잘 작동할 뿐만 아니라 페이지 내의 다른 리소스 또한 동시에 다운로드할 수 있게 해준다. 하지만 안타깝게도 메인 페이지와 동일한 도메인의 서버에 있는 스크립트에만 사용할 수 있다. 문제는 외부 스크립트가 메인 페이지와는 다른 도메인의 서버에 존재할 경우가 생각보다는 많다는 것이고 이는 특히 Content Delivery Network(CDN)이나 서드파티 자바스크립트 라이브러리를 사용할 때 더더욱 그렇다. 다음의 DOM Element와 Doc Write 예제는 바로 이런 상황을 재현하기 위해 menutier.js는 http://souders.org에서 받아 오고 메인 페이지는 기존과 동일한 http://stevesouders.com에서 다운로드한다.

DOM Element와 Doc Write

http://stevesouders.com/efws/dom-and-docwrite.php

서로 다른 도메인의 스크립트를 비동기로 로드하는 데 사용할 수 있는 기법은 3가지가 있다. 즉, Script DOM Element와 스크립트 지연(Script Defer) 그리고 document.write 스크립트 Tag이다(각각의 기법에 대한 설명은 4장을 참고하라). 이들 기법들은 사용하는 브라우저에 따라 보이는 결과도 약간씩 다르다. 표 5-2에서는 다음 세 가지 특징을 측정한 결과를 보여주고 있다(이 세 가지 특성은 우선순위에 따라 나열한 것임).

- 스크립트의 실행 순서는 보존되는가?

---

[1] http://code.google.com/p/browsersec/wiki/Part2#Same-origin_policy_for_XMLHttpRequest

- 스크립트는 다른 스크립트와 함께 동시에 로드되는가?

- 스크립트가 다른 리소스(이미지, 스타일시트 등)와 함께 동시에 로드되는가?

표 5-2 순서를 보장하면서 비동기적으로 스크립트 로드하기

기법	순서 보존	스크립트 동시 로드	다른 리소스 동시 로드
Script DOM Element	FF, Op	FF, Op, IE, Saf, Chr	IE, FF, Saf, Chr
Script Defer	IE, Saf, Chr, FF, Op	IE	IE
document.write Script Tag	IE, Saf, Chr, FF, Op	IE, Op	

✱ **참고** 약어에 대한 설명은 다음과 같다: (Chr) Chrome 1.0.154와 2.0.156; (FF) Firefox 2.0, 3.0 그리고 3.1; (IE) 인터넷 익스플로러(Internet Explorer) 6, 7 그리고 8; (Op) Opera 9.63 과 10.00 alpha; (Saf) Safari 3.2.1과 4.0 (developer preview).

파이어폭스와 오페라에서는 스크립트 DOM Element이 선호되는 기법이다. 이 외의 다른 경우, document.write 스크립트 Tag를 사용하면 된다. 스크립트 지연(Script Defer)은 사용하지 않는다. 이는 인터넷 익스플로러의 경우에도 마찬가지로 DHTML 기법과 함께 사용되는 경우 예상치 못한 결과를 낼 때도 있기 때문이다. 필자는 EFWS.Script 모듈에 이 기법들을 사용할 수 있도록 확장하였다.

```javascript
EFWS.Script = {
    loadScriptDomElement: function(url, onload) {
        var domscript = document.createElement('script');
        domscript.src = url;
        if ( onload ) {
            domscript.onloadDone = false;
            domscript.onload - onload;
            domscript.onreadystatechange = function() {
                if ( ( "loaded" === domscript.readyState || ➡
                    "complete" === domscript.readyState ) && domscript.onloadDone ) {
                    domscript.onloadDone = true;
                    domscript.onload();
                }
            }
        }
        document.getElementsByTagName('head')[0].appendChild(domscript);
    },

    loadScriptDocWrite: function(url, onload) {
        document.write('<scr' + 'ipt src="' + url +
                '" type="text/javascript"></scr' + 'ipt>');
```

```
            if ( onload ) {
                EFWS.addHandler(window, "load", onload);
            }
        },
        queuedScripts: new Array(),
        loadScriptXhrInjection: function(url, onload, bOrder) { ... },
        injectScripts: function() { ... },
        getXHRObject: function() { ... }
    };

    EFWS.addHandler = function(elem, type, func) {
        if ( elem.addEventListener ) {
            elcm.addEventListener(type, func, false);
        } else if ( elem.attachEvent ) {
            elem.attachEvent("on" + type, func);
        }
    };
```

스크립트를 블로킹 없이 다운로드하고 실행 순서를 보존하는 것 외에도 외부 스크립트와 인라인 스크립트를 결합할 수 있으면 더 좋겠다. 이번 장에서 설명하려는 바로 그 주제이기도 하다. EFWS. Script.loadScriptDomElement에서는 이 문제를 해결하기 위해 59쪽의 '제4 기법: 스크립트 Onload'에서 설명했던 것처럼 onload와 onreadystatechange 콜백을 외부 스크립트에 추가하는 방법을 사용한다. 비록 덜 선호되는 방법이긴 하지만 EFWS.Script.loadScriptDocWrite에서는 Window Onload 기법을 사용하여 외부 스크립트와 인라인 스크립트를 결합시킨다. 이는 document.write를 이용하여 외부 스크립트를 삽입할 때에는 다른 기법을 사용할 수 없기 때문이다.

이번 절에서 보여줄 예제의 인라인 코드는 이 새 기법들을 사용한다. 사용하는 브라우저에 따른 예외 처리도 들어 있다.

```
<script type="text/javascript">
var aRaceConditions = [['couple-normal.php', 'Normal Script Src'], ...];
var aWorkarounds = [['hardcoded-callback.php', 'Hardcoded Callback'], ...];
var aMultipleScripts = [['managed-xhr.php', 'Managed XHR'], ...];
var aLoadScripts = [['loadscript.php', 'loadScript'], ...];
var aSubmenus = [["Race Conditions", aRaceConditions], ...];
function init() {
    EFWS.Menu.createTieredMenu('examplesbtn', aSubmenus);
}
if ( -1 != navigator.userAgent.indexOf('Firefox') || -1 != ➥
        navigator.userAgent.indexOf('Opera') ) {
    EFWS.Script.loadScriptDomElement("http://souders.org/efws/menu.js");
```

```
        EFWS.Script.loadScriptDomElement("http://souders.org/efws/menutier.js", init);
    } else {
        EFWS.Script.loadScriptDocWrite("http://souders.org/efws/menu.js");
        EFWS.Script.loadScriptDocWrite("http://souders.org/efws/menutier.js", init);
    }
</script>
```

스크립트 DOM Element와 document.write 스크립트 Tag 기법을 합치면 앞에서 말한 주요 목표를 달성할 수 있다. 실행 순서는 모든 브라우저에 걸쳐 보존된다. 인라인 코드는 자신이 의존하는 외부 스크립트와 성공적으로 결합된다. 비동기 로딩은 브라우저에 따라 정도는 다르지만 가능하다.

- 파이어폭스는 모든 리소스를 병렬로 동시에 다운로드한다.

- 인터넷 익스플로러와 오페라는 스크립트들은 동시에 병렬로 로드하지만 다른 리소스들(이미지, 스타일시트 등)은 블로킹된다.

- 사파리와 크롬에서의 결과는 버전에 따라 다르다. 사파리 3.2와 크롬 1.0은 어떠한 리소스도 동시에 로드하지 않는다. 하지만 앞이 기법들을 사파리 4와 크롬 2.0에 적용해 보면 모든 리소스들을 동시에 로드한다.

이번 철에서 본 것처럼 모든 브라우저에서 여러 개의 스크립트를 동시에 로드하고 실행 순서도 보존할 수 있는 손쉬운 방법은 없다. 한 가지 고려해볼 만한 방법으로는 사용하는 모든 스크립트를 하나의 스크립트로 통합하는 것이다. 이는 이 책의 전판인『웹사이트 최적화 기법』(High Performance Web Sites)에서 소개한 기법 중 가장 추천하는 기법('규칙 1: HTTP 요청을 줄여라')으로 다운로드하는 데 소요되는 시간을 줄여 준다. 이것 외로 얻을 수 있는 이점은 바로 한 개의 스크립트를 비동기적으로 로드하면서 인라인 코드와 결합하는 데에 더 견고하고 확실한 해결책이 있다는 점이다.

일반적인 해결책

이번 장에서는 여러 기법들과 함께 이를 보여주는 웹페이지 예제와 샘플 코드를 보여 주었다. 이들의 장단점을 이해하는 것도 중요하지만 우리가 필요로 하는 것은 스크립트를 비동기로 로드하면서 실행 순서도 보존하고 인라인 코드와도 결합을 할 수 있는 일반적인 해결책이다. 지금까지의 예제에서 보았던 EFWS.Script의 기능을 기반으로 해서 세부 내용을 모두 숨기는 두 개의 새 함수를 추가해 보았다. 그것은 단일 스크립트를 로드할 때 사용하는 EFWS.Script.loadScript와 복수의 스크립트를 로드하는 용도의 EFWS.Script.loadScripts이다.

단일 스크립트

단일 스크립트를 비동기적으로 로드하는 데 가장 좋은 방법은 스크립트 DOM Element이다. 이 기법은 가벼우면서도 모든 브라우저에서 잘 작동한다. 스크립트 Onload 패턴은 하나의 외부 스크립트와 인라인 코드를 결합하는 데 가장 좋은 방법이다. EFWS.Script.loadScriptDomElement는 이 두 기법 모두를 구현하며 단일 스크립트를 위한 일반적인 해결책은 이 함수를 래핑해주기만 하면 된다.

```
EFWS.Script = {
    loadScript: function(url, onload) {
};

loadScriptDomElement: function(url, onload) { ... },
    loadScriptDocWrite: function(url, onload) { ... },
    queuedScripts: new Array(),

loadScriptXhrInjection: function(url, onload, bOrder) { ... },
    injectScripts: function() { ... },
    getXHRObject: function() { ... }
},
EFWS.Script.loadScriptDomElement(url, onload);
```

이를 활용하면 menu.js 예제가 매우 간단해진다. 인라인 코드도 몇 줄이면 된다. 메뉴 항목을 담는 배열과 init 함수 그리고 EFWS.Script.loadScript를 호출하는 코드가 전부이다.

```
<script type="text/javascript">
var aExamples = [['couple-normal.php', 'Normal Script Src'],...];
function init() {
    EFWS.Menu.createMenu('examplesbtn', aExamples);
}
EFWS.Script.loadScript("menu.js", init);
</script>
```

loadScript 예제에서 이 코드의 사용 예를 보여준다.

loadScript

http://stevesouders.com/efws/loadscript.php

복수의 스크립트

복수(multiple)의 스크립트를 처리해주는 일반적인 함수의 이름은 EFWS.Script.load Scripts이다. 63 쪽의 '여러 외부 스크립트'에서 이런 경우에 사용할 수 있는 기법들에 대해 설명한 바 있다. 사용하는 스크립트가 메인 페이지와 같은 도메인에 있는 경우에는 관리 XHR가 선호되는 방법이다. 다른 도메인에 위치한 스크립트를 비동기로 로드하면서 실행 순서도 보존해야 하는 경우에는 사용 가능한 방법도 별로 없고 브라우저마다 약간씩 다르기 때문에 약간 복잡하다. 68쪽의 'DOM Element와 Doc Write'에서 설명한 기법은 사용하는 브라우저에 따라 Script DOM Element 또는 document.write 스크립트 태그 기법을 사용한다. 이 두 경우를 다 보여주기 위해 EFWS.Script.loadScripts 함수를 사용하는 다음의 두 예제를 보자.

동일한 도메인에서의 loadScripts

http://stevesouders.com/efws/loadscripts-same.php

다른 도메인의 loadScripts

http://stevesouders.com/efws/loadscripts-diff.php

EFWS.Script.loadScripts 함수의 코드는 다음과 같다. EFWS.Script.loadScripts는 로드할 스크립트의 URL을 담은 배열과 마지막 외부 스크립트가 로드되어 실행이 완료되면 호출할 함수를 인자로 받는다. EFWS.Script.loadScripts는 우선 인자로 받은 스크립트 URL을 검사하여 모두 메인 페이지와 같은 도메인에 있는 스크립트인지 확인한다. 이를 확인하는 이유는 모든 외부 스크립트를 순서대로 로드하려면 하나의 기법만 사용해야 하기 때문이다. 일단 모든 스크립트가 같은 도메인에 있다면 스크립트를 로드하기 위해 EFWS.Script.loadScriptXhrInjection 함수가 사용된다. 스크립트가 서로 다른 도메인에 있는 경우 파이어폭스와 오페라의 경우 EFWS.Script.loadScriptDomElement 함수가, 그 외의 브라우저에서는 EFWS.Script.loadScriptDocWrite 함수가 사용된다(이 함수들이 왜 대신 사용되는지에 대한 내용은 63쪽의 '여러 외부 스크립트'를 참고하라).

```
EFWS.Script = {
    loadScripts: function(aUrls, onload) {
        // 첫 단계: 스크립트의 도메인을 보고 다른 도메인의 스크립트가 있는지 확인한다
        var nUrls = aUrls.length;
        var bDifferent = false;
        for ( var i = 0; i < nUrls; i++ ) {
            if ( EFWS.Script.differentDomain(aUrls[i]) ) {
                bDifferent = true;
                break;
```

```
        }

    }

    // 가장 좋은 로드 함수를 선택
    var loadFunc = EFWS.Script.loadScriptXhrInjection;
    if ( bDifferent ) {
        if ( -1 != navigator.userAgent.indexOf('Firefox') ||
             -1 != navigator.userAgent.indexOf('Opera') ) {
            loadFunc = EFWS.Script.loadScriptDomElement;
        } else {
            loadFunc - EFWS.Script.loadScriptDocWrite;
        }
    }
    // 두 번째 단계: 스크립트를 로드한다
    for ( var i = 0; i < nUrls; i++ ) {
        loadFunc(aUrls[i], ( i+1 == nUrls ? onload : null ), true);
    }

    differentDomain: function(url) {
        if ( 0 === url.indexOf('http://') || 0 === url.indexOf('https://') ) {
            var mainDomain = document.location.protocol + "://" +
                document.location.host + "/";
            return ( 0 !== url.indexOf(mainDomain) );
        }
        return false;
    },

    loadScript: function(url, onload) { ... },
    loadScriptDomElement: function(url, onload) { ... },
    loadScriptDocWrite: function(url, onload) { ... },
    queuedScripts: new Array(),
    loadScriptXhrInjection: function(url, onload, bOrder) { ... },
    injectScripts: function() { ... },
    getXHRObject: function() { ... }

};
```

일단 적절한 로드 함수가 결정되면 두 번째 단계에서는 스크립트 URL 배열을 다시 한 번 돌면서 각
스크립트를 로드한다. 한 가지 눈여겨 볼만한 것은 스크립트 로드 함수의 세 번째 인자에 true를 넘
긴다는 점이다. 이는 EFWS.Script.loadScriptXhrInjection를 사용하여 스크립트를 로드할 때 매우

중요한데 이를 truc로 해야 스크립트기 지정한 순서로 실행되기 때문이다. EFWS.Script.loadScript DomElement와 EFWS.Script.loadScriptDocWrite 함수는 실행 순서가 기본적으로도 보존되기 때문에 이 파라미터는 무시된다. 이는 이 함수들을 선택한 이유이기도 하다.

동일한 도메인에서의 loadScripts 예제는 menu.js와 menutier.js를 사용하지만 이번에는 스크립트를 로드하는 코드가 한 줄의 코드로 되어 있다.

```
<script type="text/javascript">
var aRaceConditions = [['couple-normal.php', 'Normal Script Src'], ...];
var aWorkarounds = [['hardcoded-callback.php', 'Hardcoded Callback'], ...];
var aMultipleScripts = [['managed-xhr.php', 'Managed XHR'], ...];
var aLoadScripts = [['loadscript.php', 'loadScript'], ...];

var aSubmenus = [["Race Conditions", aRaceConditions], ...];
function init() {
    EFWS.Menu.createTieredMenu('examplesbtn', aSubmenus);
}
EFWS.Script.loadScripts( ["menu.js", "menutier.js"], init);
</script>
```

다른 도메인의 loadScirpts 예제는 http://souders.org에 있는 menu.js와 menutier.js를 사용한다. 스크립트를 로드하는 코드는 (래핑된) 한 줄의 코드로 되어 있다.

```
<script type="text/javascript">
var aRaceConditions = [['couple-normal.php', 'Normal Script Src'], ...];
var aWorkarounds = [['hardcoded-callback.php', 'Hardcoded Callback'], ...];
var aMultipleScripts = [['managed-xhr.php', 'Managed XHR'], ...];
var aLoadScripts = [['loadscript.php', 'loadScript'], ...];
var aSubmenus = [["Race Conditions", aRaceConditions], ...];
function init() {
    EFWS.Menu.createTieredMenu('examplesbtn', aSubmenus);
}
EFWS.Script.loadScripts( ["http://souders.org/efws/menu.js", ➡
    "http://souders.org/efws/menutier.js"], init);
</script>
```

이 예제들에서 볼 수 있듯이 EFWS.Script.loadScripts 함수는 실행 순서를 보존하면서도 스크립트를 비동기적으로 로드해 준다. 다른 리소스들(이 예제의 경우 이미지)도 비동기적으로 로딩되느냐는 표 5-2에서 이미 설명했듯이 사용하는 브라우저에 따라 다르다. 파이어폭스 2와 3, 사파리 4, 그리고 크롬 2는 이미지를 스크립트와 동시에 로드하며 이에 대한 폭포수 도표는 그림 5-6과 같다. 인터넷 익스플로러 6에서 8, 오페라, 사파리 3, 그리고 크롬 1에서 이미지는 다운로드되지 않고 블로킹되며 따라서 그림 5-7에서처럼 로딩 시간이 더 길다.

　이미지가 동시에 다운로드되느냐에 대한 차이는 있지만 사파리 3과 크롬 1을 제외한 모든 브라우저에서 스크립트는 동시에 비동기로 로드된다.

그림 5-6 ㅣ 다른 도메인에서 loadScripts의 HTTP 폭포수 도표, 파이어폭스 3

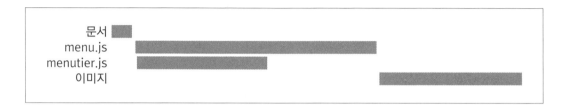

그림 5-7 ㅣ 다른 도메인에서 loadScripts의 HTTP 폭포수 도표, 인터넷 익스플로러 7

비동기 로딩의 실제 사용 예

이번 절에서는 스크립트를 로드하는 자바스크립트 프레임워크 중에서 많은 인기를 얻고 있는 몇 개에 대해 들여다 보려고 한다.

Google Analytics와 Dojo

이번 장에서 Google Analytics(http://www.google.com/analytics/)를 언급했었다. Google Analytics는 Google이 제공하는 서비스로 이를 통해 웹사이트에 대한 여러 가지 통계를 낼 수 있다. 모든 기능은 http://www.google-analytics.com/ga.js에 래핑되어 있다. Google Analytics Help Center는 이 외부 스크립트를 document.write를 이용해 페이지에 추가할 것을 권장하고 있다.[2]

---

2   http://www.google.com/support/analytics/bin/answer.py?hl=en&answer=55488

```
<script type="text/javascript">
var gaJsHost = (("https:" == document.location.protocol) ? "https://ssl." :
"http://www.");
document.write(unescape("%3Cscript src='" + gaJsHost + "google-
analytics.com/ga.js' type='text/javascript'%3E%3C/script%3E"));
</script>
<script type="text/javascript">
var pageTracker = _gat._getTracker("UA-xxxxxx-x");
pageTracker._trackPageview();
</script>
```

이번 장의 내용과 관련해서 분석해보기 참 좋은 예제다. 여기서 사용하는 외부 스크립트는 페이지에서 눈에 보이는 요소를 렌더링하는 데 전혀 사용되지 않기 때문에 비동기 로딩을 적용하기 딱 좋다. 인라인 스크립트는 외부 스크립트에 의존하므로 실행 순서 또한 보존되어야 하며 서로 결합되어야 한다.

Google Analytics에서 권장하는 document.write 스크립트 Tag 기법을 사용함으로써 얻는 장점이 있긴 하다. HTTPS가 더 적절한 경우 URL을 수정하여 HTTPS를 사용하도록 할 수 있다. 그리고 모든 브라우저에서 외부 스크립트와 인라인 코드의 실행 순서가 보존된다.

document.write 스크립트 Tag의 단점은 스크립트 이외의 다른 리소스의 로드를 블로킹시킨다는 점이다. dojox.analytics.Urchin 모듈을 사용하면 이 문제를 해결할 수 있다. 이는 Dojo Foundation의 도움말 페이지의 첫 번째 줄에도 설명이 나와 있다.[3]

이 클래스는 예전에는 Urchin으로 알려져 있던 Google Analytics Tracker를 지연 로드하기 위해 사용한다. <script> 태그의 동기성 속성 때문에 원격 파일의 로드가 완료되기 전까지는 페이지의 렌더링이 멈추는데 이 모듈은 이를 완화시켜 준다.

dojox.analytics.Urchin는 Dojo 자바스크립트 툴킷(http://dojotoolkit.org/)의 일부이다. 앞에서 언급한 도움말에서도 나와 있듯이 Urchin은 Google Analytics 모듈의 예전 이름이다. 이것이 바로 Dojo 모듈의 이름이 Urchin.js인 이유다. 이 모듈의 주요 함수들은 _loadGA, _checkGA, _gotGA이다.[4]

```
_loadGA: function(){
    // 요약: ga.js 파일을 로드하고 초기화 과정을 시작한다
```

---

3 http://docs.dojocampus.org/dojox/analytics/Urchin

4 http://bugs.dojotoolkit.org/browser/dojox/trunk/analytics/Urchin.js. Copyright © 2004-2008, The Dojo Foundation. All rights reserved. 더 자세한 내용은 http://dojotoolkit.org/license 참조.

```
        var gaHost = ("https:" == document.location.protocol) ? "https://ssl." :
            "http://www.";
        dojo.create('script', {
            src: gaHost + "google-analytics.com/ga.js"
        }, dojo.doc.getElementsByTagName("head")[0]);
        setTimeout(dojo.hitch(this, "_checkGA"), this.loadInterval);
    },

    _checkGA: function(){
        // 요약: Google이 정의한 _gat 전역 변수의 값을 보고
        // 준비가 된 경우 onLoad 이벤트를 발생시킨다.
        setTimeout(dojo.hitch(this, !window["_gat"] ? "_checkGA" : "_gotGA"),this.loadInterval);
    },
    _gotGA: function(){
        // 요약: Tracker를 초기화한다
        this.tracker = _gat._getTracker(this.acct);
        this.tracker._initData();
        this.GAonLoad.apply(this, arguments);
    },
```

_loadGA 함수는 스크립트 DOM Element 비동기 로딩 기법을 사용한다. 이 함수는 dojo.create를 호출하여 스크립트 엘리먼트를 생성한 후 src를 메인 페이지에서 사용하는 프로토콜에 따라 http://www.google-analytics.com/ga.js 또는 https://ssl.google-analytics.com/ga.js로 설정한다. 스크립트 엘리먼트는 해당 문서의 head에 추가된다.

ga.js와 인라인 코드의 결합은 타이머를 이용하였다. loadInterval에 지정된 시간(420밀리초)마다 _checkGA를 호출하여 window["_gat"](Google Analytics 객체)가 정의되어 있는지를 확인한다. 정의되어 있다면 _gotGA를 호출하여 Google Analytics Tracker 객체를 생성한다. 이 결합 기법은 58쪽의 '제3기법: 타이머'에서 설명한 기법과 유사하다.

이 구현을 EFWS.Script.loadScript와 비교해 보면 둘 다 스크립트 DOM Element를 사용하는 것을 알 수 있다. 이 기법을 사용함으로써 다른 리소스의 다운로드를 블로킹하지 않은 채 스크립트를 동시에 다운로드할 수 있으며 이는 모든 주요 브라우저에서도 사용 가능하다. 하지만 결합 기법은 약간 다르다. 타이머 기법 대신 EFWS.Script.loadScript는 스크립트 Onload 기법을 사용한다. 타이머 기법은 다음과 같은 단점이 있다.

- 스크립트의 로딩이 실패하는 경우 타이머는 무한정 돈다.

- 이 기법은 더 많은 유지보수 비용이 든다. ga.js가 변경되어 _gat가 더이상 존재하지 않게 되면

_checkGA도 수정되어야 한다. 스크립트 Onload 기법은 ga.js 내에 정의되어 있는 그 어떤 심볼도 참조하지 않는다.

- ga.js가 완전히 로드되는 순간으로부터 _gotGA가 실제로 호출될 때까지 최대 420밀리초 동안 지연될 수 있다. 이 시간은 사용자가 다른 웹페이지로 이동하게 할 수 있는 충분한 시간이 될 수 있다. 스크립트 Onload 기법은 이런 지연 시간 없이 외부 스크립트가 로드 완료되는 즉시 인라인 코드가 호출된다.

이런 이유로 인해 EFWS.Script.load 스크립트에서는 스크립트 Onload 기법을 결합 방법으로 사용한다.

YUI Loader 도구

Google Analytics는 어떻게 단일 스크립트를 비동기적으로 로드하면서 인라인 코드와 결합하는지를 분석하는 데 좋은 예제이다. 다중 스크립트를 로드할 때를 알아 보기 위한 좋은 예로 YUI Loader Utility를 선택하였다. 이 도구는 Yahoo! UI 라이브러리(http://developer.yahoo.com/yui/)의 일부분으로 이에 대한 설명은 다음과 같다.[5]

YUI Loader Utility는 클라이언트 측 자바스크립트 구성요소로서 특정 YUI 구성요소와 이 구성요소가 의존하는 모든 것들을 스크립트를 통해 페이지에 로드할 수 있게 해주는 스크립트이다. YUI Loader를 페이지에서 사용하는 모든 YUI 구성요소를 로드하는 하나의 솔루션으로 사용해도 되고 이미 YUI 콘텐츠가 존재하는 페이지에 추가적인 구성 요소들을 불러오는 데 사용할 수도 있다.

YUI Loader의 목적은 의존성 계산과 언제 어디서라도 로딩이 가능하게 해주는 것이다. 필요한 모듈만 받고 이에 필요한 HTTP 요청을 combo-handling을 통해 하나로 합침으로써 페이지의 성능을 개선해준다. 앞에서 사용한 예제 중 menu.js와 menutier.js를 사용하는 예제에 YUI Loader를 사용하여 어떤 스크립트가 동시에 로드되는지 들여다 보았다.

YUI Loader

http://stevesouders.com/efws/yuiloader.php

이 예제는 먼저 YUI Loader를 로드하기 위해 http://yui.yahooapis.com/2.6.0/build/yuiloader/ yuiloader-min.js를 불러온다. YUILoader 객체가 생성되고 addModule을 통해 menu.js와

---

menutier.js를 로드한다. 이 스크립트가 성공적으로 로드 완료되면 init 함수를 호출하도록 지정했다. 이 모든 것들은 insert를 호출함으로써 시작된다.

```
<script type="text/javascript"
src="http://yui.yahooapis.com/2.6.0/build/yuiloader/yuiloader-min.js">
</script>

<script type="text/javascript">
var aRaceConditions = [['couple-normal.php', 'Normal Script Src'], ...];
var aWorkarounds = [['hardcoded-callback.php', 'Hardcoded Callback'], ...];
var aMultipleScripts = [['managed-xhr.php', 'Managed XHR'], ...];
var aLoadScripts = [['loadscript.php', 'loadScript'], ...];
var aSubmenus = [["Race Conditions", aRaceConditions], ...];
function init() {
  EFWS.Menu.createTieredMenu('examplesbtn', aSubmenus);
}
var loader = new YAHOO.util.YUILoader();
loader.addModule({ name: "menu", type: "js", fullpath: "menu.js"});
loader.addModule({ name: "menutier", type: "js", fullpath: "menutier.js"});
loader.require("menu");
loader.require("menutier");
loader.onSuccess = init;
loader.insert();
</script>
```

YUI Loader가 어떻게 구현되어 있는지는 http://yui.yahooapis.com/2.6.0/build/yuiloader/yuiloader.js(주석과 최소화 과정을 거치지 않은 버전)를 들여다 보면 알 수 있다. 스크립트는 스크립트 DOM Element 기법과 유사하게 _node 함수를 통해 삽입된다. _track 함수는 스크립트 Onload 결합 기법을 사용한다. YUI의 구현은 각각의 브라우저에 대한 특별한 경우까지 모두 처리할 수 있도록 꼼꼼하게 구현되어 있다.

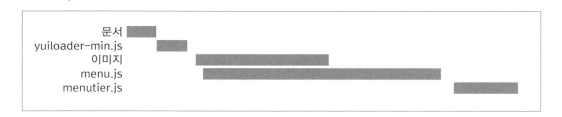

그림 5-8 | YUI Loader HTTP 폭포수 도표

여기서 가장 중점을 두고 보아야 하는 부분은 바로 YUI Loader가 스크립트 DOM Element를 사용함에도 스크립트를 동시에 로드하지 않는다는 점이다. YUI Loader는 명시적으로 스크립트를 순서대로 로드한다. 즉, 현재 로드 중인 스크립트가 완전히 반환되면 다음 스크립트를 요청한다. 이는 앞의 예제의 HTTP 폭포수 도표인 그림 5-8을 보면 알 수 있다. 마지막 2개 요청이 바로 스크립트이다. 이를 그림 5-6과 5-7과 비교해 보면 EFWS.Script.loadScripts는 스크립트를 동시에 로드하며 따라서 페이지의 속도가 더 빠르다는 것을 알 수 있다.

YUI Loader의 순차적 스크립트 로딩으로 인해 사파리 3과 크롬 1을 제외한 모든 브라우저에서 EFWS.Script.loadScripts보다 스크립트 로딩 속도가 느리다. 하지만 YUI Loader는 해당 문서가 로드 완료된 이후를 포함한 그 어느 때에도 스크립트를 로드할 수 있다. EFWS.Script.loadScripts는 그나마 document.write를 사용하는 몇몇 브라우저에서도 문서가 로딩되는 도중에만 스크립트를 로드할 수 있다.

메인 페이지에서 외부 스크립트를 로드하는 경우 EFWS.Script.loadScripts를 사용하여 비동기 방식으로 로드하면 성능 향상을 얻을 수 있으며 이는 사용하는 스크립트의 개수가 늘어나면 날수록 성능 향상이 높아진다. 보다 간단한 대안으로는 『웹사이트 최적화 기법』에서 소개한 규칙 1에서 권장한 대로 사용하는 모든 스크립트를 하나로 합치는 방법이 있다. 하지만 이렇게 합치는 것이 불가능한 경우도 있다. 미국의 상위 10개 웹사이트에서 사용하는 외부 스크립트의 평균 개수는 6.5개다(표 11-1 참조). 이 스크립트들을 동시에 로드하면서 실행 순서도 보존하고 인라인 코드와도 결합시켜 준다면 이런 인기 많은 웹사이트들을 더 빠르게 할 수 있을 것이다.

06

인라인 스크립트를 올바르게 배치하기

앞서 세 개 장에 걸쳐서 외부 스크립트가 웹페이지에 미치는 영향에 대해 알아보았다. 이번 장에서는 인라인 스크립트(HTML 문서에 직접 삽입되어 있는 자바스크립트)에 대해 중점을 두고 알아보려고 한다. 인라인 스크립트가 추가적인 HTTP 요청을 발생시키지는 않지만 다른 리소스들이 동시에 다운로드되지 않게 할 수는 있다. 또한 점진적인 페이지 렌더링을 방해할 수도 있다. 이번 장에서는 언제, 그리고 어디에 인라인 자바스크립트를 삽입하는지에 따라 페이지 성능에 어떻게 영향을 미치는지 알아볼 것이다.

인라인 스크립트 블로킹

5장에서는 외부 스크립트가 동시 다운로드와 렌더링을 방해한다고 설명했다. 인라인 스크립트도 외부 스크립트와 동일한 이유(실행 순서 보존과 document.write로 인한 의존성)로 똑같은 결과를 보인다는 점이 그다지 놀랍지만은 않을 것이다. 다음의 '인라인 스크립트 블로킹' 예제에서 바로 이 현상을 확인해 볼 수 있다.

인라인 스크립트 블로킹

http://stevesouders.com/cuzillion/?ex=10100&title=Inline+Scripts+Block

그림 6-1를 보면 앞의 예제 페이지에서 발생한 HTTP 요청을 볼 수 있다. HTML 문서를 위한 HTTP 요청 이외에도 각각 1초가 걸리도록 설정된 두 개의 이미지에 대한 요청도 볼 수 있다. 이 두 이미지 사이에는 인라인 스크립트가 삽입되어 있다. 이 인라인 스크립트는 그림 6-1의 긴 선으로 나타나 있다. 추가적인 HTTP 요청이 발생되지는 않지만 이로 인한 영향을 확실히 확인할 수 있다.

그림 6-1 │ 인라인 스크립트는 동시 다운로드를 막는다(6초)

인라인 스크립트는 실행하는 데 5초가 소요되도록 설정되어 있다. 이것이 그림 6-1의 두 이미지 요청 사이에 있는 4초 간의 공백이 생기는 이유이다.

동시 다운로드가 안 되는 것 이외에도 인라인 스크립트는 화면의 렌더링을 막는다. 앞의 '인라인 스크립트는 페이지를 블록시킨다' 예제를 보면 최소 5초 동안은 페이지의 내용이 아무것도 화면에 표시되지 않는다. 이 현상을 제대로 관찰해 보려면 먼저 브라우저의 현재 URL을 다른 웹페이지나 about:blank로 둔 다음에 위의 '인라인 스크립트 블로킹' 예제의 URL로 이동해 보면 된다. 5초가 지나서야 페이지의 내용이 렌더링되기 시작한다. 한 가지 의아스러운 것은 인라인 스크립트 전에 일반 텍스트가 HTML 문서("Cuzillion" 헤더, "Examples"와 "Help" 링크 등등)에 들어 있지만 브라우저는 인라인 스크립트의 실행이 완료돼서야 이들을 화면에 렌더링해준다는 점이다.

만약 여러분이 만드는 사이트에서 인라인 스크립트를 사용한다면 인라인 스크립트가 어떻게 해서 화면 렌더링과 다른 리소스의 다운로드를 막는지, 그리고 어떻게 하면 이러한 행위를 피해 갈 수 있는지 이해하는 것이 중요하다. 이를 위한 몇 가지 방법이 있다.

- 인라인 스크립트를 맨 밑으로 옮겨라.
- 자바스크립트 실행은 비동기 콜백을 통해 한다.
- SCRIPT DEFER 속성을 사용한다.

각각의 기법에 대해 이제 알아보자.

인라인 스크립트를 맨 밑으로 옮겨라

동시 다운로드와 점진적 렌더링을 위해서는 인라인 스크립트를 해당 페이지의 다른 리소스들보다도 밑인 최하단으로 옮기면 된다.[1] 이렇게 인라인 스크립트를 밑으로 옮김으로써 얻을 수 있는 이점은 다음의 예제에서 볼 수 있다.

인라인 스크립트를 맨 밑으로 옮겨라

  http://stevesouders.com/efws/inline-scripts-bottom.php

그림 6-2에서 두 이미지에 대한 요청이 동시에 다운로드됨을 볼 수 있다. 5초짜리 인라인 스크립트 또한 동시에 실행이 된다. 페이지가 로드되는 데 소요되는 시간은 5초로 이는 기존의 페이지보다 1초 빠른 것이다. 이 기법은 동시 다운로드를 가능하게는 해주지만 페이지 렌더링은 여전히 블로킹된다. 만약 사용하는 인라인 스크립트를 실행하는 데 그다지 오래 걸리지 않으면(300밀리초 이하) 이 방법 만으로도 웹페이지가 더 빠르게 뜰 수 있게 한다. 실행하는 데 이보다 오래 걸리는 경우라면 다음의 두 가지 기법들을 사용하는 것이 좋다.

그림 6-2 | 인라인 스크립트는 동시 다운로드를 막는다(5초)

스크립트의 실행을 비동기적으로 시작하라

브라우저기 리소스들을 동시에 다운로드하면서 계속 렌더링을 진행할 수 있도록 브라우저가 인라인 스크립트를 비동기로 실행하게 할 수 있다. 다음 예제에서 볼 수 있는 것처럼 setTimeout을 사용한 간단한 비동기 콜백 기법을 사용하는 것이다.

```
function longCode() {
    var tStart = Number(new Date());
    while( (tStart + 5000) > Number(new Date()) ) {};
}
setTimeout(longCode, 0);
```

---

1   이는 『웹사이트 최적화 기법』의 '규칙 6: 스크립트는 아래에 넣어라'와 비슷하다.

longCode 함수는 실행하는 데 5초가 걸리는 자바스크립트를 시작한다. setTimeout의 첫 번째 시도로 다음 예제에서처럼 지연 시간을 0밀리초로 줘 보자.

setTimeout을 이용한 인라인 스크립트(0밀리초)

http://stevesouders.com/efws/inline-scripts-settimeout.php?d=0

결과는 '인라인 스크립트를 맨 밑으로 옮겨라' 예제와 비슷하다. 이미지들은 동시에 다운로드되고 페이지가 로드되는 데 5초가 소요된다. 하지만 이전 기법과는 다르게 setTimeout을 이용함으로써 인터넷 익스플로러에서 점진적 렌더링이 가능해졌다. 인라인 스크립트의 실행을 시작하기 전에 인터넷 익스플로러가 페이지 상단의 텍스트("Cuzillion" 헤더, "Examples"와 "Help" 링크 등등)를 화면에 렌더링할 충분한 시간이 있기 때문이다.

setTimeout에 지연 시간을 0밀리초로 주면 인터넷 익스플로러에서 점진적 렌더링이 가능하지만 파이어폭스에서는 여전히 화면 렌더링이 멈춘다. 파이어폭스에서 점진적 렌더링이 가능하게 하려면 setTimeout의 지연 시간을 250밀리초까지 늘려야 한다. 이는 바로 다음 예제에서 볼 수 있다.

setTimeout을 이용한 인라인 스크립트(250밀리초)

http://stevesouders.com/efws/inline-scripts-settimeout.php?d=250

250이라는 값은 nglayout.initial paint.delay의 기본값으로부터 얻은 수치다. 이 값은 '페이지가 처음 화면에 표시되기 전에 기다려야 하는 밀리초 단위 시간'을 말한다.[2] 만약 longCode가 250밀리초 전에 시작되면 이 함수의 실행이 완료될 때까지 페이지의 렌더링은 멈춘다. 하지만 250밀리초를 기다린 후 longCode를 호출하면 파이어폭스에서도 페이지 상단의 텍스트를 렌더링할 수 있다.

인터넷 익스플로러에서 0밀리초를 기다리든 파이어폭스에서 250밀리초를 기다리든 화면에 빨리 표시되는 것은 텍스트뿐이다. 페이지 내의 이미지들은 페이지가 로딩을 시작한 지 5초 후 longCode가 완료될 때까지는 화면에 표시되지 않는다. 다운로드하는 데 1초밖에 안 걸려도 말이다. 이미지를 표시하라는 명령은 페이지 로딩 1초만에 들어오지만 longCode가 실행되는 동안에는 처리되지 않는다. 자바스크립트가 실행되는 동안 브라우저는 단일 스레드로 작동하며 모든 화면 렌더링 이벤트에 대한 처리는 지연된다.[3] 다음 예제에서는 이 제약에서 벗어나기 위해 setTimeout의 지연 시간을 이미지를 다운로드하는 데 걸리는 1초보다 약간 더 긴 시간인 1,500밀리초로 늘린다.

---

2 http://kb.mozillazine.org/Nglayout.initialpaint.delay
3 자바스크립트가 브라우저의 반응 속도에 미치는 영향에 대해 더 자세히 알고 싶은 독자들은 2장을 참고하라.

setTimeout을 이용한 인라인 스크립트(1,500밀리초)

http://stevesouders.com/efws/inline-scripts-settimeout.php?d=1500

이렇게 하면 이미지들이 다운로드되자마자 화면에 표시된다. 페이지의 모든 내용을 렌더링하는 데 1초밖에 걸리지 않기 때문에 onload 이벤트도 5초가 아닌 1초 후 발생된다. 이렇게 1,500밀리초를 사용하기 때문에 생기는 단점은 longCode가 페이지를 로드하기 시작한 지 6,500밀리초가 지나서야 실행 완료된다는 것이다(1,500밀리초 지연 시간에 5,000밀리초 실행 시간). longCode의 실행을 비동기로 시작하면서 브라우저의 페이지 렌더링도 동시에 진행하기 위해서는 onload 이벤트를 통해 인라인 스크립트 실행을 시작시키는 것이 더 낫다.

```
function longCode() {
    var tStart = Number(new Date());
    while( (tStart + 5000) > Number(new Date()) ) {};
}
window.onload = longCode;
```

다음 예제에서 볼 수 있듯이 onload 이벤트를 사용하면 페이지 내의 텍스트와 이미지들이 다운로드되자마자 바로 화면에 표시된다. 그리고 인라인 스크립트의 실행도 다른 리소스의 다운로드나 렌더링을 막지 않고 빠른 시일 내에 바로 처리된다.

onload를 이용한 인라인 스크립트

http://stevesouders.com/efws/inline-scripts-onload.php

만약 사용하는 인라인 스크립트가 짧은 경우 setTimeout의 지연 값으로 0밀리초를 주는 것이 빠른 렌더링과 빠른 자바스크립트 사이의 좋은 절충안이 될 수 있다. 스크립트가 긴 경우 onload가 더 좋은 선택이다. 가장 좋은 해결책은 대략 300밀리초 정도마다 setTimeout을 이용해 양보를 하는 방법이 있겠으나 이 방법은 현재 코드가 재진입(reentrant) 가능하도록 상당 부분을 수정해야 할 수도 있다. 이에 대한 더 자세한 내용은 122쪽의 '타이머를 이용하여 유연하게 만들기'를 참고하라.

스크립트 지연 사용하기

인라인 스크립트의 SCRIPT DEFER 속성은 인터넷 익스플로러와 파이어폭스 3.1에서만 지원된다. 이 속성은 4장에서 설명한 바와 같이 보통 외부 스크립트를 다운로드하는 데 사용되곤 한다. 하지만 DEFER 속성은 인라인 스크립트에도 적용 가능하며 이를 사용하면 브라우저는 인라인 스크립트의 실행을 미루고 페이지의 내용을 계속 파싱하고 렌더링한다. 그럼 Cuzillion을 이용한 DEFER 속성을 이용하는 인라인 스크립트의 예제를 보자.

인라인 스크립트와 Defer

http://stevesouders.com/cuzillion/?ex=10101&title=Inline+Scripts+and+Defer

DEFER를 지원하는 브라우저에서는 두 개의 이미지 모두 동시에 다운로드되며 페이지의 전체적인 로딩 시간은 5초(기존의 6초보다는 빠르다) 소요된다. 하지만 5초 소요되는 스크립트가 완료되기 전까지는 페이지에 아무것도 렌더링되지 않는다. DEFER는 동시 다운로드를 위한 손쉬운 방법이긴 하나 인터넷 익스플로러와 파이어폭스 3.1에서 인라인 스크립트를 사용하는 경우에만 사용할 수 있다. 게다가 점진적 렌더링은 여전히 안 된다. setTimeout을 사용하는 것이 더 나은 대안이 될 수 있다.

CSS와 자바스크립트의 순서 보존하기

외부 스크립트를 로드하는 일반적인 방법은 SCRIPT SRC 속성을 이용하는 것이다.

```
<script src="A.js" type="text/javaScript"></script>
<script src="B.js" type="text/javaScript"></script>
```

스크립트를 이런 방식으로 로드하면 4장에서 이미 설명한 대로 동시 다운로드는 안 된다. 브라우저가 스크립트를 하나씩 다운로드하는 주요 이유는 바로 올바른 실행 순서를 보장하기 위해서다. B.js를 A.js보다 먼저 실행하면 코드 간 의존성으로 인해 예상치 못한 상황이나 정의되지 않은 심볼 에러가 발생할 수 있다. 자바스크립트의 실행 순서를 보존하는 것은 매우 중요하며 이는 CSS의 경우에도 동일하게 적용된다. 스타일이 순서대로 나열되어 있다는 특징 때문에 올바르지 않은 순서대로 로드하면 원치 않는 결과를 초래할 수 있다. 따라서 일관된 결과를 보여주기 위해서 브라우저들은 지정된 순서대로 CSS가 적용되는 것을 보장한다. 다음의 올바른 순서의 스타일시트 예제는 스타일시트가 HTTP를 통해 응답이 오는 순서와 상관없이 페이지에 지정된 순서대로 적용된다는 것을 보여준다.

올바른 순서의 스타일시트

http://stevesouders.com/efws/stylesheets-order.php

이 예제를 보면 같은 이름으로 된 한 개의 규칙을 정의하는 두 개의 스타일시트가 있다. 첫 번째 스타일시트는 그림 6-3에서 볼 수 있듯이 다운로드하는 데 더 오래 걸리도록 프로그램되어 있다. 첫 번째 스타일시트는 회색 배경을 지정하고 두 번째 스타일시트는 오렌지색 배경을 지정하고 있다. 결국에는 오렌지색 배경만 보이는데 이는 해당 스타일시트가 먼저 다운로드되었지만 적용은 마지막에 되었다는 것을 의미한다. 이는 곧 브라우저가 스타일시트를 다운로드되는 순서와는 상관없이 페이지에 지정된 순서대로 적용한다는 것을 의미한다.

CSS의 적용은 스타일시트와 인라인 스타일에 걸쳐 보존된다. 다음의 '순서대로 적용된 CSS' 예제에 서는 그림 6-3에서 사용했던 긴 스타일시트가 그대로 사용되었고 그 다음에는 (오렌지색 배경의) 인라인 스타일이 들어가 있다. 이번에도 브라우저는 긴 스타일시트가 완전히 다운로드될 때까지 기다린 후에 인라인 스타일이 적용하기 전에 스타일시트를 먼저 적용한다.

그림 6-3 | 인터넷 익스플로러에서 순서대로 적용된 스타일시트

순서대로 적용한 CSS

http://stevesouders.com/efws/css-order.php

브라우저들이 페이지에 지정된 순서대로 CSS를 적용한다는 사실이 우리에게 유용할 것 같긴 하다. 하지만 이것이 인라인 스크립트와는 무슨 상관이 있을까? 바로 다음 절에서 알아보자.

위험: 인라인 스크립트 바로 다음에 오는 스타일시트

바로 이전 절에서 브라우저들이 CSS(스타일시트와 인라인 스타일 모두) HTML 문서에 나오는 순서 대로 적용한다는 것을 배웠다. 이번 장 초반부에서는 인라인 스크립트가 브라우저의 다른 작업(다운 로드 및 렌더링)을 하지 못하게 막는다는 것을 확인했다. 이 내용은 웹 개발자들 사이에는 이미 비교 적 널리 알려진 사실이다. 대신 조금 덜 알려진 것이 있는데 브라우저들이 자바스크립트와 CSS도 페 이지에 나온 순서대로 적용한다는 점이다. 이로 인해 인라인 스크립트 바로 다음에 스타일시트를 사 용하는 경우 다른 리소스의 다운로드를 상당히 지연시킬 수 있다. 즉, 스타일시트가 다 다운로드되고 인라인 스크립트가 실행 완료되기 전까지는 멈춰 있다는 것이다. 다음 절에서 왜 이 문제가 나타나는 지 알아보자.

인라인 스크립트가 블로킹되는 경우는 거의 없다

다음 예제에서 볼 수 있듯이 인라인 스크립트는 이미지나 Iframe이 다운로드되는 도중에도 실행될 수 있다.

이미지와 Iframe 다음에 오는 인라인 스크립트

http://stevesouders.com/cuzillion/?ex=10102&title=Inline+Scripts+After

그림 6-4에서 이미지와 Iframe 다음에 오는 인라인 스크립트 예제의 HTTP 폭포수 도표를 볼 수 있다. 3개의 리소스, 즉 이미지 하나, Iframe 하나, 그리고 다른 이미지 하나가 다운로드하는 데 각각 2초씩 걸린다. 이 리소스들 사이에는 실행하는 데 1초가 걸리는 인라인 스크립트가 들어 있다. 이 페이지의 로드 타임라인에서의 주요 이벤트들은 다음과 같다.

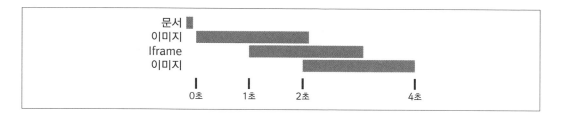

그림 6-4 | 이미지와 Iframe 다음에 오는 인라인 스크립트(4초)

0초

첫 번째 이미지의 다운로드를 시작한다. 첫 번째 인라인 스크립트는 이미지의 다운로드와 동시에 시작된다.

1초

첫 번째 인라인 스크립트의 실행이 완료된다. 바로 다음으로 Iframe의 다운로드가 시작되며 두 번째 인라인 스크립트도 실행 시작된다. 두 번째 인라인 스크립트도 Iframe이 다운로드되는 동안 실행된다.

2초

두 번째 인라인 스크립트의 실행이 끝나고 마지막 이미지의 다운로드가 시작된다.

4초

마지막 이미지의 다운로드가 완료된다.

이미지와 Iframe이 다운로드되는 동안에 인라인 스크립트가 실행되기 때문에 페이지는 약 4초 정도에 로드 완료된다. 여기에 스타일시트가 추가되면 다음 절에서 설명하는 것처럼 동시 다운로드가 블로킹된다.

인라인 스크립트는 스타일시트로 인해 블로킹된다

스타일시트와 인라인 스크립트 간의 상호작용은 다른 리소스와의 상호작용과는 많이 다르다. 이는 브라우저가 CSS와 자바스크립트가 파싱되는 순서를 보존하기 때문이다. 이는 다음 예제를 보면 알 수 있다.

스타일시트 바로 다음에 오는 인라인 스크립트

http://stevesouders.com/cuzillion/?ex=10103&title=Inline+Scripts+after

스타일시트 바로 다음에 오는 인라인 스크립트 예제는 이전 예제와 비슷하지만 첫 번째 이미지와 Iframe 대신에 스타일시트를 넣었다. 전과 동일하게 각각의 리소스를 다운로드하는 데 2초가 소요되며 인라인 스크립트를 실행하는 데에는 1초가 걸린다. 그림 6-4는 이 예제의 HTTP 폭포수 도표를 보여준다. 전체적인 로드 시간은 8초다. 이전 예제의 4초에 비해 많이 길어졌다. 페이지의 로드 타임라인을 보면 왜 이 페이지의 로드 시간이 두 배나 되는지 알 수 있다.

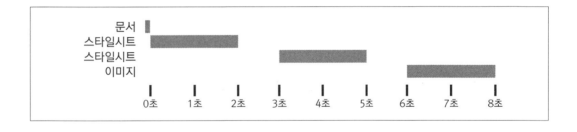

그림 6-5 | 스타일시트 다음에 오는 인라인 스크립트 (8초)

0초

첫 번째 스타일시트의 다운로드가 시작된다. 첫 번째 인라인 스크립트의 실행은 스타일시트가 다운로드되어 파싱까지 완료될 때까지 멈춰 있는다.

2초

첫 번째 스타일시트의 다운로드가 끝난다. 첫 번째 인라인 스크립트의 실행이 시작된다.

3초

첫 번째 인라인 스크립트의 실행이 완료된다. 두 번째 스타일시트의 다운로드가 시작된다.

5초

두 번째 스타일시트의 다운로드가 끝난다. 두 번째 인라인 스크립트의 실행이 시작된다.

6초

두 번째 인라인 스크립트의 실행이 완료된다. 이미지의 다운로드가 시작된다.

8초

이미지의 다운로드가 완료된다.

브라우저가 CSS와 자바스크립트를 순서대로 처리하기 때문에 앞의 예제가 전 예제보다 두 배나 오래 걸린다. 즉 이 예제를 통해 스타일시트 다음에 인라인 스크립트가 오는 경우 스타일시트의 다운로드가 완료되기 전까지는 브라우저가 인라인 스크립트를 실행하지 않고 기다린다는 것을 알 수 있었다. 그럼 왜 이럴까? 이는 인라인 스크립트의 코드 중에 스타일시트에서 적용하는 스타일 값을 사용하는 코드가 있을 수 있기 때문이다.

필자 또한 이런 자바스크립트를 보기도 했고 작성하기도 했다. 그리고 이런 자바스크립트가 실제 서비스되고 있는 웹사이트들에도 존재한다는 증거가 바로 HTML5에 추가되는 getElementsBy ClassName이다.[4] 브라우저들은 스타일시트의 다운로드와 인라인 스크립트의 실행을 순서대로 진행하며 이는 재연 가능한 결과를 보장하기 위해서이다.

이번 예제는 인라인 스크립트 다음에 오는 그 어떤 리소스라도 다운로드가 블로킹된다는 점을 확인시켜 준다. 다른 리소스의 다운로드가 스타일시트의 다운로드와 동시에 된다고는 하지만 이 두 제약을 합치면 바로 이번 장에서 얘기하고자 하는 핵심을 보여준다. 스타일시트 바로 다음에 인라인 스크립트가 오면 그 후에 오는 모든 리소스의 다운로드가 지연된다.

실제로도 일어난다

이전 예제들에서 스타일시트 바로 다음에 인라인 스크립트가 오면 블로킹이 된다는 점을 잘 보여주고는 있지만 적어도 필자에게는 인위적인 것 같아 보인다. 다행히도(아님 불행하게도) 이런 현상이 널리 조사되거나 알려지지 않았기 때문에 실제 서비스되고 있는 웹사이트에서 이런 문제를 쉽게 찾아 볼수 있다. 상위 10개의 미국 웹사이트들 중 네 개의 사이트(eBay, MSN, MySpace, Wikipedia)에서 스타일시트 바로 다음에 인라인 스크립트를 사용하고 있다. 이는 스타일시트 다음에 오는 리소스의 다운로드를 필요 이상 지연시키며 페이지의 성능을 떨어뜨린다.

그림 6-6은 eBay 사이트의 HTTP 폭포수 도표의 일부를 보여주고 있다. 즉, 스타일시트 다음에 오는 인라인 스크립트 때문에 그 다음에 오는 스크립트의 다운로드가 블로킹된다는 것을 알 수 있다. 화살표는 이 문제가 없었다면 그 해당 스크립트의 다운로드가 시작될 시간을 보여준다.

---

4   http://dev.w3.org/html5/spec/Overview.html#dom-getelementsbyclassname

그림 6-6 | eBay 사이트의 스타일시트 바로 다음에 오는 인라인 스크립트

이와 비슷하게 그림 6-7은 MSN 사이트의 폭포수 도표를 보여주는 데 스타일시트로 인해 이미지의 다운로드가 블로킹되는 것을 볼 수 있다. 그림 6-8에서는 MySpace 웹사이트의 폭포수 도표로 5개의 스타일시트 다음에 오는 인라인 스크립트 때문에 그 다음에 오는 스크립트의 다운로드가 지연되는 것을 볼 수 있다.

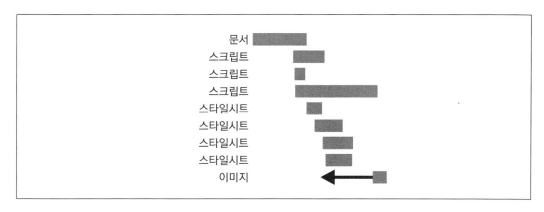

그림 6-7 | MSN 사이트의 스타일시트 바로 다음에 오는 인라인 스크립트

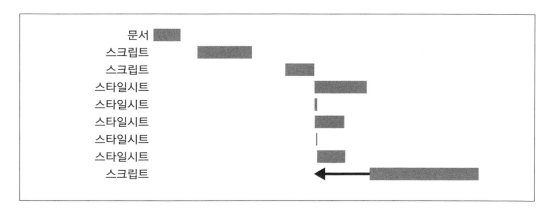

그림 6-8 | MySpace 사이트의 스타일시트 바로 다음에 오는 인라인 스크립트

위키피디아(Wikipedia)는 그림 6-9에 나와 있다. HTTP 폭포수 도표 마지막에 나와 있는 스크립트는 바로 전의 스타일시트와 그 다음에 오는 인라인 스크립트 때문에 다운로드가 지연된다. 참고로 이 HTTP 폭포수 도표는 인터넷 익스플로러 7에서 실행한 결과로 인터넷 익스플로러 7은 한 호스트당 두 개의 연결을 허용한다. 하지만 이 도표에는 동시에 네 개의 연결을 보여주고 있다. 이는 위키피디아에서 사용하는 HTTP 프로토콜의 버전을 HTTP/1.0으로 하여 한 호스트당 네 개의 연결이 가능하기 때문이다(이에 대한 내용은 194쪽의 'HTTP/1.0의 다운로드'를 참고). 하지만 늘어난 동시 다운로드 개수로 인한 이득은 스타일시트와 그 다음에 오는 인라인 스크립트 덕분에 다 까먹게 된다.

그림 6-9 ┊ 위키피디아 사이트의 스타일시트 바로 다음에 오는 인라인 스크립트

이 문제들은 쉽게 고칠 수 있다. 해결 방법은 인라인 스크립트를 스타일시트와 다른 리소스 사이에 넣지 않는 것이다. 인라인 스크립트는 스타일시트 전 또는 다른 리소스 다음에 넣어야 한다. 여기서 다른 리소스가 스크립트인 경우 인라인 스크립트와 외부 스크립트 간에 의존성이 있을 수도 있다. 이런 이유 때문에 필자의 일반적인 권고 사항은 '인라인 스크립트는 스타일시트 위에 넣어라' 이다. 이렇게 하면 코드 의존성 문제를 피할 수 있다. 코드 간 의존성이 없는 경우 인라인 스크립트를 화면상 보이는 리소스들 밑에 넣어 그 리소스들이 더 빨리 로드될 수 있도록 한다. 이렇게 하면 보다 나은 점진적 렌더링이 가능하다.

07

효율적인 자바스크립트 작성하기

· 니콜라스 C. 자카스(Nicholas C. Zakas) ·

오늘날의 웹 응용프로그램들은 상당한 양의 자바스크립트 코드로 구동된다. 이전의 웹사이트들이 자바스크립트를 간단한 작업을 위해 사용했다면 현재는 많은 곳에서 UI 자체를 구동하는 데 자바스크립트를 사용하고 있다. 이는 사용자가 웹페이지와 어떤 상호작용을 할 때마다 수천 라인의 자바스크립트 코드가 실행된다는 것을 의미한다. 따라서, 성능이란 단순히 어떤 페이지를 로드하는 데 얼마나 걸리느냐의 문제가 아닌, 사용되는 동안 어떻게 반응을 하느냐의 문제이기도 하다. 빠르고 즐겁게 사용할 수 있는 사용자 인터페이스를 만드는 가장 좋은 방법은 자바스크립트를 모든 브라우저에서 효율적으로 작동하게 작성하는 것이다.[1]

유효 범위 관리

자바스크립트 코드가 실행되면 '실행 context'라는 것이 생성된다. 이 실행 컨텍스트—때론 Scope(유효범위)라고 부르기도 한다—는 코드가 실행될 환경을 정의해준다. 페이지가 로드될 때 전역 실행 컨텍스트가 생성되며 함수가 실행될 때마다 추가 실행 컨텍스트가 생성된다. 즉, 실행 컨텍스트의 스택(stack)이 생성되는 것이고 가장 상위에 있는 컨텍스트가 현재 활성인 컨텍스트가 된다.

---

[1] 이번 장에서 설명하는 내용은 파이어폭스 3.0과 3.1 beta 2, 구글 크롬1.0, 인터넷 익스플로러 7과 8 beta 2, 사파리 버전 3.0– 3.2, 그리고 오페라 버전9.62에서 실행한 실험을 바탕으로 하고 있다. 버전 값을 언급하지 않는 경우에는 테스트에 사용된 브라우저들의 모든 버전에 적용된다고 보면 된다.

각 실행 컨텍스트는 이와 관련된 유효 범위 체인(Scope Chain)을 갖는데 이는 식별자 확인(identifier resolution)을 하기 위해 사용한다. 이 일련의 유효 범위 체인에는 해당 실행 컨텍스트에서 사용하는 유효 범위 내의 식별자를 정의하는 하나 이상의 변수 객체를 포함한다. 전역 실행 컨텍스트는 자신의 유효 범위 체인에 오로지 한 개의 변수 객체를 가지며 이 객체는 자바스크립트에서 사용 가능한 모든 전역 변수와 함수들을 정의한다. 함수가 생성되면(실행되진 않고) 그 함수의 내부 [[Scope]] 속성에 해당 실행 컨텍스트의 유효 범위 체인을 포함하도록 지정된다(내부 속성은 자바스크립트로 접근할 수 없으며 따라서 이 속성에 직접 접근할 수 없다). 나중에 자바스크립트를 실행하면서 함수 내부로 들어가면 활성화 객체(activation object)가 생성되고 this, arguments, 그리고 이름 부여된 인자들과 해당 함수의 지역 변수들이 초기화된다. 이 활성화 객체는 실행 컨텍스트의 유효 범위 체인의 맨 앞에 나오며 그 다음에는 해당 함수의 [[Scope]] 속성에 포함되어 있는 객체들이 나온다.

코드 실행 중 변수나 함수 이름 같은 식별자들은 실행 컨텍스트의 유효 범위 체인을 뒤져서 올바른 식별자인지 알아낸다. 식별자 분석은 해당 유효 범위 체인의 맨 앞에서부터 시작한다. 다음의 코드를 보자.

```
function add(num1, num2){
    return num1 + num2;
}
var result = add(5, 10);
```

앞의 코드가 실행되면 add 함수의 [[Scope]] 속성에 들어 있는 것은 전역 변수 객체뿐이다. add 함수 내부를 실행할 때에는 새 실행 컨텍스트가 생성되고 this, arguments, num1, num2를 포함하는 활성화 객체가 유효 범위 체인에 추가된다. 그림 7-1에서 이 add 함수가 실행되는 동안 내부적으로 생성되는 객체 간의 관계를 보여 주고 있다.

add 함수를 실행할 때에는 num1과 num2 식별자가 무엇인지 분석이 되어 있어야 한다. 이 분석 과정은 특정 식별자가 발견될 때까지 현재 유효 범위 체인에 포함되어 있는 각각의 객체를 검사하는 방식으로 이루어진다. 이 검색 과정은 유효 범위 체인의 가장 첫 번째 객체에서 시작하는데 이 객체는 바로 해당 함수의 지역 변수를 포함하는 활성화 객체가 된다. 찾는 식별자가 없는 경우 유효 범위 체인의 다음 객체를 검사한다. 식별자를 찾으면 검색과정은 끝난다. 앞의 예제의 경우 num1과 num2는 현재의 지역 활성화 객체에 존재하며 전역 객체까지 검색하는 일은 없다.

자바스크립트의 유효 범위와 유효 범위 체인 관리를 잘 이해하는 것이 매우 중요한데 이는 식별자 분석의 성능이 유효 범위 체인에서 검색을 해야 하는 객체의 숫자와 밀접한 관계가 있기 때문이다. 식별자 분석 과정에서 이 유효 범위 체인을 깊이 들어가면 갈수록 검색 시간도 길어지며 해당 변수에 접

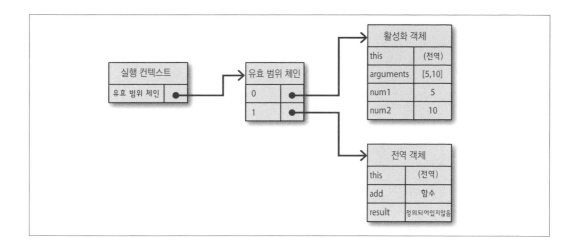

그림 7-1 | 실행 컨텍스트와 유효 범위 체인의 관계

근하는 데 소요되는 시간 또한 길어진다. 즉, 유효 범위가 올바르게 관리되지 못하면 스크립트 실행 시간에 좋지 않은 영향을 미칠 수 있다는 것이다.

지역 변수 사용하기

자바스크립트에서 읽고 쓰는 데 가장 빠른 식별자는 바로 지역 변수다. 지역 변수는 현재 활성화 객체에 존재하기 때문에 식별자 분석 또한 유효 범위 체인에서 현재의 객체 하나만 검사하면 된다. 변수에서 값을 읽거나 저장하는 데 필요한 시간은 이 유효 범위 체인이 포함하는 객체를 하나씩 검사할 때마다 더 늘어나며 이 식별자를 담는 객체가 유효 범위 체인에 깊이 있으면 있을수록 해당 변수에 대한 접근 속도도 느려진다. 이런 현상은 v8을 사용하는 구글 크롬과 Nitro 자바스크립트 엔진을 사용하는 사파리 4+를 제외한 모든 브라우저에서 볼 수 있다. 이 두 브라우저의 자바스크립트 엔진이 너무 빨라서 식별자가 어디에 저장되어 있는지는 접근 속도에 별다른 영향을 주지 않아서이다.

이 식별자 깊이가 성능에 정확히 얼마나 영향을 미치는지 알아보기 위해 변수에 200,000번 연산을 하는 실험을 해 보았다. 읽기와 쓰기는 돌아가면서 했고 다양한 깊이의 식별자들에 대해 접근을 해 보았다. 이번 실험에 사용된 페이지는 다음 URL, http://www.nczonline.net/experiments/javascript/performance/identifier-depth/ 에서 볼 수 있다.

그림 7-2에서 유효 범위 체인의 깊이에 따라 변수로부터 값을 읽는 데 소요되는 시간을 보여주고 있다. 그리고 그림 7-3에서는 유효 범위 체인의 깊이(깊이 값이 1인 경우는 지역 변수를 나타낸다)에 따라 변수에 값을 저장하는 데 소요되는 시간을 볼 수 있다.

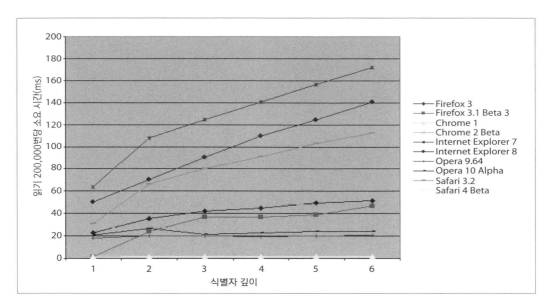

그림 7-2 | 식별자 깊이에 따른 변수에서 읽는 데 소요되는 시간

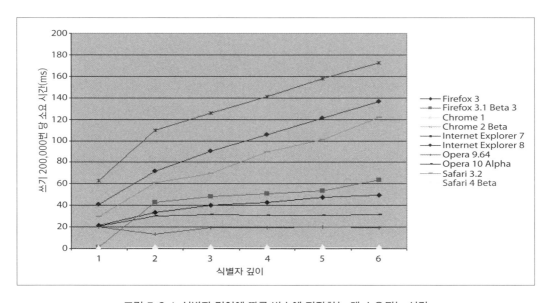

그림 7-3 | 식별자 깊이에 따른 변수에 저장하는 데 소요되는 시간

이 수치들이 명백히 보여주듯이 유효 범위 체인에서 깊이 들어가 있지 않은 경우가 접근하는 데 훨씬 더 빠르다는 것을 알 수 있다. 이 정보는 지역 변수를 사용할 때 활용할 수 있다. 여기에 적용하면 좋을 규칙은 현재 코드의 범위(Scope) 밖에 있는 변수의 값을 함수 내에서 두 번 이상 사용하는 경우 그 값을 지역 변수에 저장하여 사용하는 것이다.

```
function createChildFor(elementId){
    var element = document.getElementById(elementId),
    newElement = document.createElement("div");
    element.appendChild(newElement);
}
```

앞의 함수는 document 전역 변수를 두 번 참조한다. document가 두 번 이상 사용되므로 보다 빠른 접근을 위해 다음 코드에서처럼 이를 지역 변수에 저장하는 것이 좋다.

```
function createChildFor(elementId){
    var doc = document, //지역 변수에 저장
    element = doc.getElementById(elementId),
    newElement = doc.createElement("div");
    element.appendChild(newElement);
}
```

아래 재작성한 버전은 document의 값을 doc이라는 지역 변수에 저장한다. doc은 유효 범위 체인에 가장 마지막에 추가된 객체에 들어 있으므로 document를 직접 참조하는 것보다 빠르게 접근할 수있다. 한 가지 염두에 둘 것이 전역 변수 객체는 언제나 유효 범위 체인의 맨 마지막 객체라는 점이며전역 식별자의 분석이 가장 비용적으로 비싸다.

> **✱ 참고**   성능 문제로 귀결되는 흔한 실수가 변수에 처음 값을 저장할 때 var 키워드를 빼먹는 것이다. 선언되지 않은 변수에 값을 할당하면 전역변수가 생성된다.

유효 범위 체인의 증가

주어진 실행 컨텍스트의 유효 범위 체인은 보통 코드 실행 중에 크게 변경되지는 않는다. 하지만 실행컨텍스트의 유효 범위 체인을 임시적으로 증가시키는 두 가지 문장(statement)이 있다. 첫 번째는 바로with로 객체의 속성을 지역 변수처럼 사용할 수 있게 해주는 기능을 제공한다. 예를 들면,

```
var person = {
    name: "Nicholas",
    age: 30
};
function displayInfo(){
    var count = 5;
    with(person){
        alert(name + " is " + age);
        alert("Count is " + count);
```

```
    }
    displayInfo();
  }
```

이 코드에서 person 객체를 with 블록에 넘긴다. 이렇게 하면 name과 age 속성을 마치 지역변수로 정의된 것처럼 사용할 수 있다. 하지만 실제로는 현재 실행 컨텍스트의 유효 범위 체인에 새 변수 객체가 추가된다. 이 변수 객체에는 지정한 객체(이 경우에는 person)의 속성을 점(.) 표기를 사용하지 않고도 접근할 수 있게 모든 속성을 포함한다. 그림 7-4에서 displayInfo 함수에서 with 문장이 실행 중일 때 유효 범위 체인가 어떻게 증가되는지를 보여주고 있다.

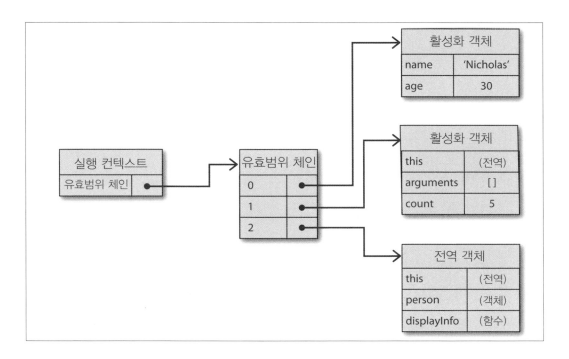

그림 7-4 | with 문장으로 인한 유효 범위 체인 증대

객체의 속성에 접근을 빈번하게 하는 경우라면 상당히 편할 수도 있겠지만 유효 범위 체인에 추가로 들어가는 이 객체 때문에 지역 변수의 식별자 분석이 더 오래 걸리게 된다. with 문장 내의 코드가 실행되는 동안 함수의 지역 변수들은 이제 유효 범위 체인의 첫 번째가 아닌 두 번째 객체에 존재하며 따라서 식별자에 대한 접근이 느려진다. 방금 본 예제의 경우 count 변수에 접근하는 것이 더 느려지는데 이는 유효 범위 체인의 첫 번째 객체에 포함되어 있지 않기 때문이다. with 문장 내의 코드가 다

실행되면 유효 범위 체인은 예전 상태로 복원된다. 이런 단점 때문에 with 문장의 사용은 피하는 것을 권장한다.

유효 범위 체인를 증가시키는 두 번째 문장은 바로 try-catch 블록의 catch 조항이다. catch 절은 with 문장과 비슷한 방식으로 작동하는데 catch 문 내의 코드를 실행하면서 새 변수 객체를 유효 범위 체인에 추가한다. 이 변수 객체는 catch 절에서 지정한 예외 객체의 이름을 포함한다. 하지만 catch 절은 try 절에서 에러가 난 경우에만 실행되므로 with 문장보다는 약간 덜 문제가 된다. 하지만 성능에 미치는 영향을 최소화하기 위해서는 catch 절에 너무 많은 코드를 넣지 않는 것이 좋다.

유효 범위 체인의 깊이를 염두에 두고 코드를 작성하는 것이 약간의 노력을 통해 손쉽게 성능 향상을 얻을 수 있는 방법이다. 유효 범위 체인의 불필요한 증대를 막아 의도하지 않은 성능 저하를 막자.

효율적인 데이터 접근

스크립트의 어디에 데이터가 저장되어 있느냐에 따라 코드를 실행하는 데 걸리는 시간에 직접적인 영향을 미친다. 스크립트에서 데이터 접근을 위해 사용하는 곳은 일반적으로 다음의 네 곳이 있다.

- 리터럴 값(Literal value)
- 변수(Variable)
- 배열의 항목(Array item)
- 객체 속성(Object property)

데이터를 읽는다는 것 자체가 성능에 영향을 미치며 성능에 얼마나 영향을 미치는가는 데이터가 이 네 곳 중 어디에 저장되어 있느냐에 따라 다르다.

대부분의 브라우저에서 문자 상수나 지역변수로부터 값을 읽는 데 드는 비용은 너무 작아 무시해도 될 수준이다. 따라서 문자 상수나 지역 변수는 성능에 저하에 대한 걱정은 하지 말고 자유롭게 사용해도 된다. 실제로 차이가 나는 경우는 배열이나 객체로부터 값을 읽을 때이다. 이런 데이터 구조에 저장되어 있는 값을 읽으려면 데이터가 실제로 저장되어 있는 위치를 얻어야 하는데 배열의 경우에는 배열의 인덱스를, 객체의 경우에는 해당 객체의 속성 이름을 얻어와야 한다.

데이터 위치에 따른 데이터 접근 시간을 시험해 보기 위해 각각의 위치에서 값을 200,000번 읽어오는 테스트 페이지를 만들었다. 이 테스트 페이지는 http://www.nczonline.net/experiments/javascript/performance/data-access/에서 볼 수 있다. 이 테스트를 여러 브라우저에서 실행해 본 결과는 거의 대등하다. 인터넷 익스플로러, 오페라 그리고 파이어폭스 3 모두 객체 속성보다는 배열의 항목을 더 빨리 읽어온다. 크롬, 사파리, 파이어폭스 2 그리고 파이어폭스 3.1+는 배열 항목보다는 객체 속성을 더 빨리 읽어온다(그림 7-5 참조).

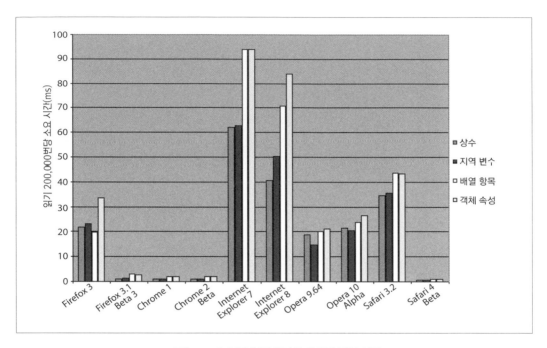

그림 7-5 | 여러 브라우저의 데이터 접근 시간

지금까지 살펴본 결과로부터 얻는 교훈은 바로 빈번하게 접근하는 값들은 꼭 지역변수에 저장하라는 것이다. 다음 코드를 보자.

```
function process(data){
    if (data.count > 0){
        for (var i=0; i < data.count; i++){
            processData(data.item[i]);
        }
    }
}
```

앞의 코드에서는 data.count에 여러 번 접근한다. 얼핏 봐서는 이 값이 두 번 사용되는 것처럼 보인다. if 문에서 한 번 그리고 for 반복문에서 한 번. 하지만 실제로는 data.count는 data.count의 값에 1을 더한 횟수만큼 접근된다. 왜냐하면 for 반복문의 제어 문장(i<data.count)이 1번 반복될 때마다 실행되기 때문이다. 이 함수를 더 빠르게 하려면 이 값을 지역 변수에 저장하고 그 변수를 참조하게 하면 된다.

```
function process(data){
    var count = data.count;
    if (count > 0){
        for (var i=0; i < count; i++){
            processData(data.item[i]);
        }
    }
}
```

재작성한 버전은 data.count를 함수의 맨 처음 부분에서 지역 변수에 값을 복사하기 위해 오직 한 번만 읽는다. 그 다음부터는 count 지역 변수만 사용한다. 이렇게 수정된 함수는 객체 속성을 찾아보는 횟수가 줄었기 때문에 이전 버전보다 빠르다.

데이터 접근으로 인한 효과는 데이터 구조의 깊이가 늘어남에 따라 더 확장된다. 예를 들어 data.count가 data.item.count를 읽는 것보다는 빠르고 이는 data.item.subitem.count보다 빠르다. 이런 속성을 다룰 때에는 점 연산자가 사용된 횟수는 해당 값을 읽어오는 데 걸리는 시간과 밀접한 관계가 있다. 그림 7-6에서 여러 브라우저에서 데이터 구조의 깊이에 따른 데이터 접근 속도를 상대적인 비교를 보여주고 있다. 이번 테스트는 http://www.nczonline.net/experiments/javascript/performance/data-access/의 데이터 접근 실험 페이지로 실행해 본 것이다.

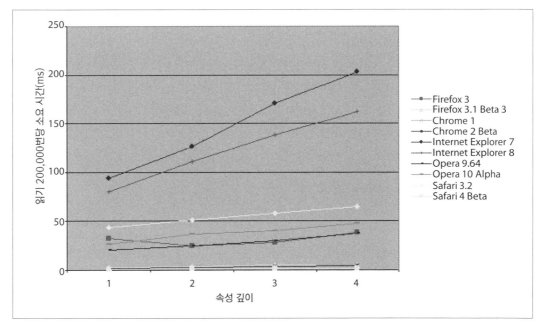

그림 7-6 | 객체 속성의 깊이에 따른 접근 시간

데이터 접근에 있어 이런 성능 이슈를 피할 수 있는 좋은 방법은 두 번 이상 사용하는 객체의 속성이나 배열의 항목을 지역 변수에 저장해 놓는 것이다.

✱ **참고**   대부분의 브라우저들에서 객체의 속성에 접근하기 위해 점(dot) 표기(data.count)를 사용하는 것과 대괄호 표기법(data["count"])을 사용하는 것 간에 성능상의 차이는 거의 없다. 한 가지 예외는 사파리에서는 대괄호 표기법이 점(dot) 표기법보다 상당히 더 느리다. 이는 Nitro 자바스크립트 엔진을 사용하는 사파리 4에서도 동일하다.

HTMLCollection 객체(getElementsByTagName 같은 DOM 함수나 element.childNodes 같은 속성을 통해 얻은 것들)를 사용하는 경우라면 지역 변수의 사용이 특별히 더 중요하다. 실제로는 각 HTMLCollection 객체는 속성을 접근할 때마다 DOM 문서에 쿼리를 날리는 것이다.

```
var divs = document.getElementsByTagName("div");
for (var i=0; i < divs.length; i++){
    //하지 말자!
    var div = divs[i];
    process(div);
}
```

앞의 코드의 첫 줄은 해당 페이지에 들어 있는 모든 <div> 엘리먼트를 반환하는 쿼리를 생성하며 결과를 divs에 저장한다. divs에 이름이나 인덱스 값을 이용하여 속성에 접근할 때마다 DOM은 실제로는 아까 그 쿼리를 전체 페이지에 대해 재실행한다. 즉, 앞의 코드에서는 divs.length 또는 divs[i]의 값을 읽을 때마다 실행된다는 것이다. 이런 식으로 속성을 참고하는 행위는 DOM이 아닌 객체의 속성 또는 배열의 항목을 참고하는 것보다 평균적으로 더 오래 걸린다. 따라서 이런 값들을 가능하다면 지역 변수에 저장하여 HTMLCollection 객체에 매번 다시 쿼리를 실행해야 하는 단점을 피하는 것이 좋다. 다음 예제에서 이를 볼 수 있다.

```
var divs = document.getElementsByTagName("div");
for (var i=0, len=divs.length; i < len; i++){   //보다 낫다
    var div = divs[i];
    process(div);
}
```

이 예제는 divs HTMLCollection의 길이를 지역 변수에 저장하여 해당 객체에 직접 접근하는 것을 줄여 준다. 이 예제의 이전 버전에서는 divs가 반복문이 매번 반복할 때마다 두 번 접근을 했다. 즉 주어진 위치의 객체를 얻어오기 위해 한 번, 그리고 길이 확인을 위해 한 번, 이렇게 두 번이다. 방금 본 수정 버전에서는 반복문에서 divs의 길이를 직접 얻어오지 않아도 된다.

일반적으로 봤을 때, DOM 객체를 사용하는 것이 거의 대부분의 경우 비-DOM 객체들과 상호 작용하는 것보다 더 느리다. 이런 DOM의 작동 방식 때문에 속성 참조는 비-DOM 속성 참조보다 일반적으로 더 오래 걸린다. HTMLCollection 객체가 DOM 중에서도 가장 느린 객체다. 이런 HTMLCollection의 멤버를 반복해서 참조해야 하는 경우 이들을 먼저 배열에 복사해 두는 것이 더 효율적이다.

실행 경로 제어

데이터 접근 다음으로 자바스크립트의 성능에 있어 중요한 것이 있다면 아마도 실행 경로 제어일 것이다. 자바스크립트는 다른 대부분의 프로그래밍 언어와 비슷하게 다음에 어떤 코드를 실행할지 결정하는 데 사용되는 실행 경로 제어 구문들을 갖고 있다. 여러 가지의 조건문과 반복문 구문을 사용하면 특정 코드 영역에서 다른 코드로 실행 경로를 정확히 제어할 수 있다. 이렇게 실행 경로를 조절하는 곳에서 올바른 방법을 잘 사용하면 스크립트의 속도를 향상시킬 수 있다.

빠른 조건문

switch와 if와 else 문 중 어느 것이 더 좋은지는 자바스크립트에만 국한되는 문제가 아닌 예전부터 많은 논의가 되어왔던 주제로 이런 구문이 있는 거의 모든 프로그래밍 언어의 커뮤니티에서 많은 논의가 이루어졌었다. 이 문제의 핵심은 물론 각각의 구문 자체에 있는 것이 아니다. 이보다는 이 각각의 조건문이 여러 개의 조건문을 얼마나 빨리 처리할 수 있느냐의 문제라고 할 수 있다. 이번 절의 내용은 http://www.nczonline.net/experiments/javascript/performance/conditional-branching/에서 실행해 볼 수 있는 테스트를 기반으로 한다.

if 문

앞에서 말했던 논의는 보통 다음과 같은 복잡한 if 문과 관련되어 시작되곤 한다.

```
if (value == 0){
    return result0;
} else if (value == 1){
    return result1;
} else if (value == 2){
    return result2;
} else if (value == 3){
    return result3;
```

```
    } else if (value == 4){
        return result4;
    } else if (value == 5){
        return result5;
    } else if (value == 6){
        return result6;
    } else if (value == 7){
        return result7;
    } else if (value == 8){
        return result8;
    } else if (value == 9){
        return result9;
    } else {
        return result10;
    }
```

보통 이런 식으로 작성된 코드는 다른 이들이 봤을 때 눈살을 찌푸리는 것이 보통이다. 이 코드의 주요 문제는 앞의 코드의 밑 부분이 실행되면 될수록 더 많은 조건문이 실행된다는 것이다. value의 값이 9인 경우 value가 0인 경우보다 앞의 코드를 완료하는 데 더 많은 시간이 소요된다. 즉, 모든 if 절이 다 실행되어야 한다는 것이다. 조건 개수가 늘어나면 늘어날수록 성능 저하도 커진다. 이렇게 너무 많은 조건문을 사용하는 것은 결코 권할 만한 코드가 아니지만 전체적인 성능을 높일 수 있는 방법이 있긴 하다.

우선 조건문을 가장 많이 발생할 만한 조건부터 쓰도록 하는 것이다. 가장 처음 조건문에서 빠져 나오는 것이 가장 빠를 것이므로 이 조건문의 코드가 가능하면 가장 많이 실행되도록 하는 것이 좋을 것이다. 이전에 살펴본 예제 중에서 5라는 값이 나올 가능성이 많고 그 다음은 9라고 가정해보자. 이 경우에 5라는 값이 오게 되었을 경우에 다섯 개의 조항을 거쳐서 결국 5가 실행되므로 상당히 비효율 적다. 따라서 이 경우에 우리는 다음과 같이 문장을 구성하는 것이 더 효율적이다.

```
    if (value == 5){
        return result5;
    } else if (value == 9){
        return result9;
    } else if (value == 0){
        return result0;
    } else if (value == 1){
        return result1;
    } else if (value == 2){
        return result2;
    } else if (value == 3){
```

```
        return result3;
    } else if (value == 4){
        return result4;
    } else if (value == 6){
        return result6;
    } else if (value == 7){
        return result7;
    } else if (value == 8){
        return result8;
    } else {
        return result10;
    }
```

이렇게 작성하게 될 경우 자주 사용하는 두 조항이 위에 배치되기 때문에 성능적으로 확실한 우위를 가져갈 수 있게 된다.

if 구문을 최적화하는 다른 방법은 if 문의 조항 안에 다른 분기를 만드는 것이다. 이것은 거치는 조항의 수를 최소화함으로써 알맞은 조항을 찾게 할 수 있다. 앞의 경우는 조항의 확률이 특정 1~2개의 항목이 높을 경우에 유용하게 이용할 수 있지만 만약 모든 조항의 비율이 같다면 우리는 다른 방법을 이용해야 할 것이다. 이럴 경우에는 다음과 같이 추가 분기를 이용할 수 있다.

```
    if (value < 6){
        if (value < 3){
            if (value == 0){
                return result0;
            } else if (value == 1){
                return result1;
            } else {
                return result2;
            }
        } else {
            if (value == 3){
                return result3;
            } else if (value == 4){
                return result4;
            } else {
                return results;
            }
        }
    }
```

```
        } else {
            if (value < 8){
                if (value == 6){
                    return result6;
                } else {
                    return result7;
                }
            } else {
                if (value == 8){
                    return result8;
                } else if (value == 9){
                    return result9;
                } else {
                    return result10;
                }
            }
        }
    }
```

이 코드는 어떤 조항이든 네 개 이상의 조항을 거치지 않을 것이다. 각각의 조항이 올바른 값이 맞는 지 비교하는 것 대신에 실제 값의 범위를 지정하여 조항이 보다 빨리 실행될 수 있게 하였다. 이 예제 의 전체 성능은 증가될 수밖에 없다. 왜냐하면 8~9개의 조항을 거치지 않아도 되기 때문이다. 조항이 실행될 수는 고작 4개이기 때문에 이전의 예제보다 실행시간이 30% 정도를 절약할 수 있다고 보면 된 다. 또한 우리가 기억해 두어야 할 것은 여기서 else에는 다른 조항을 가지고 있지 않다는 것이다. 하지 만 각각의 추가적인 조항들은 결국 실행시간을 소비해서 성능뿐만 아니라 코드의 유지보수에도 많은 영향을 주게 된다. 그럼 이제 switch 구문에 대해서 살펴보도록 하자.

switch 구문

switch 구문은 코드의 가독성이나 성능에 있어서 여러모로 많은 장점을 가지고 있다. 먼저 앞의 예제 를 다음과 같이 작성해 보도록 하겠다.

```
switch(value){
case 0:
    return result0;
case 1:
    return: result1
case 2:
    return result2;
case 3:
    return result3;
```

```
    case 4:
        return result4;
    case 5:
        return result5;
    case 6:
        return result6;
    case 7:
        return result7;
    case 8:
        return result8;
    case 9:
        return result9;
    default:
        return result10;
    }
```

이 코드는 분명 반환값뿐만 아니라 조건도 확실히 읽기 쉬운 형태임을 보여준다. switch 구문이 가진 또 다른 장점은 복잡한 중첩 조건문을 사용하지 않고도 여러 조건문을 하나로 처리함으로써 여러 다른 조건 값에 대해 동일한 결과를 실행할 수 있게 해준다는 것이다. switch 구문은 다른 프로그래밍 언어에서 보면 여러 조건들을 쉽게 코딩할 수 있게 하기 위해서 주로 사용한다. 하지만 이것이 switch 구문의 장점이라 할 수는 없는 것이고 컴파일러가 switch 구문을 더 빠르게 실행될 수 있도록 최적화를 하기 때문이다. 대부분의 자바스크립트 엔진들은 이런 최적화를 하지 않기 때문에 switch 구문의 성능은 다소 들쑥날쑥하다.

파이어폭스는 switch 구문을 매우 잘 다루고 각각의 조건들이 어떻게 정의되었는지와는 상관없이 모두 같은 양의 시간을 소비하게 된다. 즉, 이 말은 그 값이 0일 경우와 또 그 값이 9일 때라고 하더라도 실행시간이 모두 동일해진다는 것이다. 하지만 이것이 모든 브라우저에 적용되는 것은 아니다. 인터넷 익스플로러, 오페라, 사파리 그리고 크롬과 같은 경우에는 switch 구문이 아래로 내려갈수록 그 실행시간이 증가하게 된다. 하지만 이러한 증가는 if 구문을 이용했을 때보다는 더 작다고 할 수 있다. 때문에 switch 구문을 이용하면 if 구문을 이용했을 때보다 더 좋은 성능을 낼 수 있다는 것은 사실인 것이다.

자바스크립트에서는 일반적으로 1~2개의 구문을 비교할 때는 if 구문이 switch 구문보다 더 빠르다. 하지만 만약 2개 이상의 조건이 있을 경우와 그 조건이 간단할 경우에는 switch 구문이 더 빠르게 동작하는 경향이 있다. 왜냐하면 하나의 조건을 실행할 때 if 구문보다는 switch 구문이 시간이 더 짧게 걸리기 때문이다. 그래서 더 많은 수의 조건들을 만들 경우라면 switch 구문을 선택하는 것이 최선이라 할 수 있다.

배열 검색

자바스크립트 안에서 조항들을 다루는 다른 문법이 존재한다. if 구문과 switch 구문 외에도 배열 안에서 값을 검색하는 구문이 하나 존재한다. 여기에서 사용할 예제는 지정한 숫자에 해당하는 값을 배열에서 가지고 오는 예제를 사용해보도록 하겠다. 이번에는 if 구문이나 switch 구문을 이용하는 것 대신에 다음 코드를 이용하도록 하겠다.

```
// results 배열의 선언
var results = [result0, result1, result2, result3, result4, result5, result6, result7, ➡
               result8, result9, result10]
// 올바른 결과 반환
return results[value];
```

조건 구문을 이용하는 대신에 results에 저장된 배열들을 인덱스를 통해서 그 값을 가져오게 되는 것이다. 적절한 값을 가져오기 위해서 배열 값을 검색하는 것은 간단하다. 비록 배열이 더 깊어지게 되면 검색시간이 증가하긴 하더라도 상대적으로 if 문과 switch 구문에서 각각의 조항이 추가될 때의 시간보다는 굉장히 적은 시간이라 할 수 있다. 굉장히 많은 수의 조항을 만나게 될 경우에 배열 검색을 이용하게 될 경우 유용하게 사용할 수 있고 각각의 조항들은 숫자나 특정 문자열로 지정할 수 있다 (string의 경우 배열 대신 Object에 결과를 저장할 수도 있다).

배열의 개수가 많지 않을 경우에 배열을 이용해서 검색하는 것은 실용적이지 않을 때가 있다. 왜냐하면 검사해야 하는 조건문의 개수가 적을 때는 배열 검색이 더 느려질 수 있기 때문이다. 만약 범위의 수가 클 경우에 배열 검색은 굉장히 유용하다. 왜냐하면 배열은 상한이나 하한을 검사할 필요가 없기 때문이다. 그렇기 때문에 큰 인덱스 범위에서 적절한 값을 찾고 싶다면 배열을 이용해서 간단하게 처리할 수 있고 바로 검색을 실행할 수 있다.

가장 빠른 조건문들

앞에서는 if 구문, switch 구문, 그리고 배열 검색까지 세 개의 기술을 살펴봤다. 세 개의 조건들은 코드 실행에 있어서 다음과 같은 경우에 최적화되어 있다.

- **if 구문을 이용해야 될 경우:**

    검사해야 하는 값이 두 개 이하인 경우, 특정 범위를 쉽게 구분할 수 있는 숫자를 이용할 경우

- **switch 구문을 이용해야 될 경우:**

    두 개보다는 많은 항목들이 있지만 10개보다는 적을 경우, 비선형 데이터와 같은 특정 범위가 없는 경우

- 배열 검색을 이용해야 될 경우:

  10개 이상의 값을 가지고 있을 경우, 검색 조건이 특정한 동작이 아닌 하나의 값일 경우

빠른 반복문

1장에서 언급했던 것처럼 반복문은 자바스크립트에서 성능 관련 문제의 많은 원인 중 하나이다. 그리고 반복문 코드를 어떻게 작성하느냐에 따라 실행시간은 많은 영향을 받는다. 그렇기 때문에 자바스크립트 개발자들은 단순히 컴파일러가 반복문을 더 빠르게 만들어 줄 것이라는 생각을 버려야 한다. 따라서 반복문을 작성하는 여러 가지 방법과 각각이 성능에 어떤 영향을 미치는지 이해하고 넘어가는 것이 중요하다.

반복문의 성능을 향상시키는 간단한 방법

자바스크립트에는 네 개의 반복문이 존재한다. 우리는 여기서 for, do-while, while 이렇게 세 개의 반복문에 대해서만 살펴볼 것이다(나머지 하나의 반복분은 for-in이고 주로 객체 속성 기반으로 반복하기 위해서 사용되지만 거의 사용되지 않기 때문에 여기서 다루지 않을 것이다). 이 다양한 반복문은 다음과 같이 사용된다.

```
//최적화가 되지 않은 코드
var values = [1,2,3,4,5];
//for 반복문
for (var i=0; i < values.length; i++){
    process(values[i]);
}

//do-while 반복문
var j=0; do {
process(values[j++]);
} while (j < values.length);

//while 반복문
var k=0; while (k < values.length){
    process(values[k++]);
}
```

예제에서 살펴본 반복문들을 실행하면 결과는 동일하다. process라는 함수에 배열의 각 값을 인자로 넘긴다. 이것이 배열에 담겨 있는 여러 값들을 반복하여 무언가를 실행하는 데 가장 흔히 사용하는

구문이다. 각각의 반복문들은 같은 양의 시간을 소모하게 된다. 왜냐하면 이 반복문들은 모두 똑같은 동작을 하고 있기 때문이다. 하지만 여기서 우리는 성능을 최적화하는 방법들을 찾아낼 수 있다.

아마도 각각의 반복문에서 나오는 대부분의 이슈는 배열의 길이를 계속적으로 비교한다는 것이다. 앞에서 언급했듯이 속성 참조라는 작업자체가 지역 변수를 접근하는 것보다 더 많은 비용이 든다. 이 코드는 배열이 반복될 때마다 반복문의 종료 조건이 참인지 확인하기 위해서 매번 values.length의 값을 조회하게 된다. 배열의 길이가 반복문이 실행되는 동안에는 바뀔 일이 없다는 점을 미루어 봤을 때 이 코드는 굉장히 비효율적인 코드이다. 때문에 이 속성을 이용하는 것보다는 지역 변수를 이용하면 반복문의 속도를 높일 수 있다.

```javascript
var values = [1,2,3,4,5];
var length = values.length;
//for 반복문
for (var i=0; i < length; i++){
    process(values[i]);
}
//do-while 반복문
var j=0;
do {
    process(values[j++]);
} while (j < length);
//while 반복문
var k=0; while (k < length){
    process(values[k++]);
}
```

각각의 반복문은 values.length 속성을 이용하는 것 대신에 지역 변수를 이용하였다. 이 기법은 HTMLCollection을 다루게 될 경우에 상당히 중요하다. 왜냐하면 이전에 언급했듯이 object와 같은 속성에 접근한다는 것은 실제로 모든 노드들의 매칭을 수행하기 위한 DOM의 쿼리를 수행하는 것이다. HTMLCollection의 검색을 실행하게 될 경우 굉장히 많은 비용을 소모하게 되며 반복문이 종료될 때까지 상당히 많은 시간을 소비하게 된다.

반복문의 성능을 개선하는 다른 간단한 방법은 지정한 변수의 길이를 증가하게 하는 것이 아니라 감소하게 하는 것이다. 이렇게 간단하게 만들게 되면 앞에서의 실행시간보다 50%나 실행시간을 절약할 수 있다. 다음 예제를 살펴보도록 하자.

```javascript
var values = [1,2,3,4,5];
var length = values.length;
//for 반복문
```

```
for (var i=length; i--;){
    process(values[i]);
}


//do-while 반복문
var j=length;
do {
    process(values[--j]);
} while (j);


//while 반복문
var k=length;
while (k--){
    process(values[k]);
}
```

여기서 각각의 반복문들은 마지막 항목이 0인지 비교하는 조건으로 변경했기 때문에 더 **빠르다**(반복문의 변수가 0이 되면 종료 조건이 거짓이 된다는 점을 알아 두자). 각각의 반복문들의 성능은 거의 비슷하다. 그래서 어떠한 반복문을 사용할지에 대해서 따로 고민하지 않아도 된다.

> ✱ **참고** 배열에서 indexOf를 이용할 경우에 조심해야 한다. 이 메서드를 사용하면 일반적인 반복문보다 훨씬 많은 시간이 걸릴 수 있다. 만약 속도를 최우선으로 한다면 앞에서 언급한 세 개의 반복문 중에 하나를 이용하는 것을 추천한다.

for-in 반복문을 피하라

for 반복문의 다른 버전의 반복문은 바로 for-in이라는 반복문이며 주로 자바스크립트 객체의 열거형 기반으로 반복 을 실행하는 목적으로 이용하게 된다. 다음 코드와 같이 이용될 수 있다.

```
for (var prop in object){
    if (object.hasOwnProperty(prop)){ //프로토타입 속성을 거르기 위해서
        process(object[prop]);
    }
}
```

이 코드는 object의 주어진 속성들을 기반으로 동작하게 되며 hasOwnProperty 메서드를 이용해서 실행되는 속성들의 인스턴스를 검증하게 된다.

이 코드는 주어진 객체의 속성에 hasOwnProperty 메서드를 반복하여 호출한다. 이 메서드를 통해 인스턴스 속성에 대해서만 process()를 호출한다.

for-in 반복문은 특별한 목적으로 이용되기 때문에 성능을 개선할 수 있는 여지가 크지 않다. 먼저 마지막 조건은 수정될 수 없고 반복되는 속성들의 순서 또한 변경하는 것이 불가능하다. 거기다가 for-in 반복문은 일반적으로 다른 반복문들보다 훨씬 느리다. 왜냐하면 특정 객체에 존재하는 열거형 속성들을 매번 분석해야 되기 때문이다. 즉, 이 말은 객체의 프로토타입과 전체 프로토타입의 관계를 정확하게 조사해야만 한다. 그렇기 때문에 이러한 프로토타입의 관계를 오고가는 것은 특정 범위에서 왔다갔다 한다고 하더라도 전체 반복문의 성능을 상당히 저하시키게 된다.

만약 특정 속성에 대해서만 관심이 있다면 일반 반복문(for, do-while, while)을 사용하면 충분히 더 빠르게 만들 수 있다. 특정 이름들을 반복해서 실행하는 코드를 살펴보자.

```
// 알고 있는 반복문 속성들
var props = ["name", "age", "title"];

//while 반복문
var i=props.length;
while (i--){
    process(object[props[i]]);
}
```

props 배열 안에 속성들의 수가 크지 않기 때문에 이 반복문은 for-in 반복문보다 훨씬 빠르게 수행될 수 있다. 뿐만 아니라 여기서 반복하고자 하는 속성의 수가 많아진다 하더라도 for-in보다 더 빠르게 수행된다. 이 예제의 반복문은 일반 반복문이 가지는 장점을 다 가지면서도 이미 알고 있는 object의 속성에 대해 반복문을 수행할 수 있다.

실제로 반복문에서 이용하고 있는 객체 속성들을 알고 있을 경우에만 이 기법을 적용할 수 있고 JSON 객체처럼 속성 이름을 모르고 있다면 for-in 반복문을 여전히 필요로 할 수도 있다.

반복문의 전개

여러 프로그래밍 언어에서 반복문의 성능을 높이는 방법 중 한 가지로 반복문의 코드를 전개시키는 방법을 사용한다. 이 방법의 원리는 반복문의 반복 횟수를 제한하면 반복문을 실행하는 데 필연적으로 수반되는 부수적인 코드 실행을 없애 성능 향상을 이룰 수 있다는 것이다. 이 방법의 구현은 일반적으로 반복문의 전개라고 부르는데 반복문에서 실행하는 코드를 풀어 써서 반복문이 한 번 실행할 때마다 여러 번 반복하는 만큼의 코드를 직접 실행하도록 하는 것이다. 다음과 같은 반복문을 보자.

```
var i=values.length;
while (i--){
    process(values[i]);
}
```

만약 여기서 배열 안에 5개의 값이 있다면 반복문을 없애 버리고 5번 반복할 코드를 직접 실행하는 것이 더 빠르다는 것이다.

```
//반복의 전개
process(values[0]);
process(values[1]);
process(values[2]);
process(values[3]);
process(values[4]);
```

물론 이 방법은 거의 유지보수에 더 좋지 않다. 즉, 더 많은 코드를 써야 하고 배열의 값이 변할 때 코드를 변경해주어야 한다. 게다가 성능의 효과를 살펴보자면 거의 영향을 주지 않을 것이다. 그리고 만약 명령문들의 수가 작다면 성능적으로서의 가치는 거의 없다고 할 수 있다. 하지만 이 기술은 만약 큰 수의 값을 다룬다거나 많은 반복을 다룰 때 상당히 유용하다.

톰 더프(Tom Duff)는 루카스 필름에서 일하고 있는 컴퓨터 프로그래머로서 C 언어에서 이러한 반복문 전개에 대해서 제안했었다. 이 패턴은 더프의 디바이스로 알려지게 되었고 이 후에 자바스크립트도 제프 그린버그(Jeff Greenberg)에 의해서 변환되었다. 제프 그린버그는 이후에 첫 번째로 자바스크립트 성능 최적화에 대한 기사를 작성하였다(이 주소에서 아직도 확인이 가능하다. http://home.earthlink.net/~kendrasg/info/js_opt/). 그린버그가 작성한 더프의 디바이스 구현은 다음과 같다.

```
var iterations = Math.ceil(values.length / 8);
var startAt = values.length % 8;
var i = 0;
do {
    switch(startAt){
        case 0: process(values[i++]);
        case 7: process(values[i++]);
        case 6: process(values[i++]);
        case 5: process(values[i++]);
        case 4: process(values[i++]);
        case 3: process(values[i++]);
        case 2: process(values[i++]);
        case 1: process(values[i++]);
    }
    startAt = 0;
} while (--iterations > 0);
```

더프의 디바이스의 원리는 바로 반복문이 한 번 실행될 때마다 일반적인 반복문이 1번에서 8번 실행되는 동안의 일을 처리한다는 것이다. 우선 배열의 총 개수를 8로 나누어 반복 횟수를 구한다. 더프는 앞의 코드의 경우에 8이 최적의 숫자라는 것을 알아냈다(그냥 임의의 숫자가 아니다). 배열의 개수가 꼭 8로 나누어 떨어지는 것은 아니므로 % 연산자를 통해 끝에 **남는** 배열의 항목 개수가 몇 개인지도 계산한다. 즉, startAt 변수는 끝에 남는 추가적으로 처리해야 할 항목의 개수를 나타낸다. 이 변수는 반복문의 처음에만 사용하며 8로 나누어 떨어지지 않는 남는 항목을 처리한 후 0으로 지정하여 배열의 나머지 항목들을 처리하도록 한다. 더프의 장치는 반복 횟수가 큰 경우 일반적인 반복문보다 실행 속도가 빠르다. 하지만 이를 더 빠르게 할 수도 있다.

'Speed Up Your Site(New Riders)'라는 도서에서는 더프의 디바이스 버전을 적용한 자바스크립트를 소개했다. 여기에서는 메인 반복문 외에 추가적인 배열을 처리하게 되는데 switch 구문이 제거되고 항목의 큰 수들을 처리하게 된다.

```javascript
var iterations = Math.floor(values.length / 8);
var leftover = values.length % 8;
var i = 0;
if (leftover > 0){
    do {
        process(values[i++]);
    } while (--leftover > 0);
}
do {
    process(values[i++]);
    process(values[i++]);
    process(values[i++]);
    process(values[i++]);
    process(values[i++]);
    process(values[i++]);
    process(values[i++]);
    process(values[i++]);
} while (--iterations > 0);
```

이 코드는 메인 반복문에서 switch 구문을 제거했기 때문에 더 빠르게 실행된다. 앞부분에서 이야기 했듯이 조건문 또한 성능상의 오버헤드를 가지고 있고 이러한 알고리즘으로 조건문을 제거함으로써 성능을 높일 수 있는 것이다. 이 때문에 이렇게 2개의 구문으로 반복문을 나누어 처리하는 방법이 등장하게 된 것이다.

더프의 장치와 여기에서 수정된 버전은 큰 수의 배열을 처리할 때 상당히 유용하다. 작은 배열들의 경우의 성능효과 일반 반복문에 비해서 상당히 작을 것이다. 그렇기 때문에 더프의 장치는 큰 항목들을 반복하여 처리해야 하는 경우에만 이용하는 것이 좋다.

문자열 최적화

문자열을 다루는 일은 자바스크립트에서 일반적으로 일어나는 작업이다. 문자열을 다루는 방법은 굉장히 다양하고 하고자 하는 특정 작업과 각각의 업무에 따라서 고려해야 할 성능 문제들이 있다. 문자열을 다루는 방법은 이미 제공되고 있는 문자열 함수를 이용하거나 정규식이나 배열들을 이용하는 방법 등 다양한 방법이 존재한다. 문자열 작업의 성능을 최적화하는 데 어떤 기술을 사용해야 하는지는 실행하고자 하는 작업에 따라서 다르다.

문자열의 연결

자바스크립트에서 가장 느린 것을 꼽자면 문자열 연결이 바로 그 중 하나이다. 문자열의 연결은 전형적으로 더하기(+) 기호를 이용해서 다음과 같이 작업하게 된다.

```
var text = "Hello";
text += " "
text += "World!";
```

이전 브라우저들은 이러한 연산에 대해 최적화를 하지 않았다. 문자열은 변하지 않는 특성(Immutable)을 가지고 있기 때문에 문자열을 연결한 결과를 만들기 위해서 중간 문자열들을 만들어야 했다는 것이다. 이렇게 문자열을 만들고 제거하는 것은 성능을 매우 안 좋게 만든다.

이런 성능 문제가 있다는 것을 알게 된 개발자들은 자바스크립트의 배열 객체를 대신 이용했다. 배열 객체의 메서드 중에 join이라는 메서드가 있는데 이 문자열은 배열 안의 모든 항목을 연결하고 각 항목들 사이에 주어진 문자열을 넣게 된다. 즉, + 연산자를 이용하는 것 대신에 각각의 문자열을 배열에 추가하고 또 다른 문자열을 추가할 때 join 메서드를 이용해서 추가하여 사용할 수 있는 것이다. 다음 코드를 살펴보자.

```
var buffer = [],
    i = 0;
buffer[i++] = "Hello";
buffer[i++] = " ";
buffer[i++] = "World!";
var text = buffer.join("");
```

앞의 코드에서 각각의 문자열들은 buffer라는 배열에 저장된다. join 메서드는 모든 배열 안에 모든 문자열이 저장된 후에 호출된다. 이 함수는 모든 문자열을 연결하여 반환하고 text 변수에 저장된다. 각각의 항목들의 적절한 인덱스를 추가하는 것은 각각의 값을 보다 빠르게 호출하기 위해서이다. 이 기법은 이전 브라우저에서 + 연산자를 이용해서 문자열을 구성하는 것보다 훨씬 좋은 성능을 보이게 된다. 왜냐하면 불변에 얽매어 있지 않는 문자열들이 생성되고 없어지지 않기 때문이다. 하지만 최근 브라우저의 문자열 최적화들은 이렇게 사용했던 문자열 연결 분야에 전혀 다른 상황을 선사한다.

파이어폭스는 문자열 연결을 가장 먼저 최적화한 브라우저이다. 파이어폭스의 1.0 버전에서는 배열 기법을 이용하면 어떤 경우라 하더라도 + 연산자를 쓰는 것보다 더 느린 결과를 가져왔다. 다른 브라우저들 또한 문자열 연결을 최적화하였다. 사파리, 오페라, 크롬 그리고 인터넷 익스플로러 8 또한 + 연산자를 이용했을 때 좋은 성능을 보였다. 인터넷 익스플로러 8 이전의 버전은 최적화에 관련한 작업을 시도하지 않았기 때문에 배열 기법이 더 빠른 결과를 보여주게 된다.

물론, 문자열 연결을 이용할 때마다 브라우저가 반드시 자동으로 감지한다는 것은 아니다. 가장 적절한 문자열 연결 방법을 결정하고자 할 경우 문자열 연결 크기와 연결되는 수 이렇게 두 가지 요소를 고려해야 한다.

그렇다고 문자열 연결이 필요할 때마다 사용자가 어떤 브라우저를 사용하는지 검사해야 브라우저에 따라 다르게 처리해야 함을 뜻하진 않는다. 문자열 연결하는 데 어떤 방법이 가장 적합한지를 판단할 때에는 다음 두 가지를 고려해 봐야 한다. 즉, 연결하고자 하는 문자열의 크기와 연결 횟수이다.

모든 브라우저들은 문자열의 크기가 상대적으로 작고(20 글자보다 적은 경우), 연결할 문자열의 수가 상대적으로 작다면(1,000개보다 적은 경우) + 연산자를 이용할 경우 1밀리초 이하의 시간 안에 문자열 연결을 처리할 수 있다. 이런 상황이라면 아무것도 고려할 필요 없이 그냥 + 연산자를 사용하면 된다.

문자열 길이는 짧으나 문자열 개수가 많아지는 경우 또는 연결해야 할 문자열 개수는 얼마 되지 않지만 문자열 자체의 크기가 커지는 경우 인터넷 익스플로러 7 이하에서의 성능은 상당히 나빠진다. 또한 파이어 폭스에서는 문자열의 길이가 증가할 경우 + 연산자를 이용할 경우와 배열을 이용할 경우의 성능 차이도 줄어든다. 그리고 사파리에서도 문자열의 연결 개수가 증가하면 이 두 기법들 간의 성능 차이가 줄어든다. + 연산자를 이용했을 때 성능 차이가 없는 브라우저는 크롬과 오페라 브라우저뿐이라는 것을 알아두자.

브라우저들에서의 성능의 차이는 존재한다. 이 기법은 타겟 브라우저에 따라, 그리고 어떤 상황이냐에 따라 달라지게 된다. 만약 어떤 사이트의 사용자가 주로 인터넷 익스플로러 6이나 7을 이용하게 된다면 배열을 이용하는 것이 훨씬 더 낫다. 왜냐하면 이 기법이 가장 많은 사람들에게 영향을 줄 수 있기 때문이다. 다른 브라우저에서 배열 기법 때문에 잃는 성능은 인터넷 익스플로러에서 얻을 수 있는 성능보다 훨씬 적으므로 브라우저의 버전과 특정한 경우를 다 따로 처리하기보다는 사용자가 사용하는 브라우저가 무엇인지에 따라 어떤 기법을 사용하는 것이 좋을지 저울질해 보길 바란다. 하지만 대부분의 경우 + 연산자를 사용하는 것을 더 추천한다.

문자열들의 공백 제거

자바스크립트의 문자열에서 가장 불편한 기능 중에 하나가 바로 공백이나 여백을 없애기 위해서 제공되는 메서드가 없다는 것이다. 대부분 다음과 같은 함수를 구현하여 이용할 것이다.

```javascript
function trim(text){
    return text.replace(/^\s+|\s+$/g, "");
}
```

이 함수는 문자열의 끝과 처음에 하나 이상의 공백과 매칭하는지 확인하는 정규식이다. 이 문자열의 replace 함수는 앞의 문자열과 매칭되는 것이 있으면 빈 문자열로 바꾸게 된다. 하지만 이 구현은 정규식을 기반으로 한 성능적 이슈를 가지고 있다. 앞의 코드에서 정규식으로 얻은 공백을 replace 함수를 이용해 빈 문자로 대치시킨다. 하지만 이 코드는 정규식의 사용으로 인한 성능 문제가 있다.

이 성능 문제는 정규식의 다음 두 가지 특성들에 기인한다. 이 중 하나는 바로 파이프 연산자로 찾고자 하는 문자열 패턴이 두 가지임을 나타낸다. 그리고 하나는 g 플래그 인자인데 이것은 패턴이 전역적으로 적용되어야 함을 나타낸다. 이를 바탕으로 앞의 정규식을 다음과 같이 둘로 쪼갠 후 g를 없애면 조금 더 빠르게 할 수 있다.

```javascript
function trim(text){
    return text.replace(/^\s+/, "").replace(/\s+$/, "");
}
```

하나의 메서드를 호출하는 것 대신에 2개의 replace 메서드를 이용해서 각각의 정규식을 이용하는 것이 더 간단하고 따라서 더 빠르다. 그렇기 때문에 이 메서드를 이용하는 것 자체도 빠르지만 여기서 추가로 이 메서드를 조금 더 최적화하는 것이 가능하다.

스티븐 레비탄(http://www.stevenlevithan.com) 사이트에서는 자바스크립트에서 trim을 이용하는 가장 빠른 방법을 연구하여 발표하였다. 다음 코드를 살펴보자.

```javascript
function trim(text){
    text = text.replace(/^\s+/, "");
    for (var i = text.length - 1; i >= 0; i--) {
        if(/\S/.test(text.charAt(i))) {
            text = text.substring(0, i + 1);
            break;
        }
    }
```

```
        }
        return text
    }
```

이 trim 함수는 다른 어떤 함수보다 일관되게 좋은 성능을 보인다. 이런 속도 향상의 핵심은 바로 정규식을 최대한 간단하게 만드는 것이다. 첫 번째 줄에서 앞부분의 공백을 제거한다. 그리고 나서 for 반복문에서 나머지 공백들을 제거하게 된다. 반복문은 굉장히 간단한 정규식을 사용하게 되는데 이 반복문은 공백이 아닌 문자를 찾는다. 여기서 얻은 정보를 이용해 특정 문자를 제거하거나 반복문에서 빠져 나오도록 한다. 이 함수의 결과는 앞에서 살펴봤던 검사 방법보다 빠르게 수행된다. 레비탄(Levithan)의 포스트를 참고하면 완벽하게 분석해 놓은 로직들을 살펴볼 수 있다. (http://blog.stevenlevithan.com/archives/faster-trim-javascript)

문자열 연결에서처럼 문자열의 공백을 제거하는 속도의 문제는 이런 작업을 자주 실행할 경우에만 문제가 된다. 여기서 소개했던 두 번째 trim 함수는 작은 문자열을 이용해서 몇 번 호출한다면 크게 문제되지 않을 것이다. 그리고 세 번째 trim 함수는 긴 문자열을 이용할 경우에 두드러진 성능 효과를 볼 수 있을 것이다.

> **✱ 참고**　ECMAScript 3.1이라고 불리는 자바스크립트의 다음 버전 ECMAScript 명세서에서는 문자열을 위한 trim 함수가 지원될 것이다. 여기서 지원되는 함수는 분명 여기서 소개한 어떤 함수보다 더 좋은 성능을 낼 수 있을 것이다. 때문에 이 버전을 이용할 수 있다면 우리는 이 함수를 이용해야 할 것이다.

오랜 시간 동작되는 스크립트를 피하라

자바스크립트에서 성능에 가장 치명적인 이슈 중에 하나가 바로 코드가 실행되는 동안에 웹페이지가 얼어버리는 것이다. 왜냐하면 자바스크립트는 단일 스레드를 기반으로 하는 언어이기 때문에 하나의 창 혹은 하나의 탭당 하나의 스크립트만 동작시킬 수 있다. 즉, 이 말은 자바스크립트가 실행되는 동안에는 사용자의 모든 동작을 멈추게 할 수 있다는 것이다. 자바스크립트가 실행되는 동안에 페이지의 구조를 변경할 수도 있기 때문에, 다시 말해 사용자의 반응을 무시하거나 수정할 수 있는 가능성이 있기 때문에 브라우저의 기능에 있어서 상당히 중요하다는 것이다.

만약 자바스크립트 코드에 특별히 신경을 쓰지 않는다면 웹페이지가 장시간 멈춰버릴 수 있는 가능성이 존재한다. 대부분의 브라우저들은 오래 실행되는 스크립트들을 감지할 것이고 스크립트가 계속 실행되는 것을 허용할 것인지 사용자에게 대화상자를 띄워 묻게 된다.

정확히 어떤 경우에 브라우저가 스크립트가 너무 오랫동안 실행 중임을 알리는 대화 상사를 보여주는지는 브라우자마다 다르다.

- 인터넷 익스플로러는 스크립트에 의해 실행된 문장의 수를 모니터링한다. 그리고 실행된 문장의 수가 최대수보다 더 많이 실행되었을 경우(기본으로 설정된 최대값은 5백만), 다음 그림 7-7과 같은 대화상자를 띄우게 된다.

- 파이어폭스는 스크립트가 실행되고 있는 시간을 모니터링 한다. 그리고 스크립트가 기본적으로 지정된 시간 10초보다 오랫동안 실행될 경우에 대화상자를 보여주게 된다.

- 사파리 또한 스크립트가 실행되고 있는 시간을 통해 너무 오랫동안 실행 중인지 판단한다. 기본적으로 설정된 시간은 5초이며 그 시간이 지나게 되면 대화상자를 보여주게 된다.

- 크롬 1.0 버전에서는 자바스크립트의 실행 시간을 제한하지 않고 있다. 메모리를 다 써버리면 프로세스가 죽는다.

- 오페라는 긴 시간 동안 실행되는 자바스크립트에 대한 어떠한 보호 작업도 하지 않는 유일한 브라우저이다. 스크립트의 동작이 완료될 때까지 허용한다.

그림 7-7 | 인터넷 익스플로러 7의 대화상자

만약 긴 자바스크립트를 실행했을 때의 대화상자를 보게 된다면 이것은 자바스크립트를 다시 짜야한다는 신호다. 일반적으로 말해서 한 번에 진행되는 스크립트의 실행시간은 100밀리초보다 길지 않아야 한다. 이것보다 더 길면 사용자는 웹페이지가 느린 것처럼 느낄 것이다. 자바스크립트를 개발한 브렌단 아이크(Brendan Eich)는 이런 말을 했던 적이 있다. "자바스크립트의 실행이 (밀리초가 아닌) 초 단위의 시간 동안 실행된다면 그것은 무언가 잘못된 것이다"

이렇게 오래 실행되는 대부분의 이유는 다음과 같다.

너무 많은 DOM 작업

DOM을 다루는 것은 그 어떤 자바스크립트보다 많은 비용을 필요로 한다. DOM의 동작을 최소화하면 자바스크립트의 시간을 줄일 수 있다. 대부분의 브라우저들은 스크립트의 실행이 끝난 후에 DOM을 업데이트한다. 왜냐하면 사용자에게 웹페이지의 반응이 느려지는 것을 감지하지 않게 하기 위해서이다.

너무 많은 일을 하는 반복문

너무 긴 시간 동안 실행되거나 각각의 반복마다 너무 많은 연산을 수행하는 반복문들은 너무 오랜 시간 동안 실행되는 스크립트 문제를 일으킨다. 이것은 가능하면 기능빌로 분리하는 것이 도움을 줄 수 있다. 빈복문에서 DOM을 다루거나 할 경우에 브라우저는 긴 스크립트 실행 경고 대화상자 없이 멈추어 버릴 수도 있다.

너무 많은 재귀 함수의 사용

자바스크립트 엔진은 스크립트가 재귀 호출될 수 있는 횟수를 제한하고 있다. 재귀 호출이 필요하지 않도록 코드를 수정하면 이 문제를 아예 피할 수 있다.

앞서 설명한 내용들을 감안한 상태에서 간단한 코드 리팩터링만 해주어도 스크립트가 너무 오랫동안 실행되는 것을 방지할 수 있다. 하지만 웹 애플리케이션의 올바른 동작을 위해 실행하는 데 긴 시간이 소요되는 작업을 꼭 수행해야만 하는 경우가 있을 수 있다. 이런 경우 다음 단락에서 설명하는 것처럼 해당 코드를 주기적으로 쉬거나 잠시 중단할 수 있도록 구조를 변경해야 한다.

타이머를 이용하여 유연하게 만들기

자바스크립트가 단일 스레드로 구성된 환경이라는 뜻은 주어진 시간 동안에 하나의 탭이나 창에서 하나의 스크립트만 실행시킬 수 있다는 것이다. 이 시간 동안에 사용자의 반응은 처리될 수 없기 때문에 자바스크립트가 너무 긴 시간 동안 실행되지 않도록 중간에 쉬도록 해 주어야 한다. 간단한 웹페이지에서는 사용자의 입력이 들어오면 반응이 자연스럽게 처리될 것이다. 하지만 복잡한 웹 애플리케이션에서는 종종 휴식 시간을 삽입할 필요가 있다. 이것을 적용하는 가장 쉬운 방법이 바로 타이머를 이용하는 것이다.

타이머는 setTimeout이라는 함수를 이용해서 만들고 실행할 함수와 해당 함수를 실행할 때까지의 대기 시간을 지정한다. 그리고 그 대기 시간이 지나게 될 경우 코드는 큐에 삽입된다. 자바스크립트 엔진은 이 큐를 통해서 다음에 어떤 일을 해야 할지를 결정하게 된다. 스크립트가 끝나게 될 경우 자바스크립트 엔진은 다른 브라우저 작업을 허용하게 된다. 웹페이지는 일반적으로 이 시간 동안에 스크립트를 통해서 수정된 것들을 업데이트하게 된다. 그렇게 화면을 적용하고 난 뒤에 자바스크립트 엔진은 큐에 있는 작업을 확인하게 된다. 만약 다른 스크립트가 기다리고 있다면 이것을 실행하면서 이 작업을 반복하게 될 것이다. 만약 더 이상의 실행이 없다면 자바스크립트 엔진은 큐 안에 다른 작업이 쌓이기 전까지 대기하게 된다.

타이머를 생성하면 실제로는 해당 코드가 나중에 실행되도록 자바스크립트 엔진의 큐에 추가되도록 예약을 하는 것이다. 정확히는 setTimeout을 호출할 때 지정한 시간이 지난 후에 추가된다. 여기서 중요한 점은 타이머를 사용한다는 것이 코드의 실행을 나중으로 미룬다는 것을 의미하며 장시간 실행되는 스크립트의 제한을 원상복구 시켜준다는 것이다. 다음의 코드를 보자.

```
window.onload = function(){
    //페이지 로드

    //첫 번째 타이머를 만든다.
    setTimeout(function(){

        //지연되는 스크립트 1
        setTimeout(function(){

            //지연되는 스크립트 2
        }, 100);

        //지연되는 스크립트 1 반복
    }, 100);
}
```

이 예제에서 페이지가 로드될 때 스크립트는 실행된다. 이 스크립트는 setTimeout를 호출함으로써 첫 번째 타이머를 생성한다. 타이머가 생성되면 여기서 setTimeout을 다시 한 번 호출함으로써 두 번째 타이머를 생성한다. 하지만 두 번째로 대기되었던 스크립트는 첫 번째 실행이 끝나고 브라우저의 화면을 업데이트하기 전까지 실행하지 않는다. 다음 그림 7-8은 이 코드의 실행 시간을 도식화하여 보여주고 있고 여기서 같은 시간 동안에 동시에 실행되지 않는 것을 볼 수 있다

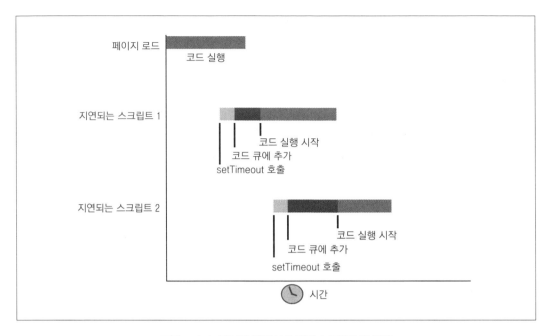

그림 7-8 | 타이머 안에서의 자바스크립트의 실행

이 예제에서 스크립트는 페이지가 로드될 때 실행된다. 실행될 때 먼저 setTimeout을 호출하여 첫 번째 타이머를 만든다. 이 타이머가 실행되면 다시 한 번 setTimeout을 호출하여 두 번째 타이머를 만든다. 하지만 이 두 번째로 지연 실행되는 스크립트는 첫 번째 타이머의 스크립트가 완료되고 브라우저가 화면을 갱신할 때까지는 실행될 수 없다. 그림 7-8에서 방금 설명한 내용의 순서도를 볼 수 있는데 동시에 실행되는 스크립트가 없음을 알 수 있다.

타이머가 바로 자바스크립트 코드를 쪼개어 실행할 수 있게 해주는 사실상의 업계 표준인 셈이다. 어떤 스크립트가 조금이라도 오래 걸린다 싶으면 코드의 일부를 나중에 지연 실행되도록 하면 된다.

setTimout에 매우 작은 시간을 설정할 경우 브라우저를 응답불가능의 상태로 만드는 원인이 될 수 있다는 것을 알아두자. 즉, 0밀리초의 지연은 브라우저가 화면을 업데이트하기 위해 충분한 시간이 되지 못한다는 것이다. 일반적으로 50과 100초 사이의 대기 시간을 설정하는 것이 적절하며 이 정도 시간이면 브라우저가 화면을 업데이트하는 데 충분한 시간을 줄 수 있다.

유연한 작업을 위한 타이머 패턴

배열 처리는 실행 시간이 긴 스크립트의 흔한 원인이 되고는 한다. 왜냐하면 이 작업은 배열의 각각의 항목을 일일이 처리해야 하기 때문인데 실행시간은 배열 항목의 개수에 비례하여 증가한다. 만약 배열 처리가 동기적으로 처리되지 않아도 된다면 타이머를 이용해서 분리시킬 수 있는 좋은 대상이 된다.

필자의 책 'Professional JavaScript for Web Developers, Second Edition (Wrox)'에서 사용했던 간단한 함수를 이용해보도록 하겠다. 이 함수는 타이머를 이용해서 배열의 처리를 분리하고 있다.

```javascript
function chunk(array, process, context){
    setTimeout(function(){
        var item = array.shift();
        process.call(context, item);

        if (array.length > 0){
            setTimeout(arguments.callee, 100);
        }
    }, 100);
}
```

chunk 힘수는 세 개의 피리미터를 받고 있다. 하나는 처리할 배열 그리고 배열의 가 항목을 처리할 함수 그리고 마지막으로 실행할 배열 처리 함수가 참조해야 할 수도 있는 내용을 context 인자로 넘긴 다(기본적으로, setTimeout 안에서 실행되는 모든 함수는 전역적인 컨텍스트 안에서 실행되며 이것 은 window와 동일하다). 각각의 항목의 처리는 타이머를 이용해서 실행되고 각각의 항목이 실행될 때마다 잠시 멈춘다. 다음에 처리될 항목은 배열의 가장 앞의 항목이고 처리된 항목은 실행 전에 삭제 된다. 그 이후에 처리할 항목이 존재하는지 확인하고 만약 그렇다면 새로운 타이머가 생성되고 그 함 수는 arguments.callee을 통해서 호출된다. chunk 함수는 "To Do" 리스트의 항목을 처리하듯이 배 열을 이용하기 때문에 처리가 완료되었을 때 그 값을 수정하게 된다는 것을 알아두자. 이 chunk 함수 는 다음과 같이 이용할 수 있다.

```javascript
var names = ["Nicholas", "Steve", "Doug", "Bill", "Ben", "Dion"],
    todo = names.concat(); //배열 복사
chunk(todo, function(item){
    console.log(item);
});
```

이 예제는 콘솔에 배열의 이름을 하나씩 출력한다(이 콘솔은 파이어버그가 설치된 파이어폭스, 인 터넷 익스플로러 8+, 사파리 2+, 모든 버전의 크롬에서 확인할 수 있다). 앞의 코드에서 배열의 각 항목

을 처리하는 함수는 매우 짧지만 이보다 더 복잡한 코드를 사용하는 것도 간단하다. 이렇게 긴 배열과 각 항목을 처리하는 데 상당량의 시간이 소요되는 작업을 처리하는 데에는 chunk 함수가 제격이다.

다른 유명한 패턴은 타이머를 이용해서 작지만 큰 연산을 순차적으로 처리하는 패턴이다. 줄리엔 레콤테(Julien Lecomte)는 그의 블로그 "Running CPU Intensive JavaScript Computations in a Web Browser" (http://www.julienlecomte.net/blog/2007/10/28/)에서 이 패턴을 제시했다. 이 블로그에서는 버블 소트(Bubble Sort)라는 비효율적인 알고리즘을 이용해서 긴 스크립트의 실행 문제 없이 큰 데이터를 정렬하는 방법을 보여주었다. 레콤테의 코드의 일부는 다음과 같다.

```
function sort(array, onComplete){
    var pos = 0;
    (function(){
        var j, value;
        for (j=array.length; j > pos; j--){
            if (array[j] < array[j-1]){
                value = data[j];
                data[j] = data[j-1];
                data[j-1] = value;
            }
        }
        pos++;
        if (pos < array.length){
            setTimeout(arguments.callee,10);
        } else {
            onComplete();
        }
    })();
}
```

이 sort 함수는 정렬 처리를 위해 배열을 쪼개어 처리하고 이 작업이 처리되는 동안에 브라우저는 계속해서 기능을 수행하는 것이 가능하다. 첫 번째 작업을 수행하기 위한 익명 함수는 바로 호출되고 그 다음부터의 호출은 setTimeout의 arguments.callee을 이용하여 호출된다. 그리고 배열이 모두 정렬되고 난 뒤에는 onComplete 함수가 호출됨으로써 개발자에게 알려주고 개발자는 정렬된 데이터를 이용하는 것이 가능하다. 이 함수를 다음과 같이 사용할 수 있다.

```
sort(values, function(){
    alert("Done!");
});
```

큰 배열의 정렬 작업을 수행할 경우 브라우저 안에서의 반응의 차이는 금방 확인할 수 있을 것이다.

요약

자바스크립트의 실행 속도는 코드가 어떻게 작성되었느냐에 따라서 많이 달라진다. 이번 장에서는 자바스크립트 코드의 실행 속도를 높이는 여러 가지 방법들을 설명했다.

- 코드의 유효 범위를 올바르게 관리하는 것은 매우 중요하다. 왜냐하면 현재 유효 범위(Scope) 밖에 있는 변수에 접근 하는 것은 지역 변수에 접근하는 것보다 더 오래 걸리기 때문이다. 따라서, try-catch 문의 catch 절이나 with 문처럼 이 유효 범위 체인을 증대시키는 코드를 피하는 것이 좋다. 현재의 유효 범위 밖에 있는 값을 두 번 이상 사용한다면 성능 저하를 최소화할 수 있도록 이 값을 지역 변수에 저장하자.

- 데이터를 어떻게 저장하고 읽어 오느냐에 따라 작성하는 스크립트의 성능에 매우 큰 영향을 미친다. 문자 상수와 지역 변수는 어떤 경우에라도 가장 빠르다. 배열에 들어 있는 항목과 객체의 속성을 읽을 때에는 성능에 영향을 준다. 배열의 한 항목 또는 객체의 속성을 두 번 이상 사용하는 경우 지역 변수에 저장하면 해당 값에 접근하는 속도를 조금 더 빠르게 할 수 있다.

- 코드의 흐름 제어 또한 스크립트의 실행 속도에 영향을 미치는 중요한 요소 중 하나이다. 조건문을 처리하는 방법에는 다음 세 가지가 있다. if 문, switch 문 그리고 배열 참조이다. if 문은 적은 수의 특정 값들 또는 적은 범위의 값들을 사용하는 경우에 가장 좋다. switch 문은 검사해야 할 값들이 3개에서 10개 정도의 특정 값들인 경우에 가장 좋다. 배열 참조는 검사해야 할 값들이 많은 때 가장 효율적인 방법이다.

- 자바스크립트에서 반복문은 병목현상을 가져올 수 있다. 반복문을 가장 효율적으로 만들기 위해서 항목들의 진행순서를 뒤집음으로써 반복자가 0인지를 비교하는 구문을 이용할 수 있다. 0과 비교하는 것이 0이 아닌 숫자와 비교하는 것보다 훨씬 더 빠르기 때문에 반복문에서 배열을 처리하는 작업을 더 빠르게 할 수 있다. 반복 횟수가 매우 많은 경우 속도를 더 향상시키기 위해 더프의 장치를 사용해 보는 것도 고려해 볼 만하다.

- HTMLCollection 객체를 이용할 때는 주의해야 한다. 이런 객체의 속성에 접근할 때마다 이에 맞는 항목을 불러오기 위한 쿼리가 실행된다. 이는 매운 비싼 작업으로 HTMLCollection의 속성을 꼭 필요할 때만 접근하거나 자주 사용하는 값들(가령 length 속성)을 지역 변수에 따로 저장하는 등의 방법을 통해 피할 수 있다.

■ 일반적인 문자열 연산은 성능에 있어서 의도하지 않게 많은 영향을 줄 수 있다. 문자열 연결은 다른 브라우저들보다 인터넷 익스플로러에서 더 많이 느리다. 하지만 1,000개 이상의 문자열 연결을 이용하는 것이 아니라면 크게 걱정할 필요는 없다. 문자열 연결은 배열을 이용한 뒤에 join()을 이용해서 합치는 방법을 통하여 인터넷 익스플로러에서 최적화하는 것이 가능하다. 앞뒤 공백을 제거하는 Trimming 작업 또한 많은 비용을 필요로 하고 이것 또한 문자열 길이에 의존적이다. 만약 이런 문자열 작업이 스크립트의 많은 부분을 차지하고 있다면 가장 좋은 알고리즘을 선택하여 최적화하는 것이 좋다.

■ 브라우저는 자바스크립트가 얼마나 오랫동안 실행될 수 있는지를 제한하며 보통 실행 문장의 수나 실행 시간으로 제한을 한다. 하지만 이러한 제한은 타이머를 이용해서 작업을 분리함으로써 피하는 것이 가능하고 스크립트가 오랫동안 실행될 때 보여지는 경고로부터 예방하는 것이 가능하다.

08

코멧을 이용한 확장

• 다일란 쉬만(Dylan Schiemann) •

가끔 Ajax는 충분히 빠르지 않다.

서버에서 클라이언트로 데이터를 비동기로 보내게 될 경우에는 Ajax를 쓰기 부적전한 상황이 있다. 코멧(Comet)은 프로토콜을 설명하는 하나의 용어로, 보이지 않게 데이터를 전송하는 기술이라 할 수 있다. 코멧은 원래 정의된 기술용어가 아닌 알렉스 러셀(Alex Russell)로부터 이 용어가 정의되었다.[1]

코멧의 용도는 원하는 시간에 서버의 데이터를 클라이언트에 전달하는 기술을 말한다. 이렇게 될 경우 고전적인 Ajax 기술을 보다 빠르게 개선시킬 수 있고 또한 이벤트 기반의 웹 애플리케이션을 개발하는 것이 가능해질 것이다.

Ajax와 뒷단의 HTTP 요청은 최근 웹사이트에서 성능을 높이기 위한 기술로 이용되는 것은 분명하다. 하지만 브라우저와 HTTP 프로토콜 안에서 이용되는 고전적인 Request/Response 패턴은 채팅이나 주식정보와 같은 실시간 애플리케이션을 개발하기에는 분명 큰 한계가 있다. 하지만 사용자의 경험을 보다 좋게 확장시키기 위해서는 반드시 이러한 기능들이 필요한 것이 현실이다.

이번 장에서는 코멧을 다루는 방법과 각 기술별로 성능을 높일 수 있는 방법에 대해 살펴볼 것이다. 또한 다른 웹 애플리케이션에서 코멧을 구현할 때의 이슈와 코멧의 크로스 도메인 문제를 해결하는 방법에 대해서 자세히 살펴볼 것이다.

---

1   Ajax와 코멧은 둘 다 백그라운드 단의 기술이라 할 수 있다.

코멧의 작동 원리

코멧(Comet)은 일반적인 HTTP 스펙의 몇 가지 기능을 이용해서 구현한다. 더 오래 연결하고 있는 커넥션 관리와 서버에서의 커넥션 관리를 통해서 코멧은 고전적인 웹서버보다 더 빠르게 데이터를 전달할 수 있고 클라이언트와 서버 사이에서의 부하 역시 줄일 수 있다.

사이트 규모가 클 경우 당연히 비동기 커넥션을 다루어야 한다. 왜냐하면 고전적인 웹서버의 아키텍처의 경우 연결당 하나의 스레드를 이용하게 되기 때문이다. 하지만 더 많은 동시 연결을 위해서 코멧 서버는 일반적으로 OS에 따라 libevent[2], epoll[3], kqueue[4]와 같은 이벤트 라이브러리를 이용하게 된다. OS는 Select와 Poll과 같은 전통적이고 다양한 방법으로 비동기 I/O 요청들을 처리한다. 그리고 OS에서 동작되는 애플리케이션은 이러한 방법을 통해서 읽고 쓰는 것이 막히는 것을 피할 수 있다.

그렇다면 애플리케이션의 규모가 크다는 것은 무엇을 의미하는 것일까? 또한 코멧을 이용했을 때 어떤 수확을 걸을 수 있는 것일까? 하루에 50,000명이 방문하는 사이트가 있다고 해보자. 그리고 일반적으로 커넥션 시간이 3분이라고 한다면 평균 92개의 커넥션이 열려 있는 것이다. 이 숫자는 서버의 최대 스레드 숫자를 넘을 수도 있겠지만 92개의 스레드는 고성능의 웹사이트에 대해서는 크게 문제될 여지가 없다.

코멧 기반의 고성능의 웹사이트를 위해서 한 커넥션당 하나의 스레드를 이용하는 것은 문제가 될 가능성이 많이 있다. 먼저 코멧 서버들은 한 스레드당 드는 리소스에 대한 오버헤드가 생길 수 있을 것이다. 하나의 예로 ErlyComet[5]이라는 라이브러리는 얼랭(Erlang)으로 만들어졌으며 가상 머신과 마이크로스레드 기반으로 동작된다. 커넥션은 프로세스로부터 처리되기 때문에 얼랭의 같은 경우 프로세스와 통신하면서 각각의 메시지를 파싱하게 된다. 그래서 얼랭은 다른 서버들과의 통신이라 하더라도 쉽게 커넥션의 수를 확장하는 것이 가능하다.

이와 대조적으로 PHP는 스레드 모델이기 때문에 코멧의 서버 언어를 선택할 수 있는 여지가 많지 않다. 대부분의 PHP 웹 애플리케이션은 Off-Board 방식[6]의 코멧을 이용하게 된다. 이것을 만들기 위해서 코멧 클라이언트는 PHP 언어 기반으로 만들게 되고 다른 언어로 만들어진 코멧 서버와 통신을 하게 된다. 이때 코멧 서버와 통신하기 위한 프로그래밍 언어에 대해서는 크게 문제될 것이 없다. C나

---

2   http://monkey.org/~provos/libevent/

3   http://linux.die.net/man/4/epoll

4   http://people.freebsd.org/~jlemon/papers/kqueue.pdf

5   http://code.google.com/p/erlycomet/

6   http://cometdaily.com/2008/05/22/on-board-vs-off-board-comet/

얼랭(Erlang), 파이썬(Python)과 같은 언어들은 코멧 서버를 만들기에 적당할 것이고 자바(Java) 또한 Comet 서버를 만드는 것이 가능하다. On-board는 웹서버와 코멧 서버가 같은 곳에 존재할 때 이용되는 방법이다.

On-Board 코멧은 무엇보다도 심플함을 제공하고 같은 도메인 기반으로 주로 이용되는 데 비해서 Off-Board 코멧은 보다 큰 웹사이트나 보다 적절한 코멧 성능을 내기 위해서 사용된다고 할 수 있다. 예를 들어 페이스북(Facebook)의 채팅과 같은 기능은 아마 Off-Board 방법을 이용할 것이다. 하지만 Meebo와 같은 사이트는 On-Board를 이용할 것이다.

클라이언트에서 이용되는 기술에는 폴링, 롱 폴링, Iframe, XHR 스트리밍 그리고 곧 나오게 될 WebSocket 같은 것들이 있다. 코멧 커넥션과 그리고 클라이언트와 서버 사이의 메시지를 주고받기 위한 프로토콜로 이러한 기술들을 이용할 수 있다. 그리고 Dojo 툴킷이나(http://dojotoolkit.org/) js.io(http://js.io/)와 같은 툴킷을 이용해서 보다 간단히 사용할 수도 있겠지만 이러한 기술들을 바로 이용하다 보면 코멧의 성능을 최적화한다거나 어떻게 동작되는지 이해하기 힘들 것이다.

전송기법

필자는 코멧의 기본이 되는 데이터를 전달하는 4가지 구현 방법에 대해서 설명할 것이다. 이 네가지는 폴링(Polling), 롱 폴링(Long Polling), 포에버 프레임, XHR 스트리밍이다. 그럼 먼저 폴링부터 살펴보도록 하자.

폴링

네트워크 통신을 처리하다 보면 서버당 허용되는 커넥션의 숫자 때문에 쉽게 막히거나 데드락(deadlock)이 발생하게 된다. 원시적인 방법으로 개발자들은 커넥션의 제한을 없애기 위해서 폴링을 이용하게 된다. 즉, 웹사이트에서 특정 시간마다 서버에 요청을 보내어 새로운 정보를 업데이트하는 방법이다. 다음은 아주 간단한 폴링 예제를 보여주고 있다. [7]

```
setTimeout(function(){xhrRequest({"foo":"bar"})}, 2000);

function xhrRequest(data){
    var xhr = new XMLHttpRequest();
```

---

7 간단하게 구현하기 위해서 우리는 추가적인 예외 같은 부분을 무시하였다. 하지만 대부분의 자바스크립트 라이브러리는 Ajax/XHR 요청을 제공하고 동작되는 코드는 아마 다를 것이다.

```
//데이터 요청 보내기
xhr.open("get", "http://localhost/foo.php", true);
xhr.onreadystatechange = function(){
    if(xhr.readyState == 4){
        // 서버로부터 업데이트하기
    }
};
xhr.send(null);
}
```

성능에 있어서 제일 좋지는 못하지만 가장 간단하게 코멧을 구현할 수 있다.

롱 폴링

폴링(Polling)은 특정 시간마다 서버 쪽으로 메시지를 요청하는 방식이다. 예를 들어 특정 주식의 정보를 5초마다 업데이트하고 싶다면 특정 시간에 5초마다 서버로 요청을 보내게 되는 것이다. 하지만 주식의 정보가 변하지 않고 그대로인데도 HTTP 요청을 보낸다면 이것은 서버 CPU와 대역폭을 낭비하게 되는 것이다. 따라서 폴링은 특정 시간을 주기로 서버에 요청을 보낸다 하더라도 충분히 오버헤드를 줄 수 있기 때문에 신중하게 생각해 봐야 할 문제이다. 서버가 이전 데이터 요청에 대해서 아직 응답을 보내지 않았는데 두 번째 혹은 세 번째 요청이 왔다고 생각해보자. 이럴 경우 추가적인 요청들은 무용지물이 될 것이다. 물론, 폴링 간격을 조절해서 부하를 줄일 수 있다고 생각할 수도 있겠지만 더 적합한 코멧 방법을 이용하는 것이 좋을 것이다.

폴링보다는 더 좋은 방법이 바로 롱 폴링(long polling)을 이용하는 것이다. 즉, 브라우저가 서버로 요청을 보내고 서버는 요청한 데이터가 변경되었을 때만 응답을 보내게 되는 모델이다. 롱 폴링을 이용하기 위해서 서버는 연결된 커넥션과 응답을 처리하지 않은 요청 리스트들을 가지고 있어야 한다. 서버는 Transfer-Encoding: chunked나 Connection: close라는 응답을 반환함으로써 요청한 커넥션들을 유지할 수 있다. 데이터가 변경되었고 특정 클라이언트로부터 보낼 준비가 되면 이 커넥션들을 확인해서 브라우저로 응답을 보내게 된다. 그리고 브라우저는 즉시 서버로부터의 응답을 처리하게 된다. 만약 커넥션이 끊겼다면 클라이언트는 서버로부터 연결을 다시 맺으려 시도하게 된다. 만약 폴링처럼 요청/응답 주기가 클라이언트로부터 초기화된다 하더라도 데이터는 클라이언트가 아닌 서버의 스케줄에 의해서 전달되게 된다. 즉, 서버에서 클라이언트로 보내는 시나리오가 만들어지게 되는 것이다. 추가적으로 서버에 대한 부하는 크지 않을 것이다. 왜냐하면 클라이언트는 실제로 응답이 오기 전까지는 추가적인 요청을 보내지 않을 것이기 때문이다. Meebo(http://www.meebo.com/) 사이트에서 제공하는 클라이언트 채팅이 바로 롱 폴링(Long Polling) 기반으로 동작되고 있다.

롱 폴링을 구현하는 일반적인 방법은 코멧 클라이언트를 이용하는 것이다. 하지만 코멧 클라이언트는 일반적으로 자바스크립트만 이용해서 구현하지는 않는다. 그리고 코멧 서버는 모든 언어로 구현하는 것이 가능하다. 그렇다면 어떻게 코멧 클라이언트를 만들 수 있을까? 다음 코드는 롱 폴링에 대한 예제를 보여주고 있다.

```
function longPoll(url, callback) {
    var xhr = new XMLHttpRequest();
    xhr.onreadystatechange = function() {
        if (xhr.readyState == 4) {
            // 서버로 재연결 요청보내기
            callback(xhr.responseText);
            xhr.open('GET', url, true);
            xhr.send(null);
        }
    }
    // 서버로 요청 연결하기
    xhr.open('POST', url, true);
    xhr.send(null);
}
```

longpoll 메서드를 살펴보면 주어진 URL을 이용해서 XMLHttpRequest를 생성한다. 그리고 XHR의 readyState가 4라면 데이터가 반환된 것으로 정의하였다. 여기서 우리는 새로운 커넥션을 오픈하였고 반환되는 새로운 데이터를 위해서 콜백 함수로 응답을 보내게 된다.

이 방법이 일반적으로 많이 사용하는 방법 중에 하나이다. 그리고 또한 무용한 요청들을 없애 버리게 되기 때문에 사용자는 직접 확인이 가능하다.[8]

하지만 폴링과 롱 폴링 둘 다 전통적인 웹서버의 문제를 가지고 있다. 바로 오랫동안 연결되어 있는 커넥션을 최적화하지 못하기 때문이다. 커넥션은 가능한 빨리 열고 닫혀야 한다. 예를 들어 아파치의 경우 한 서버당 10,000개의 동시 커넥션을 처리할 수 있도록 설계되어 있다. 때문에 좋은 코멧 서버의 경우 50,000 이상의 수를 처리할 수 있어야 할 것이다. 지금 판매되는 유료 제품이나 오픈소스 또한 이러한 문제를 가지고 있다. 하지만 다행히도 Comet Maturity Guide(http://cometdaily.com/maturity.html)에서는 각 제품들을 비교한 표를 제공하고 있다.

폴링과 롱 폴링을 최적화하는 다른 방법이 있다. 예를 들어 Meebo는 롱 폴링과 폴링을 섞어서 구현하였고 여기에는 커넥션의 최대 지속 시간을 지정하였기 때문에 클라이언트와 서버는 둘 다 끊어진

---

8   http://cometdaily.com/2007/11/06/comet-is-always-better-than-polling/

커넥션을 쉽게 다시 붙이는 것이 가능하다. 그리고 스마트 폴링이라고 부르는 방법을 이용해서 성능을 최적화할 수도 있다. 이 방법은 데이터를 받지 못했을 때 계속해서 요청을 보내는 것을 줄일 수 있다. 예를 들어 매초마다 데이터를 요청했지만 데이터가 각각의 요청별로 응답이 비어 있을 경우 각각의 요청을 연기할 수 있을 것이다. 마지막으로 만약 롱 폴링 커넥션을 열고 XHR을 만들어야 한다면 언제나 자유롭게 커넥션을 닫고 롱 폴링 커넥션을 시작할 수 있다.

커넥션의 연결 개수를 제한할 것인지 아니면 코멧 서버에 과도한 무리를 주는 것은 아닌지에 대해서 신중하게 선택해야 할 것이다.

포에버 프레임

롱 폴링은 최근에 자주 사용되는 기술이지만 이런 코멧은 포에버 프레임 기반으로 동작된다고 볼 수 있다. 숨겨진 Iframe이 열리게 되고 HTTP 1.1의 chunked 인코딩 기반으로 요청이 만들어진다. Chunked 인코딩은 큰 문서를 전송할 때 로딩을 표시하기 위해서 만들어진 기능이기 때문에 포에버 프레임에서 유용하게 사용할 수 있는 기능이라 할 수 있다. 자, 그럼 간단한 예제를 살펴보도록 하자.[9]

```
function foreverFrame(url, callback) {
    var Iframe = body.appendChild(document.createElement("Iframe"));
    Iframe.style.display = "none";
    Iframe.src = url + "?callback=parent.foreverFrame.callback";
    this.callback = callback;
}
```

그리고 다음과 같은 메시지를 서버로부터 받을 수 있을 것이다.

```
<script>
parent.foreverFrame.callback("the first message");
</script>
<script>
parent.foreverFrame.callback("the second message");
</script>
```

각각의 스크립트는 부모의 코멧 클라이언트를 호출하는 함수를 호출하는 코드를 포함해서 보내주게 되고
 요소나 공백들의 렌더링을 위해서 다양한 브라우저 핵들이 필요할 것이다(12장에서 Chunked 인코딩과 브라우저의 예외 사항에 대해서 더 자세히 살펴보도록 하겠다). 굉장히 큰 파

---

9 (옮긴이) chunked 인코딩은 HTTP1.1에서 새롭게 추가된 헤더로서 서버가 응답할 때 본문 길이가 너무 길어서 패킷을 나눠 보내려고 할 때 사용하게 된다. 때문에 남은 데이터의 양을 표시해주는 기능이 되는 것이다.

일 사이즈의 문서를 Iframe을 통해서 유지하기 위한 최적화 방법 중 하나는 데이터를 파싱한 후에 Iframe 문서의 노드들을 모두 제거하는 것이다.

하지만 포에버 프레임 기술은 인터넷 익스플로러에서 처음으로 심각한 문제에 봉착하게 되었다. 오히려 사용자 경험에 안 좋은 영향을 주게 된다는 것이 이유였다. 왜냐하면 페이지 로드가 성공할 때마다 계속해서 클릭 소리가 나기 때문이다. 하지만 인터넷 익스플로러는 페이지 로드 이벤트와 같은 각각의 Chunked 인코딩 이벤트들을 제공하고 있다. 구글 토크는 htmlfile ActiveX 객체의 이용을 통해서 이 문제에 대한 차선책을 제공하였고 대중화시켰다(http://msdn2.microsoft.com/en-us/library/Aa752574.aspx). 다음 코드는 인터넷 익스플로러에 대한 문제를 해결하는 코드를 보여주고 있다.

```
function foreverFrame(url, callback){
    // http://cometdaily.com/2007/11/18/ie-activexhtmlfile-transport-part-ii/
    // var tunnel을 이용하면 안 된다는 것을 알아 두자.
    htmlfile - new ActiveXObject("htmlfile");
    htmlfile.open();
    htmlfile.write(
        "<html><script>" +
        "document.domain='" + document.domain + "';" +
        "</script></html>");
    htmlfile.close();
    var ifrDiv = tunnel.createElement("div");
    htmlfile.body.appendChild(ifrDiv);
    ifrDiv.innerHTML = "<Iframe src='" + url + "'></Iframe>";
    foreverFrame.callback = callback;
}
```

포에버 프레임을 만든 후에 HTML 문서를 htmlfile 객체에 쓰게 된다. 그리고 크로스 서브도메인의 고멧을 위해서 document.domaim 변수를 설정하게 되고 서브도메인이 아닌 다른 포트의 코멧 서버를 이용해도 된다. Iframe은 htmlfile 바디 안에 생성되고 Iframe 문서는 코멧 서버와의 커넥션을 위해서 이용되게 된다. 이 기술을 이용하면 인터넷 익스플로러라 하더라도 더는 클릭 이벤트 소리가 발생하지 않게 된다. 가비지 컬렉션을 이용해서 이 커넥션이 제거되는 것을 막고 있기 때문에 우리는 onunload 함수를 이용해서 htmlfile의 참조를 없애고 가비지 컬렉터를 명시적으로 호출해줄 필요가 있다. 다음 코드를 살펴보자.

```
function foreverFrameClose() {
    htmlfile = null;
    CollectGarbage();
}
```

XHR 스트리밍

서버와의 가장 유연한 통신을 제공하는 API는 XMLHttpRequest를 이용하는 것이다. 이 API는 응답의 텍스트와 헤더를 직접적으로 접근할 수 있고 일반적으로 롱 폴링과 폴링을 위해서 자주 이용된다. 크롬, 사파리, 파이어폭스 등과 같은 몇 개의 브라우저들은 XHR을 이용한 스트리밍을 지원한다. 포에버 프레임기술과 마찬가지로 XHR 스트리밍은 새로운 HTTP 요청 없이도 각각의 응답을 보내는 것이 가능하다.

인터넷 익스플로러 8과 더 이전 버전에서는 스트리밍의 지원이 부족하기 때문에 스트리밍 기반의 프로토콜에 의지할 수 없다 하더라도 싱능을 증가시키고자 한다면 분명히 큰 도움을 받을 수 있는 것이다. 만약 XHR 스트리밍이 가능하다면 Iframe이나 스크립트 태그와 같은 오버헤드를 요구하지 않기 때문에 가장 좋은 성능을 줄 수 있을 것이다. 안타깝게도 인터넷 익스플로러에서는 지원되지 않는다 하더라도 XHR 스트리밍은 충분히 가치가 있다고 생각이 든다. 사용자는 브라우저를 업그레이드 할 수 있을 것이고 보다 향상된 속도의 이익을 가져갈 수 있을 것이다.

XHR 스트리밍은 표준 XMLHttpRequest을 이용하고 onreadystatechange 이벤트를 이용할 수 있다. 이때 readyState 변수의 값이 3일 경우에는 데이터를 받기로 허용한 서버로부터 메시지를 받게 되며, 4일 경우는 이전의 응답이 모두 끝나게 된다.

```
function xhrStreaming(url, callback){
    xhr = new XMLHttpRequest();
    xhr.open('POST', url, true);
    var lastSize;
    xhr.onreadystatechange = function(){
        var newTextReceived;
        if(xhr.readyState > 2){
            // 가장 최신의 텍스트 가져오기
            newTextReceived = xhr.responseText.substring(lastSize);
            lastSize = xhr.responseText.length;
            callback(newTextReceived);
        }
        if(xhr.readyState == 4){
            // 만약 응답이 마칠 경우 새로운 요청을 만든다.
            xhrStreaming(url, callback);
            Transport Techniques | 115
        }
    }
    xhr.send(null);
}
```

XHR 스트리밍이 네트워크 통신에 있어서 확실히 굉장히 효율적이고 서버와 클라이언트 모두 리소스 사용을 줄여주는 것은 사실이지만 한 가지 사실을 인지하고 있어야 한다. 그 사실은 스트리밍은 실제로 서버에 부정적인 영향을 줄 수 있다는 것이다. 어떤 서버들은 롱 폴링을 사용할 경우 소켓 버퍼의 할당은 응답이 준비될 때까지 연기되고 응답을 보내는 것이 처리된 이후에 버퍼가 없어지게 된다. 즉, 스트리밍은 이러한 버퍼들을 만들게 되고 연결이 살아있는 동안에 유지되는 것이다. 물론, 이것은 서버를 어떻게 최적화하느냐의 문제이고 각각의 서버들은 다르게 수행될 것이다.

클라이언트에서는 XHR 스트리밍은 성능 이슈가 잠재해 있을 수 있다. 만약 스트리밍 응답이 오랜 시간 동안 지속된다면 브라우저는 메모리 이용에 차질이 있을 수 있다. 파이어폭스에서는 하나의 응답에 몇천 개의 연속적인 메시지를 가져올 수도 있다. 이 이슈를 해결하기 위해서는 100개의 메시지마다 응답을 끝내고(아니면 50KB 용량 후에) 다음 메시지를 위해서 새로운 메시지를 만들 수 있을 것이다.

XHR 스트리밍의 메시지를 분활할 경우 한 가지 추가해야 할 작업이 있다. 브라우저는 서버로부터 문자열 스트림을 받게 되지만 개별 메시지들은 반드시 빼내야 한다. 파이어폭스는 multipart/x-mixed-replace라는 특별한 콘텐트 타입을 지원하는데 이 타입을 이용하면 스트림 안의 메시지들을 나누는 데 이용할 수 있다.[10] 하지만 이것이 전역적으로 지원되지 않기 때문에 만약 이 옵션이 없다면 자바스크립트 파서를 이용해서 개인적인 메시지를 뽑아올 수 있는데 실제로 파이어폭스의 핸들러보다 더 빠른 성능을 가지고 있다.

미래의 전송기술

HTML5에서는 웹소켓(WebSocket)[11]을 지원하게 된다. 웹소켓이란 웹 기반의 안전한 TCP 소켓을 말하며 클라이언트에서 서버로 접근이 가능하다. 웹소켓이 전역적으로 사용하게 된다면 모든 코멧의 연결 기술을 대체할 수 있을 것이다. 뿐만 아니라 웹소켓이 이용된다면 더 좋은 성능을 가져올 수 있을 것이다.

크로스 도메인

만약 브라우저가 크로스 도메인의 XHR을 지원하지 않는다면 롱 폴링은 아무 의미가 없게 된다. 하지만 포에버 프레임 기술은 최소한 크로스 서브도메인은 지원하고 있다. 우리는 차선책으로 Abe

---

10   http://cometdaily.com/2008/01/17/proposal-for-native-comet-support-for-browsers/

11   http://cometdaily.com/2008/07/04/html5-websocket/

Fettig[12]를 이용하거나 HTML5의 포스트 메시지(postMessage)[13]나 크로스 도메인 XHR을 지원하는 최신 브라우저를 통해 크로스 서브도메인의 XHR을 가져올 수 있을 것이다.

XHR은 전통적으로 아이프레임이나 스크립트 태그를 이용해서 문서를 생성하는 것보다 더 엄격한 보안 모델을 가지고 있다. XHR은 같은 도메인 기반으로 폴링하거나 JSONP 폴링을 이용할 수 있다. 크로스 도메인 폴링은 XHR에 의존한 것이 아닌 각각의 새로운 요청을 기반으로 한 스크립트의 삽입을 통한 방법을 이용할 수 있다. 이 기술이 바로 크로스 도메인을 해결하기 위한 JSONP[14] 기술이다. JSONP는 사용자가 제공한 함수 안에 서버로부터 받은 응답을 가지고 있게 된 다음에 반환된 데이터를 가져올 수 있다. JSONP에서 가장 중요한 것이 보안은 아니지만 같은 레벨의 권한을 지정한 후에 서드파티의 도메인 참조를 스크립트를 추가해서 가져올 수 있을 것이다.

JSONP의 동작은 스크립트에서 데이터를 반환하고 함수의 이름을 지정하고 XHR 대신 <script> 블록을 이용해서 요청을 만들게 된다. 크로스 도메인 코멧의 지원이 중요한 몇 가지 이유가 있다. 다른 도메인의 요청은 먼저 두 개의 커넥션이 맺어지는 것을 대비하지 않게 되기 때문에,[15] 서드파티의 데이터가 만들어질 수 있다. 그리고 코멧 서버는 코멧의 최적화를 위해서 전통적으로 HTTP 서버로부터 분리되어 실행될 수 있다.

다음 예제는 이 기술을 이용하여 다른 도메인으로부터 데이터를 가져오는 것을 보여주고 있다.

```
function callbackPolling(url, callback){
    // 서버로부터 응답을 처리할 스크립트를 생성한다.
    var script = document.createElement("script");
    script.type = "text/javascript";
    script.src = url + "callback=callbackPolling.callback";
    callbackPolling.callback = function(data){
        // 서버에서 보낼 새로운 요청을 위해서 새로운 요청을 보낸다.
        callbackPolling(url, callback);
        // callback 함수의 호출
        callback(data);
    };
    // 로딩시 다음 엘리먼트를 추가한다.
    document.getElementsByTagName("head")[0].appendChild(script);
}
```

---

12 http://www.fettig.net/weblog/2005/11/30/xmlhttprequest-subdomain-update/

13 http://www.whatwg.org/specs/web-apps/current-work/#crossDocumentMessages

14 http://ajaxian.com/archives/jsonp-json-with-padding

15 이것은 인터넷 익스플로러 6과 7 브라우저에서 나타나는 주요한 이슈로 브라우저 커넥션 제한이 여기에 해당된다.

여기서 중요한 것은 파이어폭스에서는 연속적인 스크립트의 추가는 어떠한 페이지든 순서대로 처리된다는 것이다. 따라서 만약 이 기술을 이용해서 서버로부터 응답을 기다리게 되면 그 시간 동안에 다른 JSONP 요청을 보낸다면 첫 번째 응답이 오기 전에 두 번째 요청을 받을 수 없게 되고 계속 기다리게 된다. 이 이슈를 해결하기 위해서는 분리된 아이프레임을 만들고 각각의 JSONP 요청을 보내야 한다. 각각의 요청을 프레임으로 나눠지게 되고 응답은 받자마자 처리될 것이다.

추가적인 고려사항

클라이언트에서 코멧의 성능을 위해서는 HTTP 커넥션을 관리하고 라우트 메시지와 크로스 도메인 문제와 같은 이슈를 처리해야 한다. 서버에서는 성능 최적화를 위해서 HTTP 커넥션의 수를 유지하고 공유해야 하며 메모리, CPU, I/O, 대역폭과 같은 요소들을 최소화해야 한다.

커넥션 관리

서버는 HTTP 커넥션을 각 사용자별로 유지할 것이기 때문에 많은 커넥션이 열려 있을 것이다. 데이터가 아무리 작다고 하더라도 말이다. 여기에는 메모리와 CPU라는 두 가지 제약이 존재한다. 각각의 커넥션은 OS와 언어로부터 메모리 오버헤드를 초래할 수 있다. 만약 우리가 하나의 커넥션당 하나의 스레드나 프로세스를 사용한다면 전체 실행이 스택 메모리를 기반으로 이루어지게 되며 일반적으로 약 2MB의 리소스가 소비된다. 이것이 대부분의 성능적인 이슈가 되는 것이다. 추가적으로 스레드나 프로세스의 숫자가 증가되면 될수록 OS는 바빠지게 되며 실제 코드보다 더 많은 자원이 들어가게 될 것이다. 이러한 이유로 우리는 비동기 네트워크 아키텍처의 선택이 필요한 것이다.

select와 poll[16] 이 가지고 있는 문제는 각각의 OS의 소켓이 열려 있고 데이터를 보낼 준비가 되어 있는지 조사한다는 것이다. 즉, select를 호출하게 될 경우 이용하고 있는 소켓이 없거나 많지 않을 경우 CPU의 큰 오버헤드는 없지만 만약 그 수가 증가하면 CPU의 사용량은 증가할 것이다. 우리는 소켓의 상태를 조사하는 이 기술의 대안으로 FreeBSD/SSX의 kqueue, 리눅스의 epoll, 윈도의 컴플리션 포트와 같은 기술을 이용할 수 있다. 대부분의 언어들은 네트워크 라이브러리를 가지고 있다. 예를 들어 C의 libevent나 java.nio (http://java.sun.com/j2se/1.4.2/docs/guide/nio/), 그리고 트위스티드 파이썬 (http://twistedmatrix.com/) 등이 그것이다.

성능 최적화 기술은 시나리오들에 따라서 지침들이 변경된다. 예를 들어 많은 사용자들이 이용

---

16 (옮긴이) : 소켓이 현재 데이터를 보낼 수 있는 단계인지 확인하기 위한 방식으로 select는 전통적인 fd를 감시하는 방법이며 3개의 비트 배열을 사용한다. Poll은 select의 불편함을 해소하기 위해서 등장하지만 메모리 낭비의 단점이 있다.

하는 채팅 프로그램이 있지만 언제나 작은 양의 데이터만 받게 되는 경우를 살펴보자. 이 경우에는 서버의 커넥션 공유를 통하여 사용되지 않는 커넥션의 수를 관리하게 하는 방법이 유용할 것이다. Orbited(http://orbited.org/) 웹사이트와 Willow Chat(http://willowchat.org) 웹사이트는 이 시나리오에 최적화되어 있다.

다른 예제로 실시간으로 주식을 모니터링하는 애플리케이션이 있다고 생각해보자. 이 경우 많은 커넥션들이 일정 시간 동안 업데이트될 것이고 사용하지 않는 커넥션이 거의 없을 것이다. Jetty, Lightstreamer, Liberator와 같은 제품들은 이러한 경우에 맞추어 최적화된 제품이다.

성능 측정

코멧의 성능 측정은 많은 곳에서 토론된 적이 있었고 이번 장을 통해서 열심히 살펴보았다. 예를 들어 코멧 서버에서 백만 사용자당 얼마나 많은 자원이 필요로 하는지 앞에서 테스트한 적이 있다.[17] 중요한 원칙은 커넥션당 가능하면 시스템의 자원을 최소화해야 하고 성능 측정을 위해서 테스트 결과를 기록해야 한다는 것이다.[18]

서버들은 자원들의 이용을 최소화해야 할 뿐만 아니라 오랫동안 연결된 커넥션의 수를 최적화하고 자주 클라이언트로 보내는 데이터의 양을 최적화해야 한다. 자주 보내는 데이터의 양이 증가한다면 지연시간은 증가하고 코멧 서버에서 연결 가능한 커넥션의 수는 줄어들 것이다. 코멧은 실제로 HTTP 기반으로 동작되기 때문에 성능 측정 기법은 대규모 웹 애플리케이션의 그것과 비슷하다.

프로토콜

코멧 커넥션은 일반적인 커넥션 기반의 통신과는 의미가 다르다. 코멧의 커넥션들은 [서버] ▷ [클라이언트]로만 통신을 하거나 양방향적인 통신 중에 하나를 선택해야 한다. 즉, 단순히 읽고 쓰는 바이외(Bayeux)의 발행-구독 방식보다 더 많은 기능을 최상위 레이어에서 제공하는 것이다.

바이외(Bayeux-http://svn.cometd.com/trunk/bayeux/bayeux.html)[19]는 HTTP 기반으로 동작하는 비동기로 메시지를 전송하는 프로토콜로 웹서버와의 즉각적인 반응을 만들어 내게 된다. 이 프로토콜은 Dojo Foundation의 코멧D(http://cometd.com)[20]라는 프로젝트에 포함된 프로토콜이다.

---

17 http://www.metabrew.com/article/a-million-user-comet-application-with-mochiweb-part-3/

18 http://aleccolocco.blogspot.com/2008/10/gazillion-user-comet-server-with.html

19 Bayeux는 1066년 노르만의 잉글랜드 정복을 기념하는 장식품의 이름이기도 하며 헬리 혜성이 포함되어 있었다. 헬리 혜성은 파멸이 오는 징조로 믿어져 오고 있었다.

20 D는 데몬의 약자이며 httpd의 D와 같은 의미로 사용된다.

이런 유연한 프로토콜들은 다양한 코멧 서버들과 클라이언트 사이의 상호운용을 지원한다는 것이다.

PubSub 패러다임은 주로 채팅을 다루기 위한 프로토콜인 바이외나 XMPP와 같은 프로토콜을 주로 많이 사용하게 된다.

Dojo 툴킷은 모든 전송 계층을 다룰 수 있는 폴링, 콜백 폴링(동시 JSONP 요청을 위한 여러 프레임들 포함)을 코멧D 모듈을 통하여 제공하고 있다. 그리고 바이외의 서비스 통신과 규약을 제공하고 있다. 따라서 Dojo와 바이외를 함께 이용할 수 있는 것이다. 다음 예제는 코멧D 모듈을 이용해서 간단하게 통신할 수 있는 예를 보여주고 있고 전송계층을 다루는 것을 보여주고 있다.

```
dojox.cometd.init("/cometd");
dojox.cometd.subscribe("/some/topic", function(message){
    // 콜백 함수
});
```

요약

코멧은 클라이언트와 서버와의 양쪽 통신의 성능을 고려해야 하기 때문에 Ajax와 다르게 상당히 복잡하다. 일찍이 이러한 코멧의 문제를 풀고자 하는 많은 노력이 있었고, 또한 웹소켓의 등장으로 인해 백만 사용자를 다루는 데 있어서의 복잡함은 어느 정도 감소할 것이다.

09

Gzip을 넘어서

• 토니 젠틀코어(Tony Gentilcore) •

HTTP 헤더의 설정을 통한 적절한 캐싱과 더불어 Gzip 압축은 웹사이트의 속도에 있어서 가장 중요한 기법이다. 스티브 사우더스의 첫 번째 책 『웹사이트 최적화 기법』에서는 압축을 주제로 다룬 석이 있다. 자, 그럼 전체 브라우저에서 gzip을 지원하고 있고 웹 개발자의 역할은 이것으로 끝나는 것일까? 전혀 그렇지 않다.

만약 Gzip을 적용했다 하더라도 웹사이트 방문자 대부분이 이렇게 압축된 응답을 받지 못하고 있다. 정확한 퍼센트는 매우 다르게 그려지고 있지만 미국의 큰 웹사이트의 경우 방문자의 약 15%나 Gzip 압축을 지원하고 있지 않다. 이번 장에서는 왜 이렇게 생각지도 못한 수치가 나오는지 알아보고 어떻게 성능을 높일 수 있을지 살펴보도록 하겠다.

무엇이 문제인가?

퍼센트가 작다는 것을 가지고 이렇게 질문할 수도 있을 것이다. "이게 뭐가 어때서?" 그럼 Gzip을 이용하지 않을 경우 미국의 유명한 10개 사이트에서 무슨 일이 발생하게 되는지 살펴보도록 하자.

이번 실험은 윈도 XP 프로페셔널과 인터넷 익스플로러 7를 이용하여 10개의 사이트를 각각 100번
씩 로드하였고 페이지 로드 시간[1]을 측정하였다. 이러한 작업을 반복하면서 일반적인 웹사이트 동작
을 보기 위해서 캐시를 그대로 사용하였으며 모든 요청들은 같은 머신에서 피들러[2]를 이용하여 기록
하였다. 그리고 Gzip을 지원하지 않기 위해서 Accept-Encoding의 설정을 헤더에 넣지 않았다. 다음
표 9-1은 압축을 지원하지 않을 경우의 퍼센티지를 보여주고 있다.

표 9-1 압축을 지원하지 않는 페이지의 로드 시간

웹사이트	증가된 다운로드 크기 (첫 번째 로드)	증가된 페이지 로드 시간 (1000/384 Kbps DSL)	증가된 페이지 로드 시간 (56 Kbps modem)
http://www.google.com	10.3 KB (44%)	0.12s (12%)	1.3s (25%)
http://www.yahoo.com	331 KB (126%)	1.2s (64%)	9.4s (137%)
http://www.myspace.com	441 KB (143%)	8.7s (243%)	42s (326%)
http://www.youtube.com	236 KB (151%)	3.3s (56%)	21s (87%)
http://www.facebook.com	348 KB (175%)	9.4s (414%)	63s (524%)
http://www.live.com	41.9 KB (41%)	0.83s (53%)	9.2s (99%)
http://www.msn.com	195 KB (77%)	1.6s (32%)	13s (85%)
http://www.ebay.com	245 KB (92%)	1.7s (59%)	3.5s (67%)
http://en.wikipedia.org	125 KB (51%)	5.0s (146%)	21s (214%)
http://www.aol.com	715 KB (111%)	7.4s (47%)	32s (60%)
평균	269 KB (109%)	3.9s (91%)	22s (140%)

클라이언트가 압축을 지원하지 않을 경우, 첫 번째 로드에서 캐시를 이용하지 않을 것이고 약 2배
가 넘는 모든 파일의 사이즈를 다운로드하게 된다. 이 숫자는 Gzip 때문에 나오는 비율이 아니라는 것
을 알아두자. 왜냐하면 총 다운로드 크기는 이미지와 플래시와 같은 모든 리소스들을 합한 다운로드
크기이기 때문이다. Gzip 압축은 일반적으로 HTML이나 CSS 그리고 자바스크립트와 같은 텍스트
기반의 파일에만 적용된다.

DSL 사용자의 경우 페이지 로드 시간이 평균 4.3에서 8.3초로, 91% 가량 증가하는 것을 볼 수 있다.

---

1   페이지 로드 시간은 OnBeforeNavigate2 와 OnDocumentComplete 이벤트 사이의 시간을 기록하였다.

2   http://www.fiddlertool.com/

56K 모뎀의 경우 굉장히 결과가 나쁘게 나오고 있는 것을 볼 수 있다. 15초에서 37초로 약 140%나 페이지 로드 시간이 증가되었다.

이 데이터를 살펴보자면 우리는 앞에서 했던 질문을 다시 되새겨봐야 한다. "우리가 압축을 지원하지 않는 사용자들도 신경 써야 하는가?" 이 질문에 대한 대답은 수치로 내릴 수 있다. 15%의 사용자가 Gzip을 지원하지 않고 있기 때문에 15%의 사용자는 91%나 느려진 사이트를 이용하게 되는 것이다. 15%의 사용자라는 것은 사이트의 15%가 느려졌다라고 바꿔 이야기할 수 있는 수치이며 만약 페이지 로드 시간이 4초라면 사용자는 평균적으로 0.5초나 느려진 거라 할 수 있다. 이젠 이 수치를 보고 "그게 뭐 어때서?"라고 말하지 않을 것이다.

실제로 사용자의 85%는 전혀 영향을 받지 않지만 15%의 사용자는 굉장히 큰 영향을 받는다는 것이 문제이다. 여기서 추가로 4초라는 시간은 사용자가 웹사이트를 종료해버리기 위한 충분한 시간이라는 것이다. 그렇다면 왜 콘텐츠가 압축이 되지 않는지, 그리고 개발자는 무엇을 해야 하는지 살펴보도록 하자.

원인은 무엇인가?

실제 사용자에게 이 문제가 얼마만큼 영향을 주는지 알았을 것이다. 그럼 이 문제를 해결하기 위한 몇 가지 기본 로직을 살펴보도록 하겠다.

빠른 검토

그렇다면 압축이 어떻게 동작하는지 먼저 살펴보자. 근래의 모든 브라우저는 (1998년의 4.X 버전 이후) Gzip 압축을 지원하고 있고 Accept-Encoding이라는 헤더를 웹서버로 보내주게 된다.

```
Accept-Encoding: gzip, deflate
```

서버에서 이 헤더에 대한 요청이 포함되어 있을 경우 웹서버는 클라이언트가 Gzip을 지원하는 것으로 판단하게 된다(RFC 2626 문서의 14.3[3]) 그리고 Content-Encoding으로 본문이 압축된 상태임을 명시해서 응답을 보내게 된다.

```
Content-Encoding: gzip
```

---

3   http://www.w3.org/Protocols/rfc2616/rfc2616-sec14.html#sec14.3

범인

그렇다면 근래의 모든 브라우저들이 Accept-Encoding 요청을 보낸다고 한다면 왜 15%의 사용자들은 압축되지 않은 콘텐츠를 받게 되는 것일까? 당연히 15%의 사용자들이 굉장히 오래된 브라우저를 이용하는 것이 아니다. 우리는 웹서버 로그를 통하여 범인을 찾아낼 수 있었다. 몇몇의 요청들은 다음과 같이 깨진 헤더 값을 보내게 되는 것이다.

```
Accept-EncodXng: gzip, deflate
X-cept-Encoding: gzip, deflate
XXXXXXXXXXXXXXX: XXXXXXXXXXXX
---------------: ------------
~~~~~~~~~~~~~~~: ~~~~~~~~~~~~
```

하지만 이렇게 깨진 헤더가 15% 모두 해당되는 것은 아니다. 그리고 최근의 몇몇 브라우저들은 Accept-Encoding 헤더를 빼먹지 않았는지 대부분의 요청들을 검사하게 된다. 그렇다면 누가 이렇게 압축을 이용 못하게 만들고 있는 것일까? 그 범인은 바로 웹 프록시와 PC 보안 소프트웨어라 할 수 있다.

그렇다면 이것들이 무엇을 하는 것일까? 일단 이 둘은 모두 웹서버로부터 보내진 응답을 관찰하게 된다. 압축을 풀지 않고 응답을 관찰하는 것이 CPU의 비용을 더 줄일 수 있기 때문인 것이다. 즉, 불행히도 사용자의 관점에서는 CPU 시간 때문에 느려지게 되는 네트워크 속도를 무시하고 있다는 것이다.[4] 이러한 이유로 필자는 응답을 관찰하기 위해서 Accept-Encoding를 제거하는 작업을 '거북이 도청(turtle tapping)'이라 하겠다. 여기서 '거북이 도청'이란 거북이처럼 도청을 아주 천천히 한다는 뜻으로 생각하면 된다.

범인의 실체

다음 표 9-2는 몇몇 유명한 클라이언트 소프트웨어 프로그램과 웹서버 프록시가 클라이언트의 Accept-Encoding 헤더 요청을 어떻게 수정하고 있는지 보여주고 있다.[5] 이 결과가 모든 제품을 포괄하고 있는 것은 아니다. 왜냐하면 이것보다 굉장히 많은 애드온(add-on) 제품들이 전역적으로 사용되고 있고, 웹 콘텐츠들을 관찰하고 있기 때문이다.

---

4 특별히 압축을 해제하는 것은 압축하는 것 보다 3~4배 정도 시간이 걸린다.

5 새로운 버전들은 같은 방법으로 동작되지는 않을 것이다. 그리고 프로그램의 설정에 따라 변경이 가능하게 설정되어 있을 것이다.

표 9-2 Accept-Encoding 헤더의 변경

소프트웨어	Accept-Encoding 수정
Ad Muncher Stripped	깨짐
CA Internet Security Suite	Accept-EncodXng: gzip, deflate
CEQURUX Stripped	깨짐
Citrix Application Firewall Stripped	깨짐
ISA 2006 Stripped	깨짐
McAfee Internet Security 6.0	XXXXXXXXXXXXXX: +++++++++++++
Norton Internet Security 2005	---------------: -------------
Novell iChain 2.3 Stripped	깨짐
Novell Client Firewall Stripped	깨짐
WebWasher	깨짐
ZoneAlarm Pro 5.5	XXXXXXXXXXXXXXX: XXXXXXXXXXXXX

이 결과를 지역별로 퍼센티지로 그려보면 더욱더 재미있는 결과가 나오는 것을 볼 수 있다. 먼저 중동 국가들에서 오는 대부분의 요청들은 Accept-Encoding을 요청하지 않고 있다는 것이다. 이것은 국가 방화벽일 가능성이 높다. 그리고 미국과 러시아의 20% 이상이 이 문제를 가지고 있다. 그리고 유럽과 아시아 국가들은 10%보다 더 적은 사용자들이 이 문제를 가지고 있다.

이러한 사용자를 어떻게 도울 수 있을까?

자, 지금까지 우리는 무엇이 문제이고 어떤 영향을 주는지 살펴보았다. 그럼, 이제 실제로 어떻게 작업을 해야 할지 살펴보도록 하자. 이러한 문제를 갖고 있는 사용자를 도와준다면 상당히 좋은 사용자 경험을 가져다 줄 수 있다. 물론, 이 문제를 해결하기 위한 정확한 방법은 소프트웨어 업체에 Accept-Encoding를 제거하지 말라고 호소하는 것이다. 사실상, 이 문제는 새로운 버전들에서는 이미 변경이 되었다. 예를 들어 Norton Internet Security 2009은 더 이상 이 문제를 가지고 있지 않다.

하지만 모든 사용자가 프로그램을 변경하거나 업그레이드하기 전에 이 문제가 해결되어야 할 것이다. 그렇다면 지금부터 이러한 문제를 완화시킬 수 있는 세 가지 방법에 대해서 살펴보도록 하겠다.

압축되지 않은 크기의 최소화

이 작업은 상당히 귀찮아 보일 수도 있지만 실제로 그렇게 큰 압박이 있는 것은 아니다. 응답의 크기가 작으면 페이지를 더 빠르게 만들 수 있다. 왜냐하면 응답을 압축하는 것은 클라이언트와 서버 둘 다

CPU의 비용이 들기 때문이다. 좋은 웹 개발자들은 HTML이나 CSS 그리고 자바스크립트를 최대한 빽빽하게 코드를 작성해야 좋다는 것을 알 수 있을 것이다. 하지만 반복되는 긴 문자열은 우리가 신경 쓸 필요가 없다. 왜냐하면 gzip 압축이 이것을 알아서 숨겨주기 때문이다. 때문에 우리는 이 부분에 대한 최적화는 신경 쓸 필요가 없다. 단, 이 가정은 사용자가 Gzip을 지원하지 않는 사용자에게는 해당되지 않는다.

반복되는 콘텐츠를 개선하기 위해서 사이트에 따라서 달라질 수 있다. 지금부터 압축이 지원되지 않는 페이지 크기를 줄이기 위한 몇 가지 기술들을 살펴보도록 하겠다.

이벤트 델리게이션의 이용

페이지의 몇몇 엘리먼트들은 비슷한 이벤트 핸들러를 요구한다. 공통적인 예로 최상위 10개의 웹사이트의 경우 드롭다운 박스들과 마우스 오버 애니메이션, 클릭 정보들의 수집 등과 같은 것들을 들 수 있다. 이때 사용하는 각각의 이벤트들은 페이지의 크기를 빠르게 증가시킨다.[6]

예를 들어, http://facebook.com에서는 50개의 언어를 선택하는 드롭다운 박스를 사용하고 있다. 그리고 각각의 언어들은 추가로 133바이트의 onclick 이벤트를 가지고 있다.

```
<a href="http://es-la.facebook.com/" onclick="return wait_for_load(this, event,
function() { intl_set_cookie_locale("", "es_LA"); return false;
});">Español</a>
```

50개의 링크의 경우 웹사이트의 6.7KB를 차지하고 있고 압축이 지원되지 않는 사용자에게 전송될 수 있다. 이때 각각 URL, 언어코드, 언어 이름과 같은 정보를 반복해서 기술하고 있다.

이벤트 델리게이션(delegation)은 자식 엘리먼트들을 가지고 있는 부모 엘리먼트에 이벤트를 하나만 추가하는 기법의 이름이다. 이벤트가 자식 엘리먼트에 발생하게 되면 이 이벤트는 버블링되어 부모에게 전달된다. 하나의 이벤트 핸들러는 어떤 자식이 타겟인지 구분해낼 수 있고 추가적인 파라미터도 추가할 수 있다.

예를 들어 facebook.com 사이트의 예제를 다음과 같이 수정할 수 있다.

```
<div class="menu_content" onclick="return intl_set_cookie_locale(event)">
...
 <a href="http://es-la.facebook.com/" class="es_LA">Español</a>
...
</div>
```

---

6   상호작용하는 페이지들은 이벤트의 숫자를 줄이는 것은 자바스크립트의 실행 시간의 효과 또한 가져올 수 있다

새로운 이벤트 델리게이션 핸들러는 위치를 가져오고 타겟 엘리먼트로부터 파라미터를 가져온다.

```
<script>
function intl_set_cookie_locale(e) {
    e = e || window.event; // 이벤트 객체 가져오기
    var targetElement = e.target || e.srcElement; // 타겟 엘리먼트 가져오기.
    var newLocale = targetElement.class; // 새로운 위치 가져오기.
    ...
    // newLocale 변수 값을 쿠키에 설정한다.
    ...
    return false; // href 동작을 취소시킨다.
}
</script>
```

추가적인 약간의 코드를 통해서 델리게이션을 만드는 작업은 그렇게 복잡하거나 귀찮은 작업은 아닐 것이다. 그리고 전역적으로, 즉 자바스크립트 파일 안에 선언하게 될 경우 페이지에 방문할 때마다 이 파일을 다운로드해야 할 일도 없을 것이기 때문이다.

상대 URL들의 이용

우리는 상대적인 URL 경로에 대해서 이미 친숙할 것이다(예를 들어 http://www.example.com/index.html 대신에 /index.html을 사용하는 것). 하지만 RFC1808 문서[7]에는 기술되어 있지만 실제로 상대적인 URL들이 덜 알려져 왔다. 예를 들어 slashdot.org라는 링크에서 주요하게 생략된 것은 이용할 프로토콜을 지정하지 않았다는 것이다(http://www.example.com 대신 //www.example.com을 이용하는 것). 전형적인 페이지에서 사용하는 URL들의 수는 대부분 절대 링크를 이용하게 되는데 이것은 페이지의 용량을 증가시키는 원인이 된다. 다음 표에서는 http://www.example.com/path/page.html 링크를 기반으로 한 상대 링크들에 대해서 설명하고 있다.

표 9-3 http://www.example.com/path/page.html과 동일한 상대 URL들

목적지	상대 URL
http://subdomain.example.com/	//subdomain.example.com
http://www.example.com/path/page2.html	page2.html
http://www.example.com/index.html	/index.html
http://www.example.com/path2/page.html	../path2/page.html
http://www.example.com/path/page.html#f=bar	#f=bar
http://www.example.com/path/page.html?q=foo	?q=foo

---

7   http://www.w3.org/Addressing/rfc1808.txt

이렇게 보다 짧은 URL을 이용하는 것이 약간 귀찮은 작업이 될 수도 있겠지만 그만큼 페이지의 크기를 줄일 수 있을 것이다.

여백의 제거

사용자들은 우리가 어떻게 코드를 보기 좋게 짰는지는 신경 쓰지 않는다. 대신 사이트의 속도가 얼마나 빠른지 신경 쓴다. 라인을 없애거나 하는 작업은 개발자들에게 상당히 좋지 않기 때문에 사용자에게 배포하기 전에 이 작업을 자동화로 처리하는 것이 가능하다. 이 내용은 『웹사이트 최적화 기법』에서 다루었듯이 자바스크립트를 위한 굉장히 많은 툴들이 존재한다. 가장 유명한 툴들을 설명하자면 YUI Compressor (http://developer.yahoo.com/yui/compressor/), ShrinkSafe (http://shrinksafe.dojotoolkit.org/), 그리고 JSMin (http://www.crockford.com/javascript/jsmin.html) 정도가 있다. CSS를 위해서라면 YUI Compressor가 가장 좋은 툴일 것이고 HTML에서는 약간의 문제가 있다. 왜냐하면 실제 사용하는 본문에서 여백을 직접 사용하고 있을 수도 있기 때문이다. 만약 공백이 굉장히 중요한 부분이 있다면 언어별로 이 공백을 제거할 것인지 고려해 볼 수 있을 것이다.

속성의 겹따옴표 제거

HTML 속성의 겹따옴표를 제거하는 것에 대한 내용을 다루기 전에 두 가지 조건을 언급하도록 하겠다. 먼저, 만약 웹사이트가 XHTML로 작성될 경우 반드시 겹따옴표를 이용해야만 하고 HTML 속성의 경우 속성의 잘못된 값으로 인해서 HTML이 엉망이 되는 것을 방지하기 위해서 언제나 겹따옴표를 묶어주어야 한다. 하지만 HTML 4.01 스펙의 3.2.2에 따르면[8] 숫자나 문자, 하이픈, 마침표, 언더라인, 콜론과 같은 속성의 값은 따옴표를 생략해도 된다고 나와 있다(정규식 [a-zA-Z0-9\-._:]).

다운로드 시간을 줄이기 위해서는 사용자에게 페이지를 전달하기 전에 필요하지 않은 따옴표를 생략하는 것도 좋은 방법이 될 수 있다.

인라인 스타일 피하기

압축하지 않은 페이지의 사이즈를 줄이는 다른 방법은 불필요하고 반복적인 스타일 태그를 이용하는 대신 CSS 파일을 이용하는 것이다. 예를 들어 wikipedia.org 사이트의 경우 메인 HTML 문서에 4KB의 인라인 스타일 속성을 반복해서 이용하고 있다. 만약 gzip을 이용하지 않을 경우 상당히 많은 양의 페이지 크기가 증가될 것이다.

---

8   http://www.w3.org/TR/html4/intro/sgmltut.html#h-3.2.2

자바스크립트 앨리어스

자바스크립트 안에서 DOM을 이용하는 공통적인 함수들은 불행히도 긴 이름을 이용해야 한다. 압축의 경우 이러한 반복되는 이름에 대해서 부담이 없지만 압축이 되지 않을 경우 굉장히 많은 비용이 들 수 있다. 하지만 다행히도 자바스크립트는 이러한 문제를 극복하고자 앨리어스라는 기능을 제공하고 있다.

먼저 앨리어싱의 큰 장점은 스크립트를 아주 짧고 간단하게 이용할 수 있게 해준다는 것이다. 예를 들어 몇몇의 자바스크립트 라이브러리들은 document.getElementById를 변수 $로 지정하여 사용하고 있다.

```
var $ = document.getElementById;
```

이러한 스크립트를 통해서 document.getElementById("foo")로 써야 할 스크립트를 단순히 $("foo")로 바꾸어 줄 수 있는 것이다. 이렇게 하면 이용할 때마다 22바이트를 줄일 수 있다.

그리고 두 번째 장점은 객체의 속성을 접근할 수 있다는 것이다.[9] 다음 예제는 최고의 활용 방법을 보여주고 있다.

```
// 낭비가 되는
var foo = $("foo");
foo.style.left = "0";
foo.style.right = "0";
foo.style.height = "10px";
foo.style.width = "10px";

// 더 좋은
var foo = $("foo").style;
foo.left = "0";
foo.right = "0";
foo.height = "10px";
foo.width = "10px";
```

실제로 절약되는 양

이러한 기술을 이용했을 때 얼마만큼 좋아지는 것일까? 다음 표 9-4는 압축되지 않은 최상위 파일에 각각의 기술들을 적용한 결과를 보여주고 있다.[10]

---

9   앨리어싱은 자바스크립트 성능 또한 개선시켜 준다.
10   자바스크립트 앨리어싱은 테스트에 적절하지 않았다.

표 9-4 줄어든 웹페이지의 크기

웹사이트	이벤트 델리게이션	상대 URL이용	공백 제거	따옴표 제거	CSS 이용	전체
http://www.google.com	1.8%	3.4%	--	--	0.4%	5.6%
http://www.yahoo.com	--	0.8%	3.3%	0.6%	0.5%	5.2%
http://www.myspace.com	4.0%	2.2%	9.0%	1.5%	1.8%	18.5%
http://www.youtube.com	8.3%	0.6%	7.1%	2.3%	1.2%	19.5%
http://www.facebook.com	12.9%	1.7%	1.1%	2.6%	0.3%	18.6%
http://www.live.com	8.5%	0.9%	0.2%	0.9%	0.3%	10.8%
http://www.msn.com	--	3.0%	0.1%	1.7%	--	4.8%
http://www.ebay.com	0.2%	1.7%	1.2%	1.6%	1.2%	5.9%
http://en.wikipedia.org	--	1.6%	2.1%	1.8%	5.2%	10.7%
http://www.aol.com	10.4%	2.4%	1.4%	1.8%	0.5%	16.5%
평균	**4.6%**	**2.8%**	**2.6%**	**1.5%**	**1.1%**	**11.6%**

이러한 기술로 페이지를 약간 다듬어 주면 5%에서 최고 20%까지 성능 향상이 되는 것을 볼 수 있다. 상대적인 URL을 이용하고 공백을 제거하고 속성의 따옴표를 제거하는 등의 작업은 자동화할 수 있기 때문에 상당히 값어치 있는 작업이라 할 수 있는 것이다. 거기다가 이벤트 델리게이션과 자바스크립트 앨리어싱 그리고 인라인 스타일을 피한다면 더 빠른 웹사이트 속도를 체험할 수 있을 것이다.

하지만 11.6%라는 숫자는 평균 72.1%나 gzip과 비교해서 그렇게 큰 숫자는 아니다. 앞부분에서 살펴봤던 테스트 시나리오에서 gzip을 적용했을 때 사이즈는 72.1%로 줄어들게 되고 그 결과 3.9초의 로드 시간이 걸리는 것을 볼 수 있었다. 이 데이터를 기반으로 생각해보면 11.6% 비율로 사이즈를 줄인다면 530밀리초의 로딩 속도를 줄일 수 있다는 것을 알 수 있다.

어쨌든 이 문제를 조금 더 완화하기 위해서 이제 우리가 살펴봐야 할 것은 압축 없이 전달되는 응답의 숫자를 줄이는 방법이다.

사용자를 가르쳐라

압축되지 않은 페이지의 사이즈를 가능한 작게 만들어봤다면 이러한 거북이 도청에 대한 다른 해결 방법은 이 문제들을 사용자에게 알려주는 것이다. 이미 웹에서는 이러한 유용한 메시지들을 알려주고 있다. 파이어폭스의 파이어버그 사용자일 경우 Gmail은 페이지 위에 빨간 다이얼로그를 띄워준다(예 "파이어버그는 올바르게 설정된 정보를 보내지 못하게 하므로 Gmail을 느리게 만들고 있습니다"). 그리고 인터넷 익스플로러 6.0을 사용하고 있다면 브라우저를 업그레이드하라는 메시지를 받은 적이 있을 것이다.

여기서 우리는 Accept-Encoding 헤더가 올바른지 확인하는 로직을 추가할 수 있을 것이다. 그리고 다음과 같이 무엇이 문제인지 알려주는 메시지를 보여줄 수 있을 것이다.

압축을 허용하지 않아서 인터넷 연결이 느려졌습니다.
[고치기] [숨기기]

여기서 [고치기] 링크에서는 문제가 되는 소프트웨어의 종류에 대해서 설명하고 어떻게 이러한 것들을 업그레이드할 수 있는지 설명해주면 될 것이고 [숨기기] 링크에서는 쿠키에 설정하여 이 메시지를 다시 보이지 않게 하면 될 것이다.

불행히도 이러한 방법이 충분한 해결책은 아니다. 사용자는 압축 기능을 해제하는 프록시 업체에 아무것도 변경하지 말라고 항의를 해야 할 것이다. 한 가지 전략을 더 소개해 보도록 하겠다. 이 방법 또한 도움이 될 수 있을 것이다.

Gzip 지원의 직접적인 감지

이러한 작업들이 모두 무효로 돌아가게 된다면 사이트는 압축하지 않은 문서들을 반환한다면 한 가지 꼼수를 고려해 볼 수 있다. 즉, Accept-Encoding 헤더를 이용하여 분별하는 것 대신 사용자에게 직접적으로 압축을 지원하는지 확인하는 것이다. 이것은 굉장히 위험해 보이는 말일 수 있겠지만 생각보다 안전하게 테스트가 가능하다. 작은 위험한 가능성이라도 있으면 안되기 때문에 여기서 어떻게 문제 없이 실행시키는지가 중요한 포인트가 되겠다. 여기서 만약 우리가 압축이 가능한지 직접적으로 검사를 하게 된다면 압축지원 헤더를 빼먹은 요청의 절반은 압축시켜 보낼 수 있을 것이다.

성능 테스트

만약 해당 요청에 Accept-Encoding 헤더가 존재하지 않는다면 <body> 안에 Iframe을 탑재할 수 있을 것이다.

```
<Iframe src="/test_gzip.html" style="display:none"></Iframe>
```

이때 test_gzip.html 문서는 다음과 같이 세팅되어 있어야 한다.

1. 현재 연결이 어느 때나 테스트되기 위해서 캐싱 기능을 제거해야 한다.

2. 요청 헤더 값이 존재하지 않는다 하더라도 본문을 압축한다.

3. 자바스크립트를 이용해서 쿠키를 설정한다.

만약 클라이언트가 압축을 지원한다면 쿠키를 이용해서 요청을 보내게 될 것이다. 만약 클라이언트가 압축을 지원하지 않는다면 숨겨둔 Iframe은 텍스트를 이해하지 못할 것이고 쿠키를 설정하지 않을 것이다. 이 페이지를 만드는 방법은 굉장히 다양하지만 다음은 PHP를 이용한 예제를 보여주고 있다.

```php
<?php
    function flush_gzip() {
        $contents = ob_get_contents();
        ob_end_clean();
        header('Content-Type: text/html');
        header('Content-Encoding: gzip');
        header('Cache-Control: no-cache');
        header('Expires: -1');
        print("\x1f\x8b\x08\x00\x00\x00\x00\x00");
        $size = strlen($contents);
        $contents = gzcompress($contents, 9);
        $contents = substr($contents, 0, $size);
        print($contents);
    }

    ob_start();
    ob_implicit_flush(0);
?>

<html>
    <body>
        <script>
            document.cookie="supports_gzip=1";
        </script>
    </body>
</html>

<?php
    flush_gzip();
?>
```

결과 이용하기

이제 다음 페이지에서부터 supports_gzip라는 쿠키가 존재할 경우에 Content-Type에 압축된 타입 명을 지정할 수 있다. 쿠키의 존재를 확인했기 때문에 더 이상 이러한 검사를 할 필요가 없게 된 것이다.

이제 flush_gzip 메서드를 호출해서 실제 동작 페이지에서의 예제를 살펴보도록 하자. 다음 코드는 PHP 코드를 이용하여 작성하였다.

```php
<?php
    // flush_gzip()의 정의는 생략한다.

    ob_start();
    ob_implicit_flush(0);
?>


<html>
    <!--실제 동작 페이지-->
</html>

<?php
    if (isset($_COOKIE["supports_gzip"])) {
        flush_gzip();
    } else {
        flush();
    }
?>
```

효과적인 측정

Gzip을 지원하는지 직접 검사해보고자 한다면 두 가지 결과를 고려해 보아야 한다. 첫 번째는 Accept-Encoding 헤더에서 압축을 지원하지 않는 요청의 퍼센티지이다. 만약 그 퍼센티지가 매우 낮다면 이렇게 공을 들여서 압축을 직접적으로 압축 여부를 검사하는 것은 큰 의미가 없을 것이다. 두 번째는 Accept-Encoding을 기술하지 않았지만 압축을 지원할 경우의 퍼센티지이다. 이 경우는 어쩔 수 없이 직접적으로 감지를 해봐야지 측정될 수 있는 부분이다. 만약 퍼센티지가 높다면 계속해서 이 기술을 이용해야 할 것이다.

10

이미지 최적화

• 스토얀 스테파노브(Stoyan Stefanov), 니콜 설리번(Nicole Sullivan) •

성능을 높이기 위해 가장 중요한 것 중의 하나가 바로 무거운 사이트를 가볍게 만드는 것이다. 그러려면 사이트를 구성하는 요소들의 용량을 줄여야 한다. 이미지 최적화는 용량을 줄이기 위한 하나의 방법이다. 이 최적화를 적용하기 위해서는 공학적 결정보다는 비즈니스적인 것들을 더 많이 이야기해봐야 한다. 이러한 이유 때문에 페이지 무게를 줄이는 것은 지금껏 거의 다루어지지 않았지만 응답시간을 줄이기 위해서 페이지 용량을 줄여야 한다는 것은 피할 수 없는 숙명이다.

웹페이지의 응답시간은 페이지 무게와 관련이 있고 이미지는 일반적인 웹사이트의 절반 정도를 차지하고 있다(그림 10-1 참고).

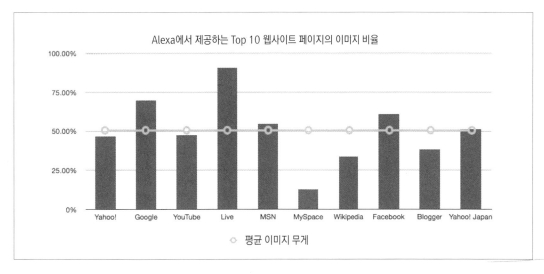

그림 10-1 | Alexa에서 제공하는 상위 10개 웹사이트 페이지의 이미지 비율

가장 중요한 것은 이미지들을 제거하지 않아도 쉽게 성능을 개선할 수 있다는 것이다. 우리는 화질은 조금도 손대지 않고서도 이미지의 사이즈를 최적화할 수 있다.

이번 장에서는 이미지의 손실이 없는 최적화에 대해서 살펴볼 것이다. 즉, 이미지 퀄리티의 손상 없이 사이즈를 더 작게 만드는 방법을 살펴보겠다는 것이다. 픽셀의 측면에서는 원래의 이미지와 최적화된 이미지는 다르지 않다. 사이즈를 줄이기 위해서 메타데이터를 줄일 것이고 픽셀 색에 대한 정보를 압축하거나 PNG의 경우 웹에서 쓸모없는 데이터를 삭제할 것이다.

만약 이미지를 최적화하지 않는다면 실제로 사용자들에게 도움이 되지 않는 쓸모없는 데이터를 보내게 되는 것이다. 이번 장에서 추천하는 방법은 머리 쓸 일 없이 쉬운 작업이지만 이미지 최적화는 엔지니어링이나 디자인에 비해 밀려 있는 상황이며 성능 최적화에 있어서 많이 등한시하는 실정이다. 이번 장에서는 다음과 같은 내용을 살펴볼 것이다.

- 웹에서 사용하는 이미지 포맷의 차이점(GIF, JPEG, PNG)
- 손실 없는 최적화의 자동화
- AlphaImageLoader 필터
- 스피릿을 활용한 최적화
- 다른 이미지 최적화

이미지 최적화를 단순화하기 위한 두 단계

이미지 최적화는 다음 두 단계를 거친다면 상당히 간단하게 최적화할 수 있다. 각각의 단계는 웹사이트의 이해 관계에 따라 다를 수 있다.

1. 이미지 최적화의 색이나 선명도 혹은 이미지의 정확도를 결정하는 것부터 시작할 수 있다. 이러한 것들을 적용하다 보면 퀄리티에 손상이 있을 수 있다. 이미지는 더 작은 색을 사용해야 하거나 JPEG 포맷의 경우 상세한 인코딩이 부족할 수 있다. 60~70%의 품질이 JPEG에서 허용된 표준이라 하더라도 몇몇 이미지들은 더 좋은 퀄리티나 더 안 좋은 퀄리티를 요구할 수도 있다. 예를 들어 유명인사와 같은 고화질의 이미지는 차트나 썸네일과 같이 자동으로 생성된 이미지보다 커야 할 것이다. 이러한 경우는 과장된 사진으로 디자이너에 의해서 만들어져야 할 것이다. 디자이너는 압축 옵션을 선택할 수 있을 것이다. 예를 들어 브래드피트나 안젤리나 졸리와 같은 경우 80%의 퀄리티를 선택할 것이고 배경 같은 경우 30%의 퀄리티를 선택할 것이다.

2. 퀄리티를 선택했다면 품질의 손상 없이 용량을 줄일 수 있는 압축을 이용할 수 있다. 이전 단계와는 다르게 이것은 엔지니어링 작업이 필요하다. 이 작업을 직접 수동으로 하기에는 굉장히 많은 시간이 걸리기 때문이다. 실제로 이러한 작업을 진행해주는 이미지 최적화 오픈소스 툴이 존재한다. 이 툴을 이용해서 파일을 최적화할 수 있다.

이미지 포맷들

이미지를 최적화하기 위한 첫 번째 방법은 최근에 웹에서 사용하고 있는 세 가지 이미지 포맷(JPEG, PNG, GIF)을 이해하고 상황에 따른 이미지를 잘 선택하는 것이다. 그럼 각각의 이미지들에 대한 배경 지식을 먼저 살펴보도록 하겠다.

배경지식

여기서는 웹에서 사용하는 이미지에 영향을 주는 특징들과 각 요소들을 살펴보도록 하겠다.

그래픽과 사진

이미지 포맷과 최적화하는 방법은 다음 카테고리에 설명하고 있는 이미지의 종류에 따라 결정된다.

그래픽

그래픽은 로고들이나 다이어그램이나 카툰 그리고 아이콘 정도를 예로 들 수 있다. 이러한 이미지들은 항상 선이나 다른 모양들을 포함하고 있고 이용하고 있는 색깔과 다른 상대적인 색들의 숫자는 상대적으로 작다.

사진

사진은 항상 백만 개 이상의 색을 가지고 있고 부드러운 색의 변화들을 가지고 있다. 예를 들어 카메라에서 해질녘의 모습을 찍었다고 가정해보자. 그리고 모나리자와 같은 이미지 또한 그래픽보다는 사진에 가깝다고 할 수 있다.

GIF는 주로 그래픽을 이용할 때 이용되고 JPEG는 사진을 위한 포맷으로 주로 사용된다. 그리고 PNG는 두 가지 포맷을 가지고 있는데 그래픽적인 요소가 많을 경우에 GIF보다 더 적합할 수 있다.

픽셀과 RGB

이미지는 픽셀로 구성되어 있고 그 픽셀은 이미지를 구성하는 가장 작은 한 조각의 이미지 정보이다. 픽셀은 각각 다른 색들을 가지고 있을 수 있고 RGB 색은 컴퓨터 그래픽을 위해서 항상 사용되는 타입이라 할 수 있다.

픽셀은 R(Red), G(Green), B(Blue)의 양을 얼마나 담을 것인지에 대한 정보를 저장하게 된다. R, G, B는 각각 0에서 255까지의 값 중에 하나를 갖는다. 그리고 이 값은 HTML과 CSS에서 16진수 기반으로 표현되기도 한다(00에서 FF까지). 그리고 이 각각의 채널에 따라 많은 색들을 사용할 수 있다. 예를 들어 RGB를 다음과 같이 표현할 수 있다.

- 빨강: rgb(255, 0, 0), #FF0000
- 파랑: rgb(0, 0, 255), #0000FF
- 어두운 회색: rgb(238,238, 238), #EEEEEE

트루컬러와 팔레트 이미지 포맷들

RGB 모델의 경우 얼마나 많은 그래픽 색을 표현할 수 있을까? 그 수는 약 천육백만 개의 색을 표현할 수 있다[256 * 256 * 256(또는 2^{24}) =16,777,216]. 이와 같이 많은 색을 표현할 수 있는 색을 우리는 트루컬러(True Color)라고 부른다. JPEG와 트루컬러 타입의 PNG가 그 예가 될 수 있다.

이미지 정보를 파일로 저장하기 위해서는 이미지 안에 각각의 색들을 리스트로 만들어 주는 기술을 이용해야 한다. 여기서 이 색들의 리스트를 우리는 팔레트라고 부르거나 인덱스라고 부른다. 색들의 리스트를 저장한 후에 각각의 픽셀은 팔레트에서 그 값을 가져와 이미지를 표현하게 된다.

이 팔레트는 어떠한 RGB 값을 저장할 수 있다. 하지만 가장 공통적으로 사용하는 팔레트 이미지 포맷인 GIF와 PNG8은 256개의 색만 저장할 수 있다. 이 말은 256개의 미리 정의된 색만 이용할 수 있다는 것은 아니다. 즉, 1600만 개의 색들을 모두 이용할 수 있지만 하나의 이미지에는 256개의 색만 선택해서 사용할 수 있다는 것이다.

투명도와 알파채널(RGBA)

RGBA는 RGB와 다른 컬러 모델은 아니지만 한 가지 기능을 더 가지고 있다. 바로 알파 값을 통해서 투명도의 값을 0에서 255까지 지정할 수 있다는 것이다. 비록 투명도를 퍼센트로 지정하는 것은 아니라 하더라도 값을 통해서 이와 비슷하게 지정할 수 있다. 즉, 알파 채널은 이미지 픽셀을 얼마만큼 보이게 할 것인지를 지정하는 것이라 생각하면 된다.

그럼, 웹페이지가 있다고 가정해보자. 패턴 배경을 가지고 있고 위에는 파란 이미지가 있다고 생각해보자. 만약에 파란 이미지의 알파 값이 0이라면 배경 이미지는 보이지 않을 것이다. 만약 알파 값이 100% 설정되었다면 배경은 잘 보일 것이다. 그리고 만약 50%로 설정된다면 반 정도 배경이 보이게 될 것이다. 다음 그림 10-2는 이 예제를 보여주고 있다.

인터레이싱

느린 인터넷 환경에서 큰 이미지를 다운로드할 경우 이미지의 윗부분부터 아래로 차례로 느리게 전송하게 된다. 그래서 사용자 경험을 높이기 위해서는 인터레이싱(interlacing)이라는 이미지 포맷을 지원해야 한다. 이것을 이용하면 사용자 경험을 향상시킬 수 있다. 왜냐하면 인터레이싱은 이미지를 먼저 다운로드할 때 큰 틀을 먼저 다운로드하고, 그리고 나서 자세한 부분이 차례로 그려지기 때문에 이미지가 느리게 다운로드된다는 느낌을 줄일 수 있다.

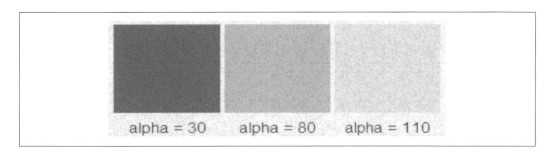

그림 10-2 | PHP의 GD 라이브러리(http://php.net/gd)를 활용한 이미지의 투명도 예제

이미지 타입들의 특징

지금까지 살펴본 배경 지식을 기반으로 GIF, JPEG, PNG 타입들을 살펴보도록 하자.

GIF

GIF는 그래픽을 위한 포맷으로 앞에서 설명한 팔레트 형식을 이용하고 있다. 그럼 몇 가지 기능을 살펴보자.

투명

GIF는 투명도를 적용하는 것이 가능하며 대신에 픽셀은 색을 전혀 포함하지 않은 투명을 선택하거나 투명하지 않은 한 가지 색을 선택해야 한다. 이 말은 알파 값을 지원한다는 것이 아니다. 대신에 팔레트 안에 있는 한 가지 색을 투명으로 표현할 수 있고 투명 픽셀들은 그 색을 할당하는 것이 가능하다. 그래서 만약 GIF가 투명 픽셀을 가지고 있다면 이것은 하나의 팔레트 비용을 소비하게 될 것이다.

애니메이션

GIF 포맷은 애니메이션을 지원한다. 움직이는 이미지는 여러 개의 프레임을 가지고 있다. 이것은 같은 파일을 여러 개를 가지고 있는 것이다. GIF 애니메이션은 일찍이 웹에서 깜박거리거나 화려한 텍스트와 같은 광고를 위해서 많이 사용되어 왔고 이것의 남용으로 지금 우리를 많이 괴롭히고 있다. 이 애니메이션은 지금도 사용되는 기술로, 광고뿐만 아니라 RIA(Rich Internet Application)의 로딩을 표현하기 위한 이미지로도 사용되고 있다.

손실 없는 이미지

손실 없는 이미지라는 뜻은 이미지 퀄리티의 손실 없이 이미지를 편집할 수 있고 다시 저장할 수 있다는 뜻이다.

수평 검사

GIF 파일은 파일 크기를 줄여주는 LZW라는 압축 알고리즘을 이용해서 저장된다. GIF로 압축할 때 그 픽셀들은 수평으로 위에서부터 아래로 검사를 하게 된다. 그렇기 때문에 만약 수평으로 반복되는 색들이 있다면 더 좋은 압축률을 가지게 될 것이다. 예를 들어 500×10(넓이: 500px, 높이: 10px) 이미지가 있다고 하고 그 이미지에 수평으로 같은 색들이 반복된다면 90도로 회전한 이미지(넓이: 10px, 높이: 500px)보다 파일 사이즈가 훨씬 작아질 것이다.

인터레이싱

GIF는 인터레이싱을 지원한다.

GIF는 256색을 제한하고 있기 때문에 사진과 같이 많은 색의 수를 필요로 하는 이미지에는 적합하지 않다. GIF는 아이콘이나 로고 다이어그램과 같은 그래픽 이미지에 더 적합하다. 이 다음 내용에서 살펴보겠지만 PNG8이 그래픽에 있어서 더 우수한 포맷이기 때문에 GIF는 애니메이션을 이용할 때만 사용하는 것이 좋다.

그리고 GIF에서 이용하던 LZW 알고리즘은 특허로 등록되었다. 하지만 2004년도에 만료되었기 때문에 이 알고리즘은 지금 자유롭게 사용하는 것이 가능하다.

JPEG

JPEG란 Joint Photographic Experts Group에서 나온 말로 위의 전문가 그룹에서 개발되었으며 산업 표준으로 등록되었다. JPEG는 사실상 사진을 저장하는 표준 포맷으로 사용하고 있다. 이 포맷은 실제로 눈으로 본 것과 똑같은 색과 빛을 보여주기 위해서 필요한 정보를 줄이는 것이 가능하다. 그렇기 때문에 고화질의 이미지를 상당히 압축된 파일로 저장하는 것이 가능하다. 그럼 JPEG의 특징들을 살펴보도록 하자.

손실 있는 *이미지*

JPGE는 사용자가 퀄리티를 어떻게 지정하느냐에 따라서 이미지 퀄리티가 손상될 수 있는 이미지 포맷이다. 즉, 이미지 정보를 어느 정도 버릴 것이냐 결정할 수 있다. 그 퀄리티 값의 범위는 0에서 100으로 자유롭게 지정해 줄 수 있지만 100의 값을 지정해 준다 하더라도 퀄리티는 손상을 입게 된다.

그리고 같은 이미지에 여러 작업을 한다고 할 경우에 손상을 줄이는 최고의 방법은 수정을 한꺼번에 적용한 뒤에 JPEG로 한 번만 저장하는 것이다. 그렇지 않을 경우 저장할 때마다 퀄리티의 손상을 입게 되기 때문이다.

손실이 없이 할 수 있는 작업은 다음과 같다.

- 회전(90, 180, 270도만 해당)
- 자르기
- 반전(수평, 수직)
- 프로그레시브 스위칭
- 이미지 메타데이터 수정

여기서 마지막 작업은 굉장히 소중한 작업 중에 하나이다. 메타데이터에 대한 자세한 내용은 JPEG의 최적화에서 자세히 살펴볼 것이다.

투명도와 애니메이션

JPEG는 투명도와 애니메이션을 지원하지 않는다.

인터레이싱

JPEG는 기본적으로 베이스라인 JPEG를 지원하고 있을뿐더러 점진적인 로딩을 지원하는 인터레이싱을 지원하고 있다. 인터넷 익스플로러에서는 JPEG의 프로그레시브 방식으로 렌더링되지는 않지만 이미지 파일이 모두 전달된 후에는 렌더링이 가능하다.

JPEG는 웹에서 사진 이미지를 보여주기 위한 최상의 포맷이며 디지털 카메라에서 또한 이용되고 있다. 하지만 그래픽을 위한 이미지 포맷으로는 적절하지는 않다. 왜냐하면 이미지가 다시 저장될 때 손실이 있을 수 있기 때문이다.

PNG

PNG(Portable Network Graphics)는 GIF의 단점을 보완하기 위해서 만들어진 포맷이다. 다음은 PNG 의 특징을 설명하고 있다.

트루컬러와 PNG의 팔레트

PNG 포맷은 여러 개의 기능을 가지고 있는데 그 기능은 PNG 팔레트와 트루컬러로 구성된다. PNG 팔레트는 GIF 팔레트와 같은 기능이라 할 수 있고 트루컬러는 JPEG의 기능 대신 사용할 수 있다.

투명도

비록 인터넷 익스플로러 6에서는 두 가지 문제를 안고 있다 하더라도 PNG는 투명도인 알파 값 설정을 100% 지원한다. 자세한 내용은 뒷부분에서 살펴보도록 하겠다.

애니메이션

실제로 애니메이션을 지원한다 하더라도 현재로서 크로스 브라우저를 지원하지는 않고 있다.

손실 없는 이미지

JPEG와는 다르게 PNG는 손실 없이 이미지를 수정할 수 있다. 때문에 여러 번 수정할 가능성이 있다면 JPEG가 아닌 PNG가 더 적합할 수 있다.

수평 검사

GIF와 마찬가지고 PNG는 수평적으로 반복되는 색상이 있다면 수직보다 더 좋은 압축률을 가지게 된다.

인터레이싱

PNG는 인터레이싱을 지원하고 GIF와 같은 알고리즘을 사용한다. 즉 실제 이미지의 미리보기를 지원할 수 있지만 실제로 PNG의 파일 크기는 더 커지게 된다.

PNG에 대해서

여기서는 PNG 포맷을 이해하기 위한 더 자세한 정보를 살펴보도록 하겠다.

PNG8, PNG24, PNG32

아마 PNG8, PNG24, PNG32와 같은 이름을 봤을 수도 있을 것이다. 그럼 이 숫자의 의미를 살펴보도록 하자.

PNG8

> PNG 팔레트를 지원하는 포맷 이름

PNG24

> 알파 채널을 지원하지 않는 트루컬러 PNG의 이름

PNG32

> 알파채널과 함께 트루컬러를 지원하는 PNG의 이름

이 밖에도 알파를 지원하지 않는 그레이스케일 PNG 포맷이 있지만 이것은 거의 사용되지 않는다.

PNG와 다른 포맷의 비교

GIF는 그래픽을 위한 포맷이고 JPEG는 사진을 위한 포맷이고 PNG는 둘 다 지원하는 타입이라 할 수 있다. 여기서는 PNG와 다른 포맷의 기능을 비교해보면서 더 자세한 내용을 살펴보도록 하겠다.

GIF와 비교

애니메이션의 지원을 제외하고는 PNG의 팔레트는 GIF의 모든 기능을 가지고 있다. 거기에 추가적으로 투명도를 지원할 뿐만 아니라 더 좋은 압축률을 보이기 때문에 파일 크기도 더 작다. 그래서 가능하다면 GIF가 아닌 PNG8을 이용해야 한다.

한 가지 예외적인 사항은 정말 소수의 색을 이용한 작은 이미지의 경우 GIF가 더 좋다는 것이다. 하지만 작은 이미지는 CSS 스프라이트(Sprite)를 이용해야 할 것이다. 왜냐하면 HTTP 요청을 유발시키기 때문에 손해가 더 클 것이다. 만약 이 기능을 이용하게 된다면 작은 이미지들을 포함하고 있는 큰 이미지는 PNG로 압축하는 것이 더 좋을 것이다.

JPEG와 비교

256개보다 더 많은 색을 사용한다면 JPEG나 PNG나 트루컬러 이미지 포맷이 필요하다. JPEG는 일반적으로 더 좋은 압축률을 가지고 있지만 가장 큰 문제가 이미지를 다시 저장하게 될 경우 이미지가 손상을 입게 된다는 것이다. 그렇기 때문에 다음과 같은 경우에는 PNG를 이용하는 것을 추천하는 바이다.

- 이미지가 256개보다 조금 더 많은 색을 가지고 있을 경우 이미지의 손실 없이 JPEG에서 PNG8로 변환하는 것이 가능하다. 1000개의 색을 빼내서 눈으로 구분할 수 있는 것이 얼마나 놀라운 것인지 모르겠지만 우리는 절대로 구분할 수 없을 것이다.

- 사진이 아닌 화려한 그래픽을 이용할 경우에, 예를 들어 바탕화면과 같이 많은 색을 이용하는 그림일 경우 PNG를 선택하는 것이 더 좋다.

PNG 투명도의 문제점

PNG의 투명도는 인터넷 익스플로러에서 두 가지 문제를 가지고 있다.

- PNG 팔레트의 반투명 픽셀들이 인터넷 익스플로러 6에서는 모두 투명으로 표현된다.

- 트루컬러 PNG 안에 있는 투명한 픽셀들이 배경에 비추게 된다(주로 회색으로 보인다).

첫 번째 이슈는 PNG8이 인터넷 익스플로러 6에서는 GIF와 같이 동작하게 된다는 것이다. 그렇다고 해도 그래픽 이미지를 위해서 GIF대신 PNG를 선택하는 것은 그렇게 나쁜 선택은 아니다. 비록 인터넷 익스플로러 6에서는 투명도를 지원하지 못한다 하더라도 PNG8은 점진적인 프로그레스를 지원하고 있고 최근 브라우저에서는 투명을 지원할 수 있기 때문이다.

두 번째 이슈는 약간 심각한 문제일 수 있지만 몇 가지 차선책이 존재한다. 먼저 CSS의 속성인 AlphaImageLoader나 VML을 이용할 수 있다. 뒷부분에서 살펴볼 것이지만 AlphaImageLoader의 경우 성능에 있어서 많은 비용을 필요로 하기 때문에 가능한 피하는 것이 좋다. 그리고 VML은 추가적인 마크업과 코드를 추가해야 한다는 단점이 있다.

PNG8과 이미지 편집 프로그램

불행하게도 포토샵과 같은 대부분의 이미지 편집 프로그램은 PNG8로만 저장할 수 있게 되어 있다. 한 가지 중요한 예외는 어도비의 파이어웍스(http://www.adobe.com/products/fireworks/)라는 프로그램은 알파 값을 제대로 지원하고 있다. 그리고 pngquant(http://www.libpng.org/pub/png/apps/

pngquant.html)라는 프로그램은 커맨드 라인 툴을 지원하고 있을뿐더러 pngnq (http://pngnq. sourceforge.net/) 프로그램은 트루컬러 PNG에서 팔레트 PNG로 포맷을 변경할 수 있다.

pngquant의 명령어 예제를 살펴보도록 하겠다. 팔레트 안에 최대 256개의 색만 지정될 수 있게 설정한다면 다음과 같은 명령어를 실행하면 된다.

```
pngquant 256 source.png
```

자동화된 무손실의 이미지 최적화

지금까지 우리는 이미지 포맷들에 대해서 살펴보았다. 그럼 이제 어떻게 우리의 이미지들을 최적화할 수 있을지 살펴보도록 하겠다. 먼저 이상적인 프로세스 목록을 다음과 같이 정리할 수 있다.

- 사람의 작업에 의해서가 아닌 자동화되어야 한다.
- 모든 동작은 이미지에 손실을 주어서는 안 되고 걱정 없이 맡기고 작업을 진행시킬 수 있어야 한다.
- 커맨드 라인 툴을 자유롭게 이용할 수 있어야 한다.

각각의 이미지 타입은 다른 설정들이 필요하지만 이것을 쉽게 자동화할 수 있어야 한다. 각 이미지의 업무들은 정리해보면 다음과 같다.

- PNG 크러싱(crushing)
- JPEG의 메타데이터 삭제
- 애니메이션 없는 GIF 이미지는 PNG로 변화
- GIF 애니메이션의 최적화

PNG 크러싱

PNG는 청크(chunk)라는 것들로 구성되어 있다. 이 정보는 포맷에 대한 추가적인 정보를 제공해주고 있다. 그리고 이 정보를 통해서 여러 가지 작업을 할 수 있고 또한 직접 추가도 가능하다. 프로그램이 만약 우리가 새로 추가한 Chunk를 모른다 하더라도 그냥 무시되기 때문에 위험하거나 하지는 않다. 하지만 여기에 저장되는 대부분의 정보는 웹에서 이미지를 보여주는 데 전혀 필요가 없고 또한 이것들은 제거해도 전혀 문제가 없다. 이 chunk의 장점 중 하나는 감마 Chunk라는 것인데 크로스 브라우저에서 동일한 화면을 보여주기 위한 정보로 활용된다. 왜냐하면 각각의 브라우저들은 감마에 대한 정의가 다르기 때문이다.

Pngcrush

PNG 최적화에 있어서 가장 많이 사용하는 툴은 pngcrush (http://pmt.sourceforge.net/pngcrush/) 라는 툴이다. 우리는 다음과 같은 명령을 실행할 수 있다.

```
pngcrush -rem alla -brute -reduce src.png dest.png
```

그럼 이 툴의 옵션들을 살펴보도록 하자.

-rem alla

투명도를 제어하기 위한 기능을 제외한 모든 Chunk들을 제거한다.

-brute

이미지 최적화를 위해 100개 이상의 방법들을 시도하게 되는데 기본적으로는 10번을 시도하게 된다. 하지만 이 작업은 시간이 많이 걸릴 뿐만 아니라 시도한 만큼 성능도 좋아지지 않는다. 하지만 만약 오프라인에서 진행한다면 이 옵션을 제공할 수 있을 것이다.

-reduce

만약 가능하다면 팔레트 안에 있는 색의 수를 줄여 준다.

src.png

이것은 실제 이미지의 경로이다.

dest.png

저장될 이미지 경로

다른 PNG 최적화 도구

Pngcrush 툴의 경우 최적화 결과와 실행속도를 조절하기에 꽤 좋은 도구이다. 하지만 최적의 시간으로 최적의 결과를 만들고 싶다면 다른 툴을 이용하는 것을 추천한다. 결과는 이미지에 따라 굉장히 다양하게 나타난다. 이것뿐만 아니라 다음과 같은 툴을 이용할 수도 있다.

PNGOUT (http://advsys.net/ken/utils.htm)

원도우 전용이며 소스는 공개되지 않았다.

OptiPNG (http://optipng.sourceforge.net/)

크로스 플랫폼을 지원하며 오픈소스다. 커맨드라인 인터페이스만 지원한다.

PngOptimizer (http://psydk.org/PngOptimizer.php)

원도우 전용이며 오픈소스이다. GUI와 커맨드라인 인터페이스를 지원한다.

이들보다 무거운 툴로서 PNGslim(http://people.bath.ac.uk/ea2aced/tech/png/pngslim.zip) 도구 또한 이용이 가능하다. 이 툴은 원도우에서 이용하는 여러 툴들을 배치에 등록하여 사용할 수 있게 해주는 것이다. 예를 들어 PNGOUT은 상당히 많은 옵션들이 존재하고 그 시간도 상당히 걸리게 된다. 큰 파일의 경우 때때로 한 시간 이상 걸리기까지 한다. 그렇기 때문에 우리는 PNGslim과 같은 툴을 이용해야 하는 것이다.

JPEG의 메타데이터 제거

JPEG 파일은 다음과 같은 메타데이터를 가지고 있다.

- 코멘트들
- 지정된 애플리케이션의 외부 정보
- 카메라 메이커와 카메라 모델, 사진 찍은 날짜와 장소 그리고 썸네일 심지어는 오디오와 같은 정보들

이 메타데이터는 이미지를 보여주기 위해서 사용되는 정보가 아니기 때문에 안전하게 제거할 수 있다. 메타데이터를 다루는 작업은 운 좋게도 손실 없이 처리할 수 있다. 그렇기 때문에 무손실로 JPEG의 용량을 최적화할 수 있는 것이다.

jpegtran(http://jpegclub.org/)라는 툴을 이용하면 커맨드라인을 이용해서 이미지를 편집할 수 있다.

```
jpegtran -copy none -optimize src.jpg > dest.jpg
```

그럼 여기에 사용했던 옵션들을 살펴보도록 하자.

−copy none

메타데이터 정보를 모두 제거한다.

−optimize

  허프만 테이블에서 사용되는 압축 로직을 적용한 최적화 옵션

src.jpg

  최적화할 이미지

dest.jpg

  최적화된 이미지 파일

커맨드는 표준 출력을 이용해서 파일을 작성하기 때문에 이 예제의 최종 파일은 dest.jpg로 저장될 것이다.

▼ **주의**   메타데이터는 이미지의 저작권자만 잘라야 한다. 왜냐하면 누군가의 JPEG 파일의 메타데이터를 지우다 보면 불법으로 그 제작자의 저작문구를 지울 수도 있기 때문이다.

Jpegtran 툴은 메타데이터를 전부 없앨 수밖에 없다. 정보를 세밀하게 편집하고 싶다면 ExifTool (http://www.sno.phy.queensu.ca/~phil/exiftool/)을 이용할 것을 추천한다.

GIF에서 PNG로 변환하기

앞에서 살펴봤듯이 PNG8 포맷은 모든 GIF 기능을 제공하기 때문에 별다른 이미지 변경 없이도 GIF에서 PNG로 변경할 수 있다. 이 툴로는 ImageMagick(http://www.imagemagick.org/)을 이용할 수 있고 역시나 다음과 같은 커맨드 라인을 이용해서 변환할 수 있다.

```
convert source.gif destination.png
```

그리고 PNG8 포맷으로 변환하고 싶다면 다음과 같이 이용할 수 있다.

```
convert source.gif PNG8:destination.png
```

GIF를 PNG8로 포맷으로 변환하고자 하는 것이 아니라면 이렇게 이용할 필요는 없다. ImageMagick 프로그램은 색의 수에 따라 적절한 포맷으로 변경해준다.

GIF에서 PNG로 변환했다면 앞에서 살펴봤듯이 PNG 이미지를 크로싱하는 것을 잊지 말아야 한다.

그리고 ImageMagick의 identify 옵션을 이용해서 GIF가 애니메이션을 가지고 있는지를 판단할 수 있다.

```
identify -format %m my.gif
```

이 명령을 실행하면, 만약 애니메이션이 없는 이미지라면 간단하게 "GIF"라는 문자열을 반환할 것이다. 만약 애니메이션이 존재한다면 "GIFGIFGIF…" 처럼 프레임 수만큼 반복할 것이다. 만약 스크립트 파일을 작성하게 될 경우 반환되는 값이 "GIFGIF" 처럼 6글자가 넘는다면 우리는 애니메이션이 적용된 파일로 인식하면 될 것이다.

GIF 애니메이션의 최적화

우리는 한 장으로 구성된 GIF 파일을 PNG로 변경하는 방법과 PNG의 쓸모없는 데이터를 삭제하는 방법 그리고 JPEG의 최적화에 대해서 살펴보았다. 이제 마지막 단계로 GIF 애니메이션에 대해서 살펴보도록 하겠다. 애니메이션 최적화 툴로는 Gifsicle(http://www.lcdf.org/gifsicle/)을 이용할 수 있다. 애니메이션이 프레임으로 구성되고 나는 프레임에서 특정 부분이 변경되지 않았다면 Gifsicle에서는 중복되는 픽셀을 제거해 준다. 이 툴을 실행시키는 방법은 다음과 같다.

```
gifsicle -O2 src.gif > dest.gif
```

Smush.it

Smush.it(http://smush.it)은 이미지 최적화를 위한 온라인 툴이며 필자가 직접 만든 툴이다. 앞에서 네 가지 최적화에 대해서 설명했듯이 다양한 타입의 파일들을 손실 없이 최적화하는 것이 가능하다. Smush.it는 편리하게 파이어폭스 애드온을 제공해주고 있는데 여기서는 방문한 어떤 페이지라 하더라도 최적화하는 것이 가능하다. 그리고 얼마나 파일 크기를 줄일 수 있는지 체크가 가능하다.

Smush.it은 JPEG에 있어서는 완벽히 실행될 수 없다. 왜냐하면 JPEG 메타데이터를 자르는 일은 저작권을 삭제하는 일이 될 수 있기 때문이다. 만약 JPEG 이미지를 보다 완벽히 최적화하고 싶다면 앞에서 설명했던 jpegtran의 –copy none 옵션을 이용해서 메타데이터를 적절히 삭제하는 것을 추천하는 바이다.

큰 이미지를 위한 JPEG의 로딩기능

자, 그럼 이미지의 다른 기능에 대해서 살펴보도록 하자. 앞에서 언급했듯이 JPEG는 브라우저에서 점진적인 다운로드 기능을 제고하고 있다. 즉, 사용자가 이미지를 다운로드하는 동안 저화질의 이미지를 먼저 보여주는 것이다. 프로그레시브 다운로드를 지원하는 JPEG의 용량이 일반 JPEG와 용량이 더 큰지 작은지에 대해서 묻는다면 일단 그 용량은 비슷하다고 말할 수 있다.

우리는 야후 이미지 검색 API를 이용해서 10,000개의 이미지를 무작위로 뽑아서 이 실험을 진행했었다(http://yuiblog.com/blog/2008/12/05/imageopt-4/). 이 연구에서의 결론은 확실히 내릴 수 없었다. 실제로 결과는 대부분이 용량이 더 크게 나오기는 했지만 10KB보다 큰 이미지들은 압축률이 더 좋았고 10KB보다 작은 이미지는 점진적인 다운로드를 지원하지 않는 일반 JPEG가 더 좋았다. 그림 10-3은 연구한 결과의 분포를 표로 보여주고 있다. 최적화된 파일의 사이즈와 원래의 파일 사이즈의 차이를 보여주고 있다. 그래픽의 끝의 좌표는 30KB이며 오른쪽으로 갈수록 압축률이 더 좋아지는 것을 볼 수 있다.

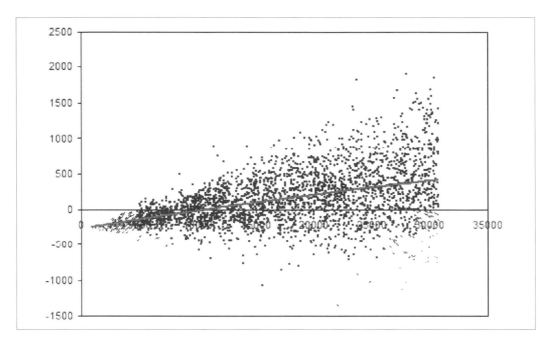

그림 10-3 | 파일의 크기(X)와 프로그레시브 JPEG의 관계를 보여주고 있으며 Y축은 원래 파일의 크기 차이를 보여주고 있다. Y축의 좌표는 원래의 이미지보다 얼마만큼 더 크기가 작은지에 대한 수치로 보면 된다.

알파 투명: AlphaImageLoader를 피해라

이번에는 웹 디자인에 대한 이슈들을 살펴볼 것이다. 크로스 브라우저에서의 알파 값은 생각만큼 수월하지가 않다. PNG 포맷의 경우 10년 전에 만들어진 포맷이지만 브라우저조차도 완벽하게 지원하지 못하고 있고 지금도 계속해서 해결 방법을 찾고 있다. 트루컬러 PNG의 경우 매우 천천히 알려져 왔다. 인터넷 익스플로러 6은 아직도 시장에서 많이 사용되고 있고 PNG 알파 값을 이용하는 데 있어서 많은 문제가 존재한다.

이번 단락에서는 오래된 브라우저에서 이슈가 될 수 있는 알파 필터에 대해서 보다 자세히 살펴볼 것이다. 특히 인터넷 익스플로러는 AlphaImageLoader를 지원하고 있다. 야후에서 이 기능을 가지고 테스트를 진행해보았지만 결론은 인터넷 익스플로러 6의 투명도 문제 때문에 AlphaImageLoader 기능은 사용하면 안 된다는 결론을 내리게 되었다. 그럼 여기서는 PNG8에서의 한계는 무엇이며 어떤 이유로 AlphaImageLoader 기능을 피해야 하는지 살펴보도록 하자.

알파 투명의 효과

앞에서도 살펴봤듯이 투명은 두 가지 기능을 제공하고 있다. 한 가지는 GIF에서도 지원하는 퍼센트의 개념이 없는 투명도로 완전히 투명하게 하는 것이 아니면 투명을 적용할 수 없다. 두 번째는 알파 투명인 것인데 이것은 픽셀마다 투명도의 레벨을 가지고 있게 된다.

만약 개발사가 인터넷 익스플로러 6에서 부드러운 효과나 그림자를 효과를 투명도를 이용해서 주려고 한다면 많은 제약들이 존재한다. 예를 하나 살펴보도록 하자. 다음 그림 10-4를 보면 두 가지 이미지가 존재한다. 왼쪽에 있는 이미지가 바로 우리가 원하는 이미지이다. 이 이미지는 투명도를 조절하여 배경이 적당히 비칠 수 있게 하였다. 하지만 오른쪽의 경우 일반 투명을 지원하는 이미지이며 투명으로 설정한 이 이미지의 배경은 흰색으로 지정되어 있다. 한 가지 색의 배경이 있을 경우 두 가지 이미지가 모두 똑같이 적용된다. 즉, 일반 투명 이미지가 알파 기반의 투명 이미지와 똑같이 보이게 된다는 것이다. 하지만 배경이 달라지게 된다면 우리는 눈으로 충분히 식별이 가능하다.

그림 10-4 ┃ 마이 야후(My Yahoo!)에서 알파 투명과 일반 투명의 날씨 아이콘을 보여주고 있다.
일반적으로 이미지 수정 프로그램을 통해서 투명도를 설정한다.

일반적으로 알파 이미지는 사진이나 그래픽 그리고 그라데이션과 같은 배경을 이용할 때 많이 사용된다. 이러한 경우는 투명도를 활용해서 무언가를 시도하기가 쉽지 않다. 왜냐하면 이미지가 배경의 한 부분으로 잘 조합되기가 쉽지 않기 때문이다.

알파 투명도를 활용한 구름의 이미지는 어떤 배경에 넣어도 아름답게 보일 수 있을 것이다. 하지만 그림 10-4와 같이 알파를 지원하지 않는 일반 이미지는 약간 더 창조적인 작업이 요구될 수 있다. 즉, 디자이너는 어색하지 않게 하기 위한 그래픽 주변의 배경색을 포함시켜 주어야 한다는 것이다.

그림 10-5와 같은 그라데이션 배경은 배경 위에 오버레이된 구름에 대해서 더 많은 주의를 필요로 하고 있다. 만약 테두리가 자연스럽지 않거나 이미지 왼쪽에 그림자가 있다면 특정 지역에서는 굉장히 밝을 것이고 특정 지역에서는 어둡게 보여질 것이다. 다음 그림 10-6에서는 너무 많은 색들이 그래픽 주위에 있을 때의 예를 확실히 잘 보여주고 있다. 이미지 위쪽에 있는 중간 톤은 너무 밝으며 아래는 너무 어둡다.

그림 10-5 | 그라데이션과 투명도

그림 10-6 | 마이 야후!에서 실제로 사용되고 있는 예제로 배경에 따른 테두리의 변화를 잘 보여주고 있다.

모서리 처리

이번에 살펴볼 다른 예제는 이미지의 모서리 처리에 관한 것이다. 여기서 중요한 것은 모서리에 배경색을 지정하는 것을 피해야 하고 모서리에 추가적인 이미지를 생성하지 말아야 한다. 왜냐하면 추가적인 HTTP 요청이 발생하기 때문이다. 즉, 하나의 이미지로 배경에 상관없이 이용할 수 있는 이미지를 만들어야 한다는 것이다.

모서리와 페이지 배경색을 분리할 때는 CSS 확장 기능을 이용할 수 있다. 이것을 분리하는 작업은 픽셀의 선택을 신중하게 해야 하고 보는 눈에 따라 부드러운 정도가 달라질 수 있다는 것이다. 댄 씨더홈(Dan Cederholm)은 "모서리 처리(http://www.alistapart.com/articles/mountaintop)"에 대한 글을 작성하였다.

다음 그림 10-7 안에 있는 두 개의 이미지를 보면 그 차이를 느끼기 굉장히 힘들 수도 있다. 하지만 확대를 해서 배경과 선 색을 자세히 비교해보면 완벽히 자연스럽다기보다는 모서리가 약간 깨져 나오는 것을 확인할 수 있을 것이다. 크로스 브라우저에서 모두 똑같은 모양을 유지하고 싶다면 인터넷 익스플로러를 위해서 AlphaImageLoader 필터를 이용해야 한다.

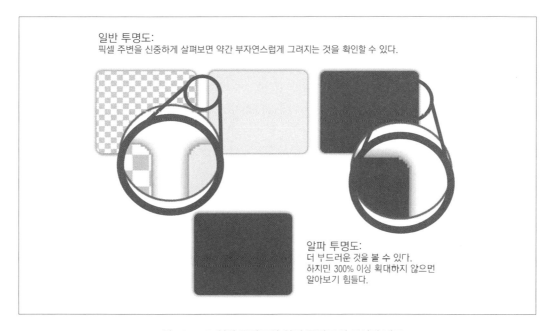

그림 10-7 | 일반 투명도와 알파 투명도의 모서리 비교

AlphaImageLoader

인터넷 익스플로러는 원래 투명도를 지원하지 않는다. 때문에 적절한 필터를 이용해서 이 빈 곳을 채울 수 있다. 하지만 이 방법을 이용할 경우에 성능이 저하되는 단점이 있다. 그럼 이 방법의 단점을 이해하기 위해서 간단한 예제를 살펴보자.

예제 10-1 AlphaImageLoader를 이용하여 PNG의 테두리 작업하기

```
.myModule .corner{
    background-image: url(corner.png);
    _background-image: none;
    _filter:progid:DXImageTransform.Microsoft.AlphaImageLoader(
        src='corner.png',
        sizingMethod='scale'
    );
}
```

이 예제 10-1에서는 언더라인은 인터넷 익스플로러 7 이하의 브라우저에서만 가능한 작업이다.

- background-image 속성은 원래 지정한 배경 corner.png를 제거한다.

- _filter 속성은 마이크로소프트의 AlphaImageLoader 필터를 이용해서 같은 이미지를 다시 로드한다.

인터넷 익스플로러 6이나 그 이하의 버전에서만 이런 기능이 필요하고 인터넷 익스플로러 7과 알파 투명도를 지원하는 사파리나 파이어폭스 오페라와 같은 버전에서는 필요 없는 작업이다. 최근 브라우 저에서 언더바를 이용한 작업들은 해석을 하지 못하기 때문에 그냥 무시된다고 보면 된다.

▼ **주의** 만약 언더바를 이용한 작업을 인터넷 익스플로러 7에서 모르고 이용하게 된다면 알파 투명도를 지원함에도 불구하고 이 필터를 이용하게 될 것이다.

AlphaImageLoader의 문제

이 알파 필터를 이용했을 때는 성능과 유지보수에 있어서 문제가 존재한다.

다른 코드와의 조화

이 필터를 이용한 예제를 정말 조금 사용한다 하더라도 그 모양을 유지하는 데 있어서 상당한 위 험이 따른다. 우리가 예외적인 CSS rule을 이용하게 되면 이 필터는 더 많은 시간을 잡아먹게 된 다. 뿐만 아니라 웹사이트 최적화 기법에서 소개했던 것처럼 우리는 CSS 스프라이트(sprite)를 이용해서 HTTP 요청을 줄여야 하는데 이 경우에서는 더 많은 배경 요청을 하게 된다.

얼어버리는 브라우저

알파 필터를 적용할 때 페이지는 점진적인 로드를 지원하지 않는다. 그렇게 될 경우 사용자는 구성 요소가 다운로드될 때까지 우리는 계속 기다리게 될 것이다. 페이지 요소늘은 농시적으로 다운로드될 수 있지만 보여지는 것은 블로킹된다. 왜냐하면 인터넷 익스플로러는 모든 CSS가 도착할 때까지 렌더링 작업을 진행하지 않기 때문이다. 그리고 CSS는 필터된 이미지와의 의존 관계를 가지고 있기 때문이기도 하다(더 자세한 정보는 http://www.phpied.com/rendering-styles를 참고하길 바란다). 만약 여러 개의 AlphaImageLoader 필터를 페이지에서 사용하고 있다면 여러 가지 문제가 생길 수 있다. 무엇보다도 5개의 이미지를 가지고 있고 각각 2초씩의 지연시간을 가지고 있다면 브라우저는 10초 동안 얼어 버리게 될 것이다.

증가되는 메모리 소비

AlphaImageLoader을 이용할 때의 다른 부정적인 효과는 필터를 적용하고 진행하는 데 있어서 메모리를 증가시킨다는 것이다. 최근에 브라우저의 컴퓨터가 충분히 좋기 때문에 크게 상관이 없나고 생각알 수도 있겠지만 충분히 오래된 김퓨터가 있을 수 있고 인디넷 익스플로리 6을 시용하고 있는 컴퓨터라면 아마 오래된 컴퓨터일 확률이 높다고 보면 된다.

이 필터를 이용하는 이미지를 변경하지 않는다면 이러한 모든 오버헤드가 페이지마다 매번 적용될 것이다. 하지만 HTML 엘리먼트를 이용해서 스타일을 적용하는 방법을 생각해 볼 수 있다. 만약 한 개의 HTML 엘리먼트를 이용한다년 근 문세가 없을 수 있시만 20개의 HTML 엘리민드를 페이지에 적용한다면 성능에 있어서 큰 문제가 생기게 된다. 왜냐하면 각각의 요소는 단 하나의 스레드를 동기적으로 이용하게 되기 때문이다. 우리는 종종 이 필터를 동영상의 '재생 버튼'을 투명하게 올려 놓을 때 이용하고는 한다(그림 10-8 참고). 이 경우에는 성능적인 면에서 페널티(penalty)가 적용될 것이다.

그림 10-8. 야후의 플레이어에서는 플레이 버튼을 없애면서 성능을 증가시켰다.

실 사례: 야후의 검색

야후 연구소에서는 코드의 변경을 통한 성능을 측정하는 좋은 방법이 있었지만 실제 사례에서는 이러한 테스트가 큰 의미가 없었다. 왜냐하면 실제로 들어오는 수백만의 사용자 요청은 무수히 다른 브라우저 설정과 지리적인 요소, 커넥션 속도, 하드웨어, OS 등을 가지고 있었기 때문이었다.

연구실의 테스트에서 AlphaImageLoader 필터의 속도를 측정해 본 결과 이 필터를 적용한 한 개의 HTML 엘리먼트당 8밀리초의 비용이 든다는 결론을 냈다. 이전에 검색 팀은 트루컬러 PNG를 이용했었고 이것을 잘라서 페이지 안에서 12번 사용했었다. 그렇기 때문에 우리는 96밀리초가 걸린다고 예측했었지만 실제의 사용자들에게는 그렇게 적용되지 않았다.

이 실험은 두 개의 페이지 결과를 비교했다. 하나는 AlphaImageLoader를 이용했을 때와 이용하지 않았을 때였다. 그 결과는 확실히 다른 결과가 나타났고 50~100밀리초 차이를 보이게 됐다. 인터넷 익스플로러 6 버전에서는 100밀리초의 성능 증가가 있었지만 인터넷 익스플로러 5에서는 50밀리초가 증가되는 결과를 보여줬다.

100밀리초의 성능 증가는 작은 성능 효과로 보여질 수 있지만 아마존에서 실험한 데이터에 따르면 100밀리초의 성능 증가는 매출을 1%나 높인다는 통계를 발표했었다(http://home.blarg.net/~glinden/StanfordDataMining.2006-11-29.ppt). 매출과 성능의 관계를 이용하면 트루컬러 PNG의 교체가 결코 작은 투자가 아님을 알 수 있을 것이다.

이 테스트 결과에서 우리는 가능하면 AlphaImageLoader의 사용을 피할 것을 추천하는 바이다. 그렇다면 어떻게 이것을 피할 수 있을까? 이 내용에 대해서는 다음 단락의 내용을 참고해 보도록 하자.

단계적인 PNG8의 알파 투명도

만약 알파 투명도를 이용하겠다고 결정했지만 성능적인 페널티를 가져가기 싫다면 단계적인 PNG8을 이용할 수 있다. 단계적인 PNG8을 이용하면 알파 투명도를 이용해서 이미지를 생성하고 어디에서나 이용할 수 있지만 신뢰할 만하지는 못하다. 다음과 같은 방법을 이용하면 신뢰도를 높일 수 있다.

1. 일반 투명도 이미지를 만들고 모두 불투명 이미지로 채우거나 모두 투명 픽셀들로 채운다.

2. 이미지를 이용하는 데 필요한 CSS를 작성한다.

3. 이미지가 알파 투명도 없이 잘 동작하는지 검사한다.

4. 브라우저에서 보여지는 부분적인 투명 픽셀을 추가한다. 여기서 포토샵이나 이미지 편집 툴에서 두 개의 이미지를 각각 다른 포맷으로 저장한다. 이미지 하나는 알파 투명도를 지원하는 PNG8로 한 번 저장하고, 파이어웍스 프로그램이나 pngnq와 같은 커맨드 프로그램을 이용해서 다시 한 번 저장한다. 하지만 PNG는 알파 투명도를 지원하지 않고 있기 때문에 PNG에서 PNG8로 자동 변환하는 방법을 추천하진 않는다.

단계적인 PNG8에 대한 더 자세한 정보를 보고 싶다면 알렉스 워커(Alex Walker)의 사이트 포인트(SitePoint) 아티클인 "PNG-The Clear Winner"를 참고하길 바란다(http://www.sitepoint.com/blogs/2007/09/18/png8-the-clear-winner).

▼ **주의** 단계적인 PNG8 이미지는 일반 투명도의 대체적인 방법으로 이용할 수 있다. 모두 불투명한 픽셀을 가지고 있지 않은 이미지는 인터넷 익스플로러 6에 의해서 완벽하게 렌더링되기 때문이다.

예를 들어 단계적인 PNG8은 다양한 배경 위에 오버레이하는 데 이용할 수 있다. 그림 10-9와 그림 10-10은 그림자를 추가하는 데 이용한 예이다.

그림 10-9 ｜ 인터넷 익스플로러에서 보여지는 깔끔한 3픽셀의 테두리

그림 10-10 ｜ 인터넷 익스플로러 7과 8, 파이어폭스, 사파리, 오페라에서 보여지는 그림자

✱ **참고**　사람의 눈은 윤곽의 변화에 매우 민감하다. 왜냐하면 사람의 눈은 객체를 식별할 때 모양을 이용해서 식별하기 때문이다. 그러므로 그래픽의 테두리에 세심한 주의를 기울여야 한다. 아이콘이나 이미지의 테두리를 작업할 때 일어난 실수는 더 눈에 잘 띄게 된다.

자르기(Sprite)의 최적화

데이브 쉬어(Dave Shea)는 여러 CSS 스프라이트라는 용어를 만들어 냈고, 이 기능은 하나의 이미지에 여러 이미지를 합친 뒤에 원하는 부분만 잘라서 배경이나 원하는 부위에 사용할 수 있는 기능이다 (http://www.alistapart.com/articles/sprites/). 이 기술은 이후에 야후에서 HTTP 요청을 최적화하는 데 이용되었다. 이 스프라이트 최적화를 적용하는 방법에는 두 가지가 있다. 하나는 그냥 되는 대로 이용하는 사용자 스프라이트 방법과 하나는 객체지향적으로 접근하는 모듈 스프라이트 방법이다. 이 중에 어떤 방법을 이용해야 될지는 다음 질문을 생각해 보아야 한다.

- 사이트에 얼마나 많은 페이지를 가지고 있는가?
- 사이트가 모듈화되어 있는가?
- 사이트를 유지보수하는 데 얼마나 많은 시간을 소비할 수 있는가?

　이 질문에 대한 답은 스프라이트의 수, 유지 비용, 페이지의 수에 따라서 달라지게 된다. 다음 그림 10-11을 보면 답을 생각하는 데 많은 참고가 될 것이다.

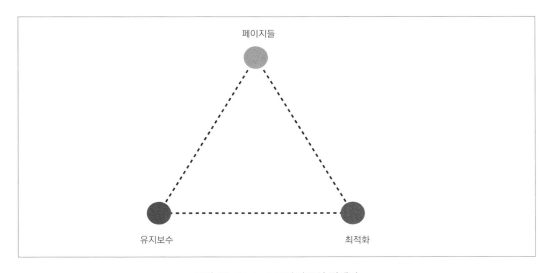

그림 10-11 | 스프라이트의 딜레마

사용자 스프라이트와 모듈 스프라이트와의 비교

만약 사이트의 페이지가 매우 작다면 모든 것을 하나의 사용자 스프라이트에 넣고 이용하는 것을 추천한다. 구글은 검색 결과 페이지를 위해서 사용자 스프라이트를 이용하고 있다. 다음 그림 10-12를 살펴보자.

그림 10-12 | 구글 검색은 두 페이지를 가지고 있기 때문에 유지보수
비용을 소중히 여길 필요가 없는 사용자 스프라이트를 이용하고 있다.

하지만 만약 사이트에서 더 많은 페이지를 가지고 있다면 다른 스프라이트 전략을 이용해야 하거나 유지보수 비용을 굉장히 들여야 할 것이다. 즉, 모듈별로 분리하여 원하는 이미지를 선택하여 이용하지 않고 하나의 이미지를 이용한다면 사이트는 굉장히 무거워지게 될 것이다. 이 방법을 이용하기 위해서 같은 객체별로 구별해 주는 작업을 진행해야 한다.

- 테두리에서 이용하는 모든 이미지들

- 왼쪽과 오른쪽에 슬라이딩되는 이미지들

- 버튼을 구성하는 이미지들

- 마우스 오버나 현재 페이지에서 이용하는 평범한 이미지들

모듈 스프라이트를 이용할 경우 다른 스프라이트 이미지들과 합쳐저서는 안 된다.

CSS 스프라이트의 최적화

때때로 스프라이트의 최적화는 이미지 최적화보다 더 복잡하다. 하나의 이미지로 합쳐진 다른 종류의 리소스들은 압축하는 데 있어서 더 힘들 수 있다. 다음은 최적화하기 위한 가능한 최고의 방법을 보여주고 있다.

- 같은 색끼리 묶기: 비슷한 색의 아이콘들이나 이미지를 합친다.

- 불필요한 여백들을 없애고 모바일 기계들에서도 더 쉽게 이용할 수 있게 만든다.

- 요소들을 수직으로 정렬하는 대신에 수평으로 정렬하면 약간 더 작아지게 된다.

- 색을 PNG8의 제한인 256색으로 제한한다.

- 개인적인 이미지들을 최적화하고 분리하면 이전의 색보다 제한이 줄어들 것이다.

- 사이즈나 정렬을 통해서 안티앨리어싱(anti-aliasing)을 적용하는 것을 줄인다. 만약 아이콘의 모양이 약간 깨진다면 이미지의 정렬을 수평이나 수직으로 변경해보면 안티앨리어싱을 줄일 수 있다.

- 대각선의 그라데이션은 피해라.

- 인터넷 익스플로러 6에서의 투명도 사용을 피하거나 이미지에서 투명도 표현을 위해서 요구되는 이미지를 스프라이트로 분리시킨다.

- 모든 픽셀을 이용하는 그라데이션을 2~3개의 픽셀을 이용하게 수정한다.

- 로고의 경우 신중하게 작업해야 한다. 로고는 작은 수정에도 쉽게 인식할 수 있다.

다른 이미지의 최적화

이번 장에서 지금까지 다루었던 최적화 방법에 추가로 페이지 로드 속도를 더 빠르게 할 수 있는 최적화 예제를 살펴보도록 하겠다. 여기서는 어떻게 이미지 파일들을 이용해야 되는지에 초점을 맞추어 살펴본다.

확장 가능한 이미지를 피해라

HTML에서 500×500 픽셀의 이미지의 사이즈를 줄여서 사용할 경우에 불필요한 다운로드 오버헤드가 발생하게 된다.

```
<img src="image.jpg" width="100" height="100" alt="my image" />
```

여기서 100×100 픽셀의 이미지를 필요로 하지만 이보다 더 큰 이미지를 다운로드해 줄 필요가 없다는 것이다. 만약 서버에서 이 이미지를 더 작게 만든다면 우리는 더 좋은 성능의 웹사이트를 이용할 수 있을 것이다. 덧붙여 말해서, 이미지를 추가하는 작업은 몇몇 브라우저에게 좋은 작업이 아니다. 예로 ImageMagick과 같은 프로그램을 이용해서 이미지의 크기를 조절할 경우 퀄리티가 떨어지고 더 큰 이미지 크기의 다운로드를 하게 된다.

애플리케이션에서 생성된 이미지들

만약 애플리케이션이나 모듈을 이용해서 리포팅을 하게 된다면 차트나 그래프와 같은 이미지를 서버 단에서 생성하게 될 수도 있을 것이다. 이렇게 해서 이미지를 생성할 경우 다음과 같은 두 작업을 주의 깊게 살펴봐야 할 것이다.

- 가능하면 GIF, PNG8 대신에 PNG를 선택하라.

- 저장하기 전에 쓸모없는 정보를 없애는 것을 잊지 마라.

구글 차트 API(http://code.google.com/apis/chart/types.html)는 좋은 예제가 된다(그림 10-13 참고). 만약 이런 작업에 익숙하지 않다면 이미지 그래프를 URL 파라미터에 따라 생성해주는 차트 API는 좋은 예제가 될 것이다. 그렇다면 이 서비스는 얼마만큼 좋은 이미지를 생성해주고 있는지 살펴보도록 하사.

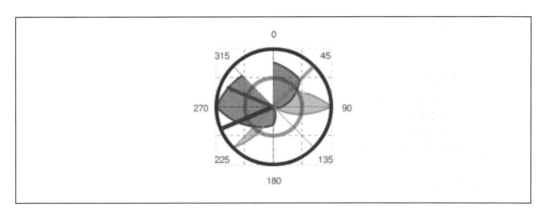

그림 10-13 | 생성된 그래프 이미지의 예제

그림 10-13은 1,704개의 색을 가지고 있고 17,027바이트의 파일 용량을 가지고 있다. 여기서 다음과 같은 최적화를 통해서 이미지 크기를 줄일 수 있다.

- pngcrush와 같은 툴을 이용해서 이미지를 최적화할 경우 12,882바이트의 이미지를 만들 수 있고 퀄리티의 손해 없이 24%의 용량을 절약할 수 있다.

- pngquant를 이용해서 이미지를 PNG8로 변환할 경우 약 1,500색을 줄일 수 있다. 그리고 새로운 파일의 크기는 7,710바이트로 원래 용량의 55%나 절약하는 것이 가능하다.

이미지를 생성할 때 디스크에 저장하여 보여지게 될 경우 두 번째 요청 시 이미지를 다시 생성할 필요가 없고 캐시를 이용할 수도 있기 때문에 HTTP 요청을 줄일 수 있다. 그리고 최적화된 이미지를 반환해 줄 수 있는 것이다.

그러면 GD 이미지 라이브러리(http://php.net/gd)를 이용해서 이미지를 생성하는 PHP 코드를 살펴보도록 하자.

```php
<?php
header ('Content-type: image/png');

// 이미지 파일의 이름
$cachedir = 'myimagecache/';
$file = $cachedir . 'myimage.png';

// 만약 캐시에 있다면 바로 전달
if (file_exists($file)) {
    echo file_get_contents($file);
    die();
}

// 새롭게 생성된 이미지
$im = @imagecreatetruecolor(200, 200);
//이미지 생성 후에
imagepng($im, $file); // 저장
imagedestroy($im); // 청소

// 이미지 용량 줄이기
$cmd = array();
$cmd[] = "pngcrush -rem alla $file.png $file";
$cmd[] = "rm -f $file.png";
exec(implode(';', $cmd));

// 새로운 이미지 반환
echo file_get_contents($file);
?>
```

file_get_contents을 이용해서 파일을 이용해서 파일을 읽어오는 것 대신 이용할 수 있는 다른 방법은 리다이렉트를 통해서 브라우저에 새로운 경로를 출력하게 할 수 있다. 그리고 만료 기간을 브라우저 헤더에 추가해서 재방문 시에도 이 이미지를 다시 이용하게 할 수 있다.

파비콘

파비콘은 /favicon.ico라고 불리는 작은 이미지로 다음 그림 10-14에서처럼 브라우저의 주소 앞에 붙어 보여지게 되는 이미지이다.

그림 10-14 | 위키디피아의 **파비콘**

이 파비콘은 자주 무시된다. 왜냐하면 굉장히 작을뿐더러 캐시를 지원하고 있기 때문이다. 하지만 캐시는 우리가 생각하는 것만큼 보편적으로 이용되지 않고 있다. 야후 검색에서는 연구한 결과로 모든 페이지에서 9%나 파비콘을 새로 전달하고 있다는 것이었다.

파비콘의 성능을 높이기 위해서 고려해 봐야 할 것들을 다음과 같이 정리해 볼 수 있다.

- 파비콘을 확신히 만들어야 한다. 브라우저에서 이 파일을 요청한 뒤로 404 요청을 반환할 이유를 주게 될 경우 사이트에서 404 에러를 처리하기 위한 동작들이 실행될 수 있기 때문이다. 예를 들어 404 핸들러는 DB에 연결한다거나 비싼 리소스들을 소비할 수 있다.

- 파비콘을 전달할 때 헤더에 만료기간을 확실히 지정해야 한다. 그리고 캐시에서 이 파일을 영원히 이용하겠다는 생각을 해서는 안 된다. 왜냐하면 /favicon.ico으로 지정된 파비콘의 이름을 변경하는 것이 불가능하기 때문이다. 때문에 파비콘 파일의 수정날짜를 통해서 이것을 다시 내려줄지 밀지를 결정하는 방법을 이용할 것을 추천한다. 만약 긴급하게 수정해야 한다면 <link> 태그의 파일 이름을 수정해주어야 한다.

- head 안에 <link> 태그를 포함시킬 수 있다. 이 방법을 이용하면 기본적으로 이용하는 /favicon.ico와 대조적으로 추가적인 요청을 만들 수 있다.

```
<link rel="shortcut icon" href="http://CDN/myicon.ico" />
```

이 예제는 CDN으로부터 파비콘을 운반하게 되며 캐시에 영원히 저장할 수 있기 때문에 굉장히 좋은 방법이라 할 수 있다.

만약 이러한 방법을 이용할 경우 파이어폭스는 모두 다운로드된 후가 아닌 다운로드 전에 먼저 파비콘 요청을 보내게 된다. 한편 만약 /favicon.ico를 이용한다면 <link> 태그를 추가할 이유가 없다.

- 아이콘은 작게 만들어야 한다. ICO 포맷은 여러 개의 다른 포맷을 지원하고 있다. 예를 들어 16×16, 32×32 등의 크기가 있다. 이 크기에 따라서 파일의 크기가 달라질 수 있기 때문에 가능하면 16×16 이미지를 이용하는 것이 가장 좋은 방법이라 할 수 있다. 이 파일의 크기는 일반적으로 1KB 정도가 된다.

- 윈도에서 이용이 가능한 Pixelformer(http://www.qualibyte.com/pixelformer/)라는 툴을 이용해서 아이콘을 최적화할 수 있다.

애플 터치 아이콘

파비콘과 비슷하게 불리는 애플 터치 아이콘은 아이폰/아이팟 단말기에서 이용되는 파일이다. 애플의 터치 아이콘은 PNG 파일로 웹서버 루트에 저장되어 있고 57×57픽셀 사이즈를 가지고 있으며 파일 이름은 apple-touch-icon.png 이다. 만약 CDN으로부터 아이콘을 전달하고 싶거나 만료 기간을 전달하고 싶다면 <link> 태그를 이용할 수 있다.

```
<link rel="apple-touch-icon" href="http://CDN/any-name.png" />
```

데스크톱 브라우저는 파비콘들을 요청하는 것보다 더 적게 이 파일을 요청할 것이다. 아이폰 클라이언트는 사용자가 홈 스크린에 페이지를 추가했을 때만 요청하게 될 것이다.

요약

이번 장에서는 이미지와 관련된 몇 가지 주제를 살펴보았다. 그리고 이미지 최적화를 위해서 무엇을 할 수 있는지에 대한 조언들을 담았다. 그럼 지금까지 언급한 이미지 최적화의 요점을 요약해 보도록 하겠다.

- 적절한 이미지 포맷을 선택한다. 사진을 위한 JPEG, 애니메이션을 위한 GIF, 모든 그래픽을 위한 PNG. 그리고 가능한 PNG8을 이용한다.

- PNG의 크러쉬, GIF 애니메이션의 최적화 JPEG의 메타데이터의 제거, 점진적인 JPEG의 이미지의 경우 10KB 이상의 파일 사이즈

- AlphaImageLoader의 이용을 피한다.

- CSS 스프라이트를 이용해서 최적화한다.

- 2~3개 이상의 페이지를 사용하고 있다면 각각의 이미지를 모듈화한다.

- HTML 안에서 이미지를 확장하지 않는다.

- 자동으로 생성된 이미지 또한 최적화를 해야 하면 생성한 이미지는 가능한 캐시를 이용한다. PNG8로 컨버트하며 256색을 넘지 않도록 한다.

- 파비콘과 애플 터치 아이콘을 잊어서는 안 된다. 만약 이것들을 HTML 마크업으로 간주하지 않고 페이지의 구성 요소의 한 부분으로 작게 만들어야 하고 캐시에 담아서 사용해야 한다.

11

도메인 공유

몇몇 웹페이지들을 모든 HTTP 요청을 하나의 도메인에서만 요청한다. 그리고 어떤 사이트들은 여러 도메인을 통해서 사이트의 리소스를 나누기도 한다. 이전에 출판된 도서 『웹사이트 최적화 기법』의 9번째 룰에서는 DNS 검색을 줄이라고 했지만 어떨 때는 도메인의 수를 늘리는 것이 성능에 더 좋을 때가 있다. DNS 검색이 추가된다 하더라도 말이다. 도메인 수를 늘리더라도 성능을 높이기 위한 키 포인트는 페이지의 크리티컬 경로를 찾는 것이다. 만약 하나로부터 너무 많은 자원을 전달해서 크리티컬 경로가 생기게 된다면 그 자원을 여러 도메인으로 구별해야 한다. 필자는 이것을 도메인 공유라고 부를 것이며 도메인 공유는 페이지 로드 속도를 매우 빠르게 만들어 줄 것이다.

크리티컬 경로

다음 그림 11-1은 이베이(eBay)의 요청 결과를 보여주고 있다. 수평 축은 응답 속도를 나타내고 있다. 오른쪽 차트를 보면 가파른 경사가 있는 것을 볼 수 있다. 이것은 짧은 시간 동안에 굉장히 많은 다운로드가 발생하고 있다는 것이다. 하지만 반대로 생각해보면 처음부터 다섯 번째 요청들의 응답 속도가 매우 느리거나 자바스크립트 실행시간이 매우 느리다는 것을 알 수 있다. 이 경우에 이베이에서 크리티컬 경로는 첫 번째 HTML 문서 요청과 네 번째, 다섯 번째의 자바스크립트 요청이라 할 수 있다. 그리고 흰색 여백에서 자바스크립트 실행에 의해서 요청이 막히게 된다는 것을 볼 수 있다.

다음 그림 1-2에서는 야후의 HTTP 요청 프로필을 보여주고 있고 이베이와는 다른 크리티컬 경로

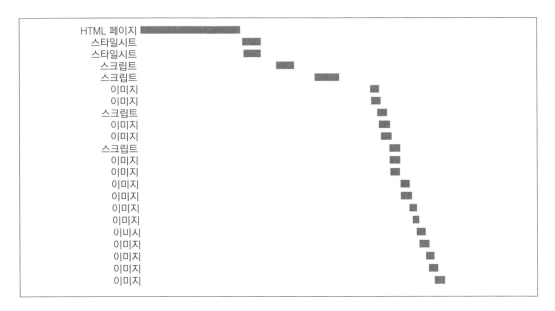

그림 11-1. 이베이의 크리티컬 경로(http://www.ebay.com/)

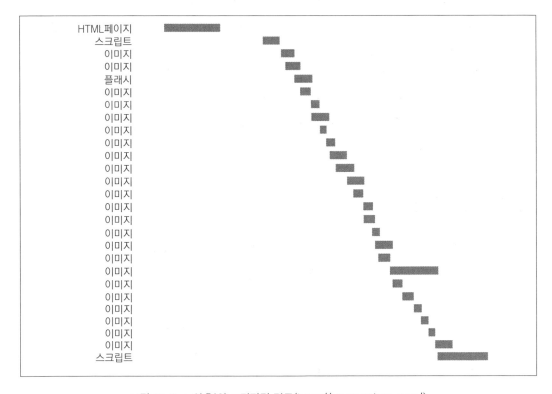

그림 11-2 ┃ 야후!의 크리티컬 경로(http://www.yahoo.com/)

를 가지고 있다. 이 페이지에서 로딩 타임의 대부분은 동시에 두 개의 이미지씩 다운로드하는 데 쓰고 있다.[1] 페이지 안의 모든 리소스는 하나의 도메인으로부터 다운로드하고 있다(l.yimg.com). 인터넷 익스플로러 6, 7과 같은 몇몇 브라우저에서는 서버당 동시 다운로드 개수를 제한하고 있다(인터넷 익스플로러 8과 파이어폭스 3은 서버당 6개까지 커넥션을 늘릴 수 있다. 이 내용은 뒤의 새로운 브라우저에서 살펴볼 것이다). 그림 11-2에서는 서버당 2개의 커넥션을 지원하고 있고 계단 패턴 형식으로 다운로드되는 것을 확인할 수 있다.

하나의 도메인으로 리소스들을 다운로드하는 것이 느리다고 생각될 경우에 리소스들을 여러 도메인으로 분리해서 동시 다운로드 수를 늘려 속도를 증가시킬 수 있다. 다음 예제는 이것을 적용한 결과를 보여주고 있다.

하나의 도메인

http://stevesouders.com/efws/domains1.php

두 개의 도메인

http://stevesouders.com/efws/domains2.php

각각의 페이지는 야후로부터 22개의 이미지를 가지고 있다. 하나의 도메인 예제는 l.yimg.com로부터 모든 이미지를 다운로드하게 되고 두 개의 도메인 예제는 l.yimg.com과 d.yimg.com으로부터 이미지들을 다운로드하게 된다.[2] 이 테스트 결과는 두 개의 도메인 예제가 27% 정도 더 빠른 것으로 측정된다(7,000Kbps 인터넷 기반으로 654ms/892ms).

다음 그림 11-3은 한 개의 도메인 예제와 두 개의 도메인 예제의 HTTP 요청 리스트를 보여주고 있다. 처음 시작부분에서는 한 개의 도메인을 이용해서 다운로드를 진행하게 된다. 하지만 그 다음부터 두 개의 도메인올 이용하는 IITTP 통신의 경우 4개의 커넥션을 이용해서 더 빠르게 페이지를 로딩한다는 것을 확인할 수 있다.

도메인 공유는 무엇인가?

다음 표 11-1은 상위 웹사이트들은 몇 개의 도메인을 이용하고 있는지 조사한 목록을 보여주고 있다. 이미지와 스크립트 그리고 스타일시트 각각의 수를 보여주고 있다.

---

1 이 데이터는 인터넷 익스플로러 7을 기반으로 측정되었다.

2 필자는 http://news.yahoo.com 에서 이용되는 d.yimgcom 도메인의 이미지를 이용했다.

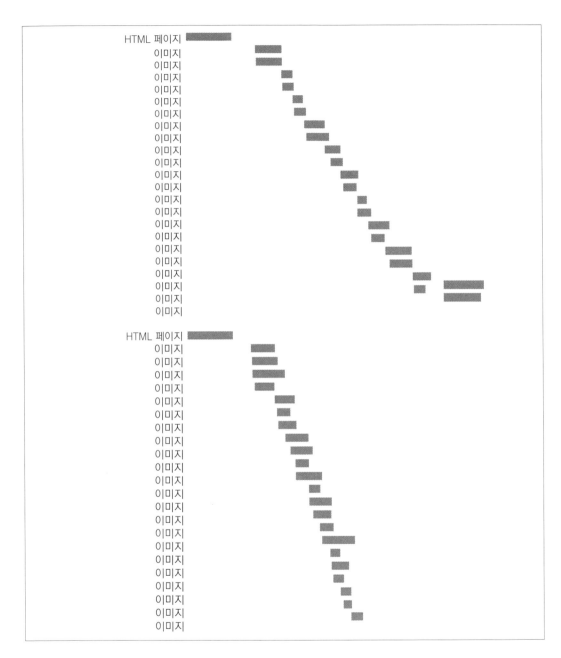

그림 11-3 | 하나의 도메인과 두 개의 도메인의 비교

대부분 사이트들의 리소스들은 여러 도메인을 이용하고 있다. 특별히 유튜브와 같은 경우 도메인에 번호를 붙여 이용하고 있다(i1.ytimg.com, i2.ytimg.com, i3.ytimg.com, and i4.ytimg.com). 상위의 사이트들은 이와 비슷한 방법의 식별자를 이용해서 도메인을 구별하고 있다.

표 11-1 상위 웹사이트들의 도메인 수

웹사이트	이미지	스크립트	스타일시트	도메인의 수
http://www.aol.com/	59	6	2	3
http://www.ebay.com/	33	5	2	3
http://www.facebook.com/	96	14	14	10
http://www.google.com/search?q=flowers	3	1	0	N/A
http://search.live.com/results.aspx?q=flowers	6	1	4	5
http://www.msn.com/	45	7	3	3
http://www.myspace.com/	16	14	2	3
http://en.wikipedia.org/wiki/Flowers	33	6	9	2
http://www.yahoo.com/	28	4	1	1
http://www.youtube.com/	23	7	1	5

AOL

o.aolcdn.com, portal.aolcdn.com, www.aolcdn.com

eBay

include.ebaystatic.com, pics.ebaystatic.com, rtm.ebaystatic.com

Facebook

b.static.ak.fbcdn.net, external.ak.fbcdn.net, photos-[b,d,f,g,h].ak.fbcdn.net, platform.ak.fbcdn.net, profile.ak.facebook.com, static.ak.fbcdn.net

Live Search

search.live.com, ts[1,2,3,4].images.live.com

MSN.com

tk2.st[b,c,j].s-msn.com

MySpace

cms.myspacecdn.com, rma.myspacecdn.com, x.myspacecdn.com, creative.myspace.com, largeassets.myspacecdn.com, x.myspace.com

Wikipedia

en.wikipedia.org, upload.wikimedia.org

YouTube

i[1,2,3,4].ytimg.com, s.ytimg.com

구글의 메인 페이지는 오직 두 개의 리소스만 가지고 있다. 그렇기 때문에 하나의 도메인으로도 분리되어 다운로드가 가능하다. 야후는 대부분의 리소스들은 하나의 도메인을 이용해서 다운로드한다. 여러 개의 도메인을 이용할 경우에는 여러 장점을 가지게 된다. AOL과 Wikipedia는 재미있는 이야기가 있다. 이 사이트들은 모두 몇 개의 도메인을 이용해서 상대적으로 많은 수의 리소스들을 다운로드하게 된다. 그 이유를 예상해 보자면 한 가지는 아마 HTTP/1.1에서 HTTP/1.0으로 다운그레이드하기 위해서 일 수도 있다. 자, 그럼 다음 단락에서 이 내용에 대해서 자세히 살펴보도록 하자.

HTTP/1.0으로의 다운그레이드

AOL과 Wikipedia 리소스들은 상대적으로 적은 도메인 개수를 이용하게 된다. 하지만 그렇다 하더라도 그들은 훌륭한 동시 다운로드를 지원하고 있는 것을 볼 수 있다. 다음 그림 11-4는 인터넷 익스플로러 7에서 로드된 HTTP 요청 히스토리를 보여주고 있다. 모든 리소스들은 en.wikipedia.org 도메인으로부터 전달되고 있다. 인터넷 익스플로러 7은 일반적으로 한 서버당 두 개의 커넥션을 이용한다. 하지만 여기서는 네 개의 커넥션을 이용하고 있다. 왜냐하면 Wikipedia는 HTTP/1.0의 응답으로 다운그레이드하고 있기 때문이다.

HTTP/1.1은 웹 클라이언트와 서버 사이에서 최근에 가장 많이 사용되고 있는 기술이다. 하지만 HTTP/1.0 또한 지금도 지원되고 있다. HTTP/1.1을 이용할 경우 대부분의 브라우저들은 한 서버당 2개의 연결을 이용하고 있고 HTTP/1.1 RFC(http://www.w3.org/Protocols/rfc2616/rfc2616-sec8.html#sec8.1.4) 문서에서도 2개의 커넥션을 추천하고 있다. 하지만 인터넷 익스플로러 6과 7은 HTTP/1.0 기반의 통신을 할 때 더 많은 커넥션을 이용할 수 있다. HTTP/1.0을 이용할 경우 2개의 연결 제한을 4개로 늘릴 수 있기 때문이다. 이와 비슷하게 파이어폭스 2는 HTTP/1.1에서 2개의 커넥션을 이용하지만 HTTP/1.0의 경우 8개까지 증가시킬 수 있다.

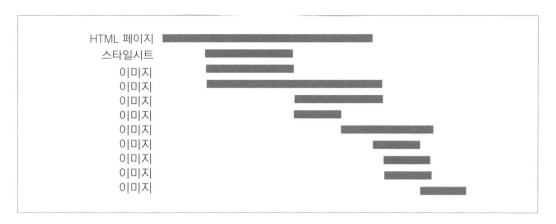

그림 11-4 | 위키피디아(Wikipedia)의 병렬 다운로드

HTTP/1.1에서 서버당 적은 커넥션 수를 추천하는 이유는 끊기지 않고 계속 지속되는 커넥션의 수를 줄이기 위해서이다. 기본적으로 HTTP/1.0은 각각의 응답이 끊어진 후에 TCP 연결이 끊어지게 된다. 이 때문에 요청마다 새로운 TCP 연결을 하게 되기 때문에 시간이 흐르게 되는 것이다. 이러한 오버헤드를 줄이기 위해서 HTTP/1.1은 끊기지 않는 영원한 커넥션을 이용하는 것이고 하나의 커넥션을 이용해서 여러 개의 요청과 응답을 수행하는 것이다. 영원한 커넥션은 일반적으로 더 오랜 시간 동안 연결을 지속하고 있기 때문에 커넥션의 연결 수가 많아지게 되고 서버의 리소스를 잡아먹게 된다. 따라서 HTTP/1.1은 2개의 커넥션을 추천하고 있는 것이다.

HTTP/1.0으로 다운그레이드했기 때문에 AOL과 Wikipedia는 더 많은 동시 다운로드를 이룰 수 있게 되는 것이다. 하지만 HTTP/1.0 다운그레이드의 단점은 지속적인 커넥션의 수가 줄어든다는 것이다. 이에 대한 대안으로 HTTP/1.0에서는 Keep-Alive라는 속성을 지원하고 있고 이 속성은 사용했던 커넥션을 다시 사용하게 된다. 하지만 HTTP/1.0의 Keep-Alive 속성과 HTTP/1.1은 다음과 같은 차이기 존재한다.

- HTTP/1.1에서는 기본적으로 지속적인 커넥션을 이용하게 된다. HTTP 버전이 HTTP/1.1로 지정되어 있다면 헤더에 추가적인 옵션을 지정하지 않아도 된다. 하지만 HTTP/1.0에서는 반드시 Keep-Alive 속성을 헤더에 지정해 주어야 한다.

- HTTP/1.0의 Keep-Alive를 프록시에서 이용하는 것은 상당한 위험부담을 가지고 있다. 프록시는 Connection: Keep-Alive 헤더를 이해하지 못하고 있기 때문에 맹목적으로 서버로 포워딩하는 것은 죽은 커넥션을 선언하는 것과 다름이 없기 때문이다. 왜냐하면 Keep-Alive 속성이 지정되어 있었기 때문에 오리지널 서버는 커넥션을 닫지 않을 것이다. 그러므로 클라이언트

는 프록시와 통신을 하고 있을 경우에 Connection: Keep-Alive를 절대로 보내면 안 된다는 것이다.

■ HTTP/1.0 Keep-Alive 응답은 Content-Length라는 헤더를 이용해서 끝의 경계를 확실히 정해야 한다. 즉, 동적 콘텐츠의 경우 응답이 시작되었을 경우에 총 사이즈의 길이를 알 수 없기 때문에, 결국 HTTP/1.0 Keep-Alive를 이용할 수 없다.

■ 청크(Chunked) 인코딩은 HTTP/1.1 (http://www.w3.org/Protocols/rfc2616/rfc2616-sec3.html#sec3.6.1)에서 소개된 인코딩 방식이기 때문에 당연히 HTTP/1.0에서는 이용할 수 없다. Chunked 인코딩은 서버에서 데이터를 다시 돌려 보내는 것을 지원하게 된다. 이 기능은 주로 동적으로 생성된 용량이 얼마인지 모르는 큰 응답을 전달해야 될 경우에 상당히 유용하다. 즉, 전달할 용량은 모르지만 서버는 전송을 시작할 경우에 굉장히 유용하게 된다는 것이다(12장에서 청크 인코딩에 대해서 더 자세히 살펴볼 것이다).

이러한 차이점들은 현재 정적인 콘텐츠를 이용하는 HTTP/1.0이라면 크게 문제가 되지 않을 것이다. 대중적인 브라우저들은 이미 Connection: Keep-Alive를 보내고 있고 프록시를 이용할 경우에는 이 속성을 제거하게 될 것이다. 정적인 콘텐츠의 크기는 요청을 시작할 때 알 수 있다. 그렇기 때문에 Content-Length 헤더는 언제든지 보내질 수 있고 Chunked 인코딩을 이용할 필요가 없다. 하지만 500KB 이상의 큰 리소스들을 이용하고, 보다 빠르게 다운로드해주고 싶다면 Chunked 인코딩을 이용하는 것이 가능하다. 하지만 상위 사이트들은 정적 페이지에서 Chunked 인코딩을 이용하지 않았다.

AOL과 Wikipedia 사용자들은 HTTP/1.0으로의 다운그레이드를 통해서 인터넷 익스플로러 6과 7의 장점을 모두 이용할 수 있게 된다. 사용자들은 Keep-Alive 속성 덕분에 동시에 4개의 리소스들을 끊김 없이 다운로드하는 것이 가능하다. 하지만 대부분의 브라우저들은 HTTP 버전 기반으로 한 서버당 커넥션 개수를 많이 풀지 않고 있다. 다음 표 11-2를 참고하자.

표 11-2 서버당 커넥션의 수

브라우저	HTTP/1.1	HTTP/1.0
IE 6,7	2	4
IE 8	6	6
파이어폭스 2	2	8
파이어폭스 3	6	6
사파리 3,4	4	4
크롬 1,2	6	6
오페라 9,10	4	4

만약 인터넷 익스플로러 6과 7 사용자들이 대부분이라면 HTTP/1.0으로의 다운그레이드를 고려해 볼 만하다. 그렇게 해서 동시 다운로드 수가 증가한다면 DNS 검색 비용을 줄일 수 있게 되는 것이다. 하지만 만약 모든 사용자들이 동시 다운로드를 진행하고 싶다면 도메인을 분리하는 방법을 이용해야 할 것이다.

도메인 공유의 동작

여러 도메인을 통해서 리소스를 분리하고자 할 때 전형적으로 나오는 질문들에 대해서 살펴보도록 하겠다.

IP 주소와 호스트이름

브라우저는 한 서버당 최대 커넥션 수를 URL 안의 호스트이름 기반으로 제한하고 있다. 즉, IP 주소로는 제한하고 있지 않기 때문에 같은 IP라 하더라도 다른 호스트이름을 이용할 수 있다. 다음 예제를 살펴보도록 하자.

IP는 같지만 다른 호스트이름

http://stevesouders.com/efws/hostnames.php

이 예제는 4개의 이미지를 다운로드하고 있는데 stevesouders.com에서 2개를, www.stevesouders.com에서 2개를 다운로드하게 된다. 인터넷 익스플로러 6이나 7 버전에서는 네 개의 커넥션을 생성해서 이미지를 동시에 다운로드하게 된다. 브라우저는 각각의 호스트이름이 다르면 분리된 서버로 간주하고 한 서버당 2개의 커넥션이 열리게 되는 것이다.

만약 여러 도메인을 통아어 리소스들을 분리하고 싶은 사람에게는 좋은 소식이 이닐 수 없을 것이다. 즉, 추가적인 서버 없이 동시 다운로드를 제공하기 때문이다. 이러한 기술 대신에 새로운 도메인을 이용하기 위한 CNAME을 이용할 수도 있다. CNAME은 같은 도메인을 이용하기 위한 별칭이다. 즉, 이 도메인을 이용하면 같은 서버로 연결할 수 있고 브라우저들은 다른 도메인으로 인식해서 호스트이름 별로 커넥션을 따로 생성하게 된다.

도메인의 개수

앞에서 살펴본 크리티컬 경로 단락에서는 하나의 도메인보다는 두 개의 도메인으로 분리했을 때가 더 좋은 성능을 가져온다는 내용에 대해서 살펴봤다. 그렇다면 2개의 도메인보다 3개가 더 좋을 것인가?

아니면 10개의 도메인은 어떤가? 야후에서 발표한 검사 결과(http://yuiblog.com/blog/2007/04/11/performance-research-part-4)를 보면 도메인의 숫자는 1개에서 2개로 늘렸을 때 성능을 개선할 수 있지만 2개보다 더 많은 경우에는 오히려 안 좋은 영향을 주게 된다고 발표하고 있다. 물론 리소스의 크기와 수에 의존적이기는 하지만 두 개의 도메인을 이용하는 것이 대체로 좋다는 것을 알아두자.

리소스를 어떻게 나누어야 하는가?

그렇다면 페이지에서 사용하는 리소스들에 도메인을 어떻게 할당하는 것이 최선일까? 키 포인트는 정적인 리소스들은 언제나 같은 도메인을 할당해야 한다는 것이다. 만약 리소스가 이미 캐시에 저장되어 있다면 캐시는 URL을 기반으로 그 요청을 확인하기 때문에 캐시를 재활용할 수 있을 것이다.

먼저 리소스들에 도메인이름을 할당하기 위한 한 가지 방법은 파일의 이름을 정수형으로 변경한 후에 그 수를 기반으로 도메인을 할당해주는 것이고 다른 대안은 리소스의 타입별로 도메인을 할당해주는 것이다. 예를 들어 스타일시트와 이미지는 도메인 1번을 할당해주는 반면 다른 타입들은 도메인 2를 할당해주는 것이다. 이렇게 할 경우 분명히 한쪽 도메인으로 쏠리게 될 수가 있기 때문에 이미지는 2번 도메인으로, 스타일시트와 스크립트는 1번을 이용하는 것이 더 좋을 수 있다.

새로운 브라우저들

인터넷 익스플로러 8과 파이어폭 3은 2개의 커넥션 수를 6개로 늘리는 것이 가능하다. 오래된 브라우저들을 위해서 동시 다운로드 수를 증가시키기 위한 노력은 다음 세대의 브라우저에서 오히려 너무 많은 동시 다운로드를 지원하게 될 수 있는 것이다. 그렇기 때문에 서버에서는 오버헤드를 줄 수 있고 클라이언트의 다운로드 속도는 오히려 더 안 좋아질 수 있다.

여러 개의 도메인을 이용하는 페이스북이나 유튜브와 같은 사이트들은 브라우저 타입별로 나누어주는 알고리즘이 필요할 것이다. 만약 여러 도메인에서 정적인 리소스들을 이용하게 된다면 앞에서 설명한 도메인 구분 가이드를 따르는 것을 추천하는 바이다. 그렇다면 아마 오늘날의 브라우저들뿐만 아니라 미래의 브라우저들 또한 성능의 이점을 가져올 수 있을 것이다.

12

플러시를 통해서 문서 먼저 내리기

성능의 황금률은 웹페이지에서 가장 많은 시간을 소비하게 되는 앞단의 성능 개선이 상당히 중요하다는 것이다.[1] 하지만 가끔 HTML을 자동으로 생성할 때 긴 시간을 소비하게 되므로 뒷단의 시간도 무시할 수 없을 때가 있다. 이때 페이지는 HTML 문서를 반환하기 전에 데이터베이스에 쿼리를 날리는 작업을 진행할 수도 있다.

불행하게도 뒷단에서 작업을 처리하는 동안 사용자는 그 작업이 끝날 때까지 기다려야 한다. 따라서 사용자는 그 페이지를 기다리지 않고 떠날 수 있기 때문에 이번 장에서는 HTML 문서가 완성되기 전에 어떻게 로딩 페이지를 만들어야 하는지 자세히 살펴보도록 하겠다.

헤더의 플러시

대부분의 경우 브라우저는 페이지 렌더링과 페이지의 구성 요소들을 다운로드받기 전에 HTML 문서가 도착하기를 기다리게 된다. 다음은 간단한 예제 페이지를 보여주고 있다.

간단한 페이지

http://stevesouders.com/efws/simple.php

---

1   『웹사이트 최적화 기법』의 규칙1을 참고하자.

이 페이지는 2개의 이미지와 하나의 스크립트를 가지고 있다. HTML 문서와 세 개의 구성요소는 모두 2초 후에 반환하도록 만들었다. 다음 그림 12-1은 HTTP의 통신 차트를 보여주고 있다. 예상했던 대로 HTML 문서가 먼저 다운로드된다. 그리고 그 문서가 다운로드되면 HTML을 분석하여 첫 번째 줄부터 렌더링을 시작하고 구성요소를 차례대로 다운로드받게 된다.

그림 12-1 | 간단한 HTTP 차트

두 개의 이미지들은 1.cuzillion.com에서부터 전달되고 동시에 다운로드된다. 그리고 스크립트 또한 동시에 다운로드된다. 왜냐하면 이미지와 다른 호스트이름인 2.cuzillion.com을 이용하기 때문이다. 전체 페이지 로드 시간은 4초가 걸리게 된다.

다음 그림 12-2는 같은 페이지이지만 이 경우에 HTML 문서가 도착하기 전에 스크립트와 이미지가 다운로드된다. 그 결과 페이지는 처음 페이지의 절반인 2초가 소비된다.

그림 12-2 | HTTP 플러시

이 결과는 PHP의 flush라는 함수를 이용했기에 나타난 효과이다. 플러시를 실행한 예제는 이전 페이지보다 확실히 빠른 것을 알 수 있다.

Flush

http://stevesouders.com/efws/flush-nogzip.php

플러시의 동작을 이해하기 위해서는 우리는 먼저 HTML 문서가 어떻게 생성되는지 살펴볼 필요가 있다.[2] 서버가 PHP 페이지를 파싱함으로써 모든 출력은 STDOUT로 이루어지게 된다. 한 단어나 한

---

2   이번 장에서는 PHP에 포커스를 맞추어 진행하지만 다른 프레임워크에서도 동일하게 적용할 수 있는 내용이다.

줄씩 즉시 응답을 보내기보다는 큐에 쌓게 되고 나중에 한꺼번에 전달하게 된다. 이것이 더 효과적인 이유는 서버에서 브라우저로 더 적은 패킷을 보내게 되기 때문이다. 각각의 패킷들을 따로 전달하다 보면 네트워크 비용을 더 많이 소비하게 된다. 그래서 항상 작은 패킷을 자주 보내기보다는 큰 패킷을 모아서 보내게 되는 것이다.

flush() 함수를 호출하는 것은 STDOUT에 쌓아둔 것들을 즉시 보내라는 의미이다. 하지만 STDOUT의 출력을 단순화하기는 생각보다 쉽지 않다. 우리가 flush 함수를 호출하기 위해서는 페이지를 올바르게 구성해야 한다. 그럼, 다음 PHP 소스 코드에서 flush를 이용한 예제를 살펴보도록 하자.

```html
<html>
<body>

<p>
This is the Flush example.
</p>

<img src="http://1.cuzillion.com/...">
<img src="http://1.cuzillion.com/...">
<script src="http://2.cuzillion.com/..." type="text/javascript"></script>

<?php
flush();
long_slow_function();
?>

<p>
This sentence is after the long, slow function.
</p>

</body>
</html>
```

이번 장에서는 HTML 문서를 생성하는 데 오랜 시간이 걸릴 경우에 그 시간을 줄이기 위한 내용을 알아보고 있다는 것을 기억해두자. PHP 코드를 살펴보면 long_slow_function 함수를 통해서 2초 동안 페이지 로딩 시간을 지연시키고 있다. 그리고 flush() 호출은 오랜 시간이 걸리는 작업 전에 이루어지게 된다.

여기서 페이지 속도가 얼마나 향상될 것인지는 flush() 함수를 호출하기 전에 HTML 안에 무엇을 포함시켰느냐에 달려 있다. 이 예제에서는 텍스트 한 줄(This is the Flush example)과 3개의 리소스(두 개의 이미지와 한 개의 스크립트)를 포함시켰다. 이로써 보다 빨리 HTML 문서가 도착하는 것을 확인할 수 있고 막혀 있던 렌더링과 다운로드를 해소할 수 있게 된다. 그리고 텍스트 한 줄을 포함하면서 사용자에게 시각적인 피드백을 주고 있는 것이다. 그리고 세 개의 리소스를 출력시키면서 나머지 HTML 문서를 기다리는 동안 브라우저는 다운로드를 시작할 수 있게 된다. 이렇게 flush를 통해서 리소스를 먼저 다운로드받게 하는 것이 이번 장에서 다루고자 하는 키 포인트이다. 이 기법은 꽤 간단하고 다음 사이트(http://www.php.net/flush)를 통해서 더 자세한 내용을 살펴볼 수 있을 것이다.

출력 버퍼링

아마도 가장 혼란스러울 수 있는 기술이 바로 출력 버퍼링(Output Buffering)일 것이다. 앞에서 설명했듯이 PHP의 출력은 STDOUT에 의해서 이루어지게 된다. 출력 버퍼링은 STDOUT에 가기 전에 큐에 담을 수 있는 다른 레이어라 할 수 있다.

버퍼링이 동작되는 첫 번째 단계는 PHP 설정에 출력 버퍼링을 이용할지, 또 얼마나 많은 버퍼를 작성할 수 있게 설정되어 있는지 확인하는 것이다. 이것은 php.ini의 output_buffering 선언자를 통해서 결정하게 된다.[3] 한 가지 혼란스러울 수 있는 것은 PHP4.3.5 버전에서는 이 기본 설정이 바뀌었다는 것이다. 이전에는 출력 버퍼 크기가 4,096바이트로 기본선언 되어 있었다.

```
output_buffering = 4096
```

하지만 PHP4.3.5 버전에서는 기본값이 다음과 같이 변경되었다.

```
output_buffering = 0
```

우리는 PHP 코드를 이용해서 output_buffering 값이 어떻게 설정되어 있고 PHP의 버전이 어떤 것인지 확인할 수 있다.

```
<?php
echo "<br>output_buffering = " . ini_get('output_buffering');
echo "<br>PHP version = " . phpversion();
?>
```

만약 서버에서 출력 버퍼링을 이용하게 된다면 flush에 추가로 ob_flush와 관련된 함수를 이용해야만 할 것이다. 다음 주소는 플러시와 출력 버퍼링에 대한 예를 보여주고 있다.

---

3   http://www.php.net/manual/en/outcontrol.configuration.php#ini.output-buffering

플러시 출력 버퍼링

http://stevesouders.com/efws/ob/flush-nogzip-ob.php

앞에서 살펴본 코드에서 다음과 같은 코드를 추가하였다(굵게 표시한 폰트). 여기서 우리는 ob_start 함수와 ob_flush을 이용하고 있는 것을 볼 수 있다. ob_start는 ob_flush가 출력 버퍼를 STDOUT로 보내는 동안 새로운 출력 버퍼링을 열게 된다. 출력 버퍼가 한 번 플러시된 후에도 우리는 여전히 flush()를 이용해야 한다.

```php
<?php
while (ob_get_level() > 0) {
    ob_end_flush();
}
ob_start();
?>
<html>
<body>

<p>
This is the Flush Output Buffering example.
</p>

<img src="http://1.cuzillion.com/...">
<img src="http://1.cuzillion.com/...">
<script src="http://2.cuzillion.com/..." type="text/javascript"></script>

<?php
ob_flush();
flush();
long_slow_function();
?>

<p>
This sentence is after the long, slow function.
</p>
</body>
</html>
```

앞의 while 반복문에서 ob_get_level()가 0보다 크다는 조건으로 ob_end_flush을 호출하게 된다. 여기서 많은 개발자들이 잘못 이해하게 되는데 이 반복문은 이미 flush가 열려 있는지 확인한 후에 그 것을 제거하게 되는 것이다. 이 작업 없이 ob_start를 호출한다면 flush가 아닌 출력 버퍼만 오픈되지 않을 수 있다. PHP에서의 출력 버퍼는 스택 기반으로 동작된다. 만약 ob_start가 두 번째 출력 버퍼를 열게 된다면 그 후에는 ob_flush를 호출하게 될 것이고 첫 번째 출력 버퍼에 두 번째 출력 버퍼가 플러시될 것이다. 즉, STDOUT로 들어가지 않게 되는 것이다. 때문에 STDOUT이 비어 있는 상황에서 flush를 호출하는 것은 아무 효과가 없게 된다. 출력버퍼를 사용할 수 있는지 확인한 뒤에 만약 그렇다면 ob_함수를 통해서 이 이슈를 해결할 수 있을 것이다.

청크 인코딩

앞에서 살펴본 플러시 예제는 웹서버나 클라이언트가 HTTP/1.0을 이용할 경우에는 더 빨라질 수 없다. 그 이유는 HTTP/1.0은 청크 인코딩(Chunked Encoding)을 지원하지 않기 때문이다.

HTTP/1.0 응답은 하나의 데이터 덩어리만 반환하게 되고 전달될 구성 요소의 크기를 Content-Length 헤더를 통해 지정하게 된다. 브라우저는 응답이 끝날 때 데이터의 크기를 알 필요가 있다. 왜냐하면 HTML 문서는 하나의 덩어리로 전송되고 데이터는 모든 응답이 동작하기 전까지 페이지의 렌더링과 리소스들의 다운로드를 시작할 수 없기 때문이다. [4]

HTTP/1.1은 Transfer-Encoding: chunked 속성을 응답 헤더에 추가한다고 앞에서 소개했었다. [5] 청크 인코딩과 함께 HTML 문서는 다양한 데이터 덩어리들을 반환할 수 있게 된다. 각각의 응답 조각들은 자신이 가진 크기를 지정하게 된다. 그리고 이것을 통하여 응답 조각들이 도착하자마자 브라우저는 응답을 분석할 수 있고 페이지는 결국 더 빨리 로드할 수 있게 된다.

청크 인코딩은 두 가지 관점을 바탕으로 페이지를 더 빠르게 만든다. 먼저, 청크 인코딩이 없다면 우리는 응답에 반드시 Content-Length 헤더를 포함시켜야만 한다. 즉, 이 말은 지정된 크기와 함께 모든 응답이 동시에 도착할 때까지 서버는 다른 응답을 보낼 수 없다는 것이다. 하지만 청크 인코딩을 하게 되면 서버는 응답보다 더 빠르게 다른 응답을 보낼 수 있다. 왜냐하면 각각의 응답 조각들의 크기를 보냈기 때문이다.

두 번째로 꼬리 헤더를 이용한 청크 인코딩을 통해서 성능을 높일 수 있는 다른 기회를 부여받을 수

---

4   만약 Content-Length을 모른다면 서버는 커넥션을 끊게 되고 연결 지향적인 커넥션의 장점을 이용할 수 없게 된다.

5   http://www.w3.org/Protocols/rfc2616/rfc2616-sec14.html#sec14.41

있다. 몇몇 상황에서는 헤더가 필요한지 아니면 HTML 문서가 만들어질 때까지 어떤 헤더 값을 필요로 하는지 알기 힘든 경우가 있다. 예를 들어 HTML 문서가 생성되는 동안 데이터베이스 쿼리의 결과나 웹서비스 요청에 의해서 Cookie나 ETag 응답 헤더를 지정하게 될 수도 있을 것이다.

일반적으로 이러한 헤더는 응답을 시작할 때 보내지게 된다. 즉, 이 말은 서버는 DB 쿼리나 웹서비스 호출이 완료될 때까지 응답을 보낼 수 없다는 말이다. 이에 대한 대안으로 청크 인코딩을 이용하게 될 경우 이러한 헤더는 뒤에 꼬리 헤더를 통하여 전달되는 것이 가능하다. 첫 번째 응답 덩어리는 즉시 보내고 Trailer 헤더를 이용해서 뒤에 올 헤더 값을 지정할 수 있다는 것이다.

```
Trailer: Cookie
Trailer: ETag
```

Cookie와 ETag는 HTML 응답 뒷부분에 포함시킬 수 있다.[6] 청크 인코딩은 HTML 문서를 즉시 보내는 것을 가능하게 만든다. 즉, 뒤늦게 헤더를 지정하거나 총 크기가 얼마인지 모른다 하더라도 말이다. 플러시를 통해 문서를 일찍 전달하는 효과를 이용하기 위해서는 청크 인코딩이 반드시 동작하는지 확인해야 한다. 다행히도 아파치와 다른 웹서버들은 우리를 위해서 청크 인코딩이 잘 동작하는지 점검해 주고 있다. 만약 플러시 작업을 하게 된다면 Transfer-Encoding: chunked 헤더가 HTML 문서에 추가되어야 한다는 것을 잊지 말자.

Flush와 Gzip

이전 예제에서는 HTML 문서에 Gzip을 적용하지 않았다. Gzip을 HTML 문서에 적용하는 것은 모든 웹사이트에 있어서 중요한 작업이지만 플러시 동작을 처리할 때는 약간 더 복잡하게 생각해 보아야 한다. 만약 앞에서 플러시 예제에서 Gzip을 적용했다면 플러시는 응답하지 않을 것이다. 다음 예제를 살펴보도록 하자.

플러시에 제대로 동작되지 않는 Gzip

http://stevesouders.com/efws/flush-gzip-no-padding.php

여기서 압축 설정되어 있을 경우 아파치의 출력 버퍼 때문에 플러시는 제대로 동작되지 않게 된다. 아파치 2.x 버전에서는 압축을 위해서 mod_deflate을 이용하게 된다.[7] 이 버전에서는 기본적으로 8,096바이트를 기본 버퍼 크기로 지정한다. 여기서 우리는 DeflateBufferSize 선언자를 통해서 버퍼

---

6 브라우저는 Trailer의 혼합 모드를 지원하고 있다. 크로스 브라우저의 지원을 위해서는 더 많은 연구가 필요하다.

7 http://httpd.apache.org/docs/2.0/mod/mod_deflate.html

사이즈를 줄이는 것이 가능하다. 만약 기본 지정자를 이용하게 될 경우 8KB 이상의 HTML 문서 내용을 플러시하는 것이 가능하다. 다음은 플러시에 Gzip을 적용한 예제를 보여주고 있다.

플러시에 제대로 동작되는 Gzip

http://stevesouders.com/efws/flush-gzip-padding.php

이렇게 패딩을 적용할 경우 버퍼의 값들로 채워지게 되고 플러시 효과를 브라우저에서 볼 수 있다. 그 안에 문자를 채우는 것은 약간 까다롭다. 일반적으로 PHP에서는 str_pad 함수를 이용한다.

```
echo str_pad('', 20000);
```

이 코드는 압축이 가능하지만 8KB보다 더 적은 문자열을 압축할 경우에는 동작하지 않을 것이다. 플러시에 Gzip을 적용한 예제에서는 20KB의 반복되지 않는 문자열을 가지고 있었다. 그렇기 때문에 8KB 크기의 버퍼 사이즈가 압축될 경우에만 플러시가 동작될 것이다.

20KB를 페이지에 추가할 경우에 더 많은 비용이 발생하게 된다. 다행히도 아파치 2.2.8은 이 이슈를 수정했기 때문에 별도의 추가 로직을 작성하지 않아도 된다. 필자가 글을 쓰고 있는 지금 이순간 필자의 웹사이트는 여전히 아파치 2.0 기반으로 동작되고 있다. 그리고 필자는 아파치 2.2.8을 기반으로 테스트를 하였고 페이지는 압축되었고 플러시는 별도의 문자를 채우는 작업 없이 동작할 수 있었다.

다른 중개자들

프록시들과 안티 바이러스 소프트웨어는 플러시 기능을 차단하는 중개자라 할 수 있다. 만약 이러한 중개자들이 콘텐츠를 필터링하는 데 이용되고 있다면 플러시 데이터 덩어리를 전달하기보다는 서버에서 전체 응답이 전달되기까지 기다리게 될 것이다.

이 프록시들과 연관이 되는 다른 이슈는 HTTP/1.0이 청크 인코딩을 지원하지 않고 프록시들에서 플러시를 이용할 수 없기 때문에 모든 응답들을 HTTP/1.0으로 다운그레이드한다는 것이다. 한 가지 예로 바로 오징어(squid) 프록시를 들 수 있다. 위키는 HTTP/1.1은 아직 지원되지 않고 있고 그 큰 이유 중 하나는 "청크 인코딩의의 부재"[8] 라고 말하고 있다.

필자는 개발자들이 왜 플러시가 동작을 안 하는지를 디버깅하는 데 많은 시간들을 보내는 것을 본 적이 있다. 이것은 프록시 회사에서 플러시를 깨뜨리고 있기 때문이라는 것을 알아냈다. 프록시 기반

---

8 http://wiki.squid-cache.org/Features/HTTP11

으로 동작되는지 알아내기 위해서는 네트워크 커넥션 설정을 확인해야만 한다. 때때로 프록시를 이용하고 있는지 알아내는 것이 굉장히 힘들뿐만 아니라 '자동으로 프록시 설정'과 같은 옵션을 이용해서 설정하기도 한다. 추가적으로 필자의 브라우저 설정을 체크하기 위해서 필자는 Proxy-Connection, X-Forwarded-For와 같은 헤더를 살펴보거나 'HTTP/1.0' 기반으로 문서 응답을 받아보고는 하였다. 만약 이러한 헤더들이 존재한다면 아마도 프록시를 기반으로 동작되는 것이라 할 수 있겠다.

플러시 동작 중 발생되는 도메인 블로킹

인터넷 익스플로러 6과 7 그리고 파이어 폭스와 같은 주요 브라우저들은 한 서버당 2개의 커넥션만 지원하고 있다. 이 동시 다운로드 수의 제한은 하나의 도메인을 기준으로 제한하게 된다. 여기서 이 제한을 늘리는 방법에 대해서는 11장에서 설명했다. 대부분의 도메인 블로킹 이슈는 페이지 안의 리소스와 관련이 있다. 만약 플러시 동작을 처리하게 될 경우 우리는 문서의 요청들이 동시 다운로드에 어떤 영향을 주는지 살펴볼 필요가 있다.

지금까지의 예제에서는 필자는 두 개의 이미지를 각각 다른 도메인을 이용해서 분리시켰다(메인 페이지의 도메인은 stevesouders.com 이었고 이미지의 URL은 1.cuzillion.com이다). 그렇다면 이것이 왜 중요하다는 것일까? 여기에는 두 개의 이미지가 있을 뿐이고 인터넷 익스플로러는 이들의 다운로드를 막아서는 안 될 것이다. 왜냐하면 알다시피 인터넷 익스플로러는 2개의 커넥션을 지원하고 있기 때문이다.

이 말은 일리가 있지만 결과를 보면 그렇지 않다는 것을 알 수 있다. 왜냐하면 우리는 청크 인코딩을 이용하고 있고 HTML 문서의 응답은 여전히 하나의 커넥션만 이용하고 있는 것이다. 따라서 같은 도메인 안에서는 하나의 커넥션만 이용하는 것이 가능하다. 다음 예제를 보면 stevesouders.com으로부터 두 개의 이미지를 전달하지만 하나는 보다 느리게 전달되는 것을 볼 수 있을 것이다.

플러시 도메인 블로킹

http://stevesouders.com/efws/flush-domain-blocking-nogzip.php

다음 그림 12-3을 보면 인터넷 익스플로러 7의 로딩 결과를 보여주고 있다. 다음 그림 12-2와 비교해봐서 거의 두 배나 느려지게 된다는 것을 알 수 있다. 그 이유는 두 개의 이미지 커넥션 중 하나는 HTML 문서가 잡고 있기 때문인 것이다. 즉, HTML 문서와 첫 번째 이미지가 stevesouders.com 도메인을 이용하고 있기 때문에 두 번째 이미지는 계속 전달이 미뤄지게 된다.

그림 12-3 | 플러시 도메인 블로킹의 HTTP 차트

만약 일찍 파일을 다운로드하는 플러시의 장점을 최상으로 활용하고 싶다면 하나의 서버에서 2개 이상의 커넥션을 이용해야 할 것이다. HTML 문서로부터 미뤄지고 있는 도메인이 아닌 다른 도메인을 이용해야 한다는 것을 기억해 두자.

브라우저: 마지막 장애물

만약 플러시 작업이 그렇게 어렵지 않아 보인다면 크롬이나 사파리와 같은 브라우저로 테스트를 해보면 상당히 많은 예외를 볼 수 있을 것이다. 두 브라우저가 청크 인코딩을 지원한다 하더라도 그것들은 기준치 이상의 데이터를 받기 전까지는 렌더링을 시작하지 않는다. 그 최소의 데이터는 사파리가 약 1KB, 크롬이 약 2KB이다.

앞에서 살펴본 플러시 예제(http://stevesouders.com/efws/flush-nogzip.php)에서 보내는 첫 번째 덩어리는 600바이트밖에 되지 않는다. 그렇기 때문에 우리는 사파리와 크롬에서는 그 결과를 볼 수가 없다. 사파리에서 플러시를 동작시키고 싶다면 1KB 이상 크기의 HTML을 추가해주어야 하고 크롬의 경우 HTML의 크기가 2KB 이상이 되도록 설정해 주어야 한다.

플러시 1K

http://stevesouders.com/efws/flush-nogzip-1k.php

플러시 2K

http://stevesouders.com/efws/flush-nogzip-2k.php

필자의 예제에서는 이슈가 존재한다. 왜냐하면 우리는 항상 HTML을 최소화해야 하기 때문이다. 실제 웹페이지에서 인라인 스타일과 스크립트 구문을 작성해야 간신히 2KB의 HTML 문서를 만들게 된다. 만약 모든 브라우저에서 플러시를 동작하고 싶다면 2KB 크기보다 큰지 확인하는 로직을 추가해야 할 것이다.

PHP 외의 플러시 작업

이번 장을 비롯해서 대부분 플러시와 관련된 설명은 위키와 포럼 또한 PHP 코드에 초점이 맞추어져 있다. 만약 HTML 템플릿이 아닌 다른 프레임워크를 이용한다 하더라도 걱정할 필요가 없다. 아마도 청크 인코딩을 통한 성능을 향상시킬 수 있는 방법이 존재할 것이고 아마도 플러시라는 함수를 지원할 것이다.

Perl을 이용해 본 적이 있는 프로그래머는 특정 부분의 스크립트를 작성할 때 STDOUT을 통해서 플러시 작업을 진행해봤을 것이다. 여기서 우리는 0이 아닌 값을 지정하는 것이 이것을 이루는 방법이라는 것을 알 것이다.[9] 대중적이지 않은 방법은 바로 FileHandle autoflush 메서드를 이용하는 것이다.[10] 다음은 Perl 예제를 보여주고 있다.

플러시 Perl

   http://stevesouders.com/efws/flush-nogzip.cgi

autoflush을 호출하기 위해서는 우리는 다음과 같은 스크립트를 이용해야 한다.

```
use FileHandle;
STDOUT->autoflush(1);
```

파이썬 파일 객체[11]와 루비의 IO 클래스[12]는 플러시 함수를 가지고 있다. 즉, 이것은 서버 단에서 어떤 언어를 이용하든 플러시 STDOUT을 이용하는 데 있어서 문제되지 않는다는 것이다.

플러시 체크리스트

플러시가 언제나 쉽게 동작되지 않는다는 것을 알았을 것이다. 만약 PHP 페이지에서 플러시 작업을 진행한다면 여러 가지 체크해야 할 문제들이 있을 것이다. 그래서 그 체크리스트들을 적어 보았다.

- 출력 버퍼가 이용 가능한가? 그렇다면 ob_함수를 이용해야 한다.

- Transfer-Encoding: chunked 응답 헤더를 확인할 수 있는가? Chunked 인코딩 값은 플러시 작업에 있어서 필수적인 요소이다.

---

9 인터넷 익스플로러는 비슷한 최솟값을 가지고 있지만 오직 255바이트일 뿐이고 크게 문제가 되지 않는 값이다.

10 http://perldoc.perl.org/FileHandle.htm

11 http://www.python.org/doc/2.5.2/lib/bltin-file-objects.htm

12 http://www.ruby-doc.org/core/classes/IO.html#M002303

- Gzip으로 압축된 페이지가 있는가? 만약 그렇다면 아파치 버전이 2.2.8 이전 버전인지 확인하고 페이지에 패딩을 추가해주어야 한다.

- 프록시나 안티바이러스 소프트웨어를 사용하고 있는가? 이러한 것들은 브라우저에 보내기 전에 덩어리들을 버퍼에 담아두고 있을 수 있다.

- 플러시에서 보내지는 리소스들이 블로킹되고 있는가? 그렇다면 하나의 도메인만 이용하고 있는가?

- 사파리나 크롬에서 테스트 해보았는가? 플러시에 저장되어 있는 HTML은 2KB보다 더 커야 플러시기 동작한다.

플러시를 작업하기 전에 체크해봐야 하는 이렇게 많은 변수들이 존재한다. 하지만 플러시를 이용할 때의 가치는 대단하다. 10개의 최상위 웹사이트 중에 5개의 웹사이트는 청크 인코딩을 이용하고 있다 (AOL, Facebook, Google Search, MySpace, Yahoo). 이러한 사이트들이 청크 인코딩을 지원하고 있고 그들은 플러시를 통해서 문서를 더 빨리 내려주고 있다는 것을 기억해두자. 다음 그림 12-4는 플러시를 이용하고 있는 구글의 HTTP 차트를 보여주고 있다.

그림 12-4 | 구글 검색의 HTTP 차트

HTML 문서를 보다 빨리 내려 보내 줌으로써 구글 페이지 안의 리소스들은 보다 빨리 다운로드를 시작하게 되고 렌더링도 보다 빨리 시작하게 된다. 이러한 작업을 통하여 사용자들은 보다 빠른 인터넷 환경을 이용할 수 있고 특히 느린 인터넷 환경에서 더욱더 빛을 볼 수 있을 것이다.

13

아이프레임의 자제

인라인 프레임이라고도 불리우는 아이프레임(Iframe)은 HTML 문서에 다른 HTML 문서를 삽입하는 기능을 제공한다.[1] 아이프레임은 HTML 콘텐츠를 통합하는 데 있어서는 최고의 기능을 제공한다. 예를 들어 광고와 같이 여러 웹사이트에 제공해야 될 경우에 유용하게 사용할 수 있다.

아이프레임을 이용하는 장점은 부모 문서로부터 완전히 독립적으로 HTML 문서를 제공하고 꾸밀 수 있다는 것이다. 아이프레임 안의 상대적인 URL들은 부모의 URL이 아닌 아이프레임의 기본 URL을 기반으로 처리된다. 사용자는 아이프레임에 프린트나 북마킹 그리고 저장 등과 같은 여러 작업들을 위해서 포커스를 줄 수 있다. 아마도 가장 중요한 것은 아이프레임에 삽입된 자바스크립트는 부모에 접속하는 데 있어서 제한을 가지고 있다는 것이다. 예를 들어 아이프레임과 부모의 도메인이 다르다면 부모의 쿠키에 접속할 수 없다. 웹 개발자가 서드파티에게 아이프레임 서비스를 제공하고자 할 때 가장 중요하게 고려해보아야 하는 문제일 것이다.

그렇다면 아이프레임의 단점은 무엇인가? 그것은 아마 추측할 수 있듯이 성능을 저하시킨다는 것이다. 4장에서는 비동기로 스크립트를 로드시키는 데 아이프레임이 어떻게 활용될 수 있는지 살펴봤었다. 아이프레임을 잘 이용하면 페이지를 더 빨리 만들 수 있다는 것은 사실이다. 하지만 안타깝게도 아이프레임은 성능을 저해하는 요소로서 많이 사용되고 있다. 그렇다면 우리는 아이프레임이 어떤 영향을 주고 어떻게 이 작업을 피해나가야 할지 살펴보도록 하겠다.

---

1   http://www.w3.org/TR/html4/present/frames.html#edef-Iframe

가장 비싼 DOM 개체

각각의 DOM 개체들을 실행하는 데 얼마만큼의 비용이 발생하는지 측정해 보았다.

DOM 개체의 비용

http://stevesouders.com/efws/costofelements.php

이 페이지에서 필자는 A, DIV, SCRIPT, STYLE, Iframe과 같은 각각의 타입들을 100개를 로드하는 데 얼마나 걸리는지 테스트해 보았다. 그리고 필자는 크롬(1.0, 2.0), 파이어폭스(2.0, 3.0, 3.1베타2), 인터넷 익스플로러(6, 7, 8베타2), 오페라 (9.63, 10.00알파), 사파리(3.2, 4.0 개발자 프리뷰)와 같은 각 브라우저별로 10번씩 테스트를 하였다.

다음 그림 13-1은 각각의 타입 100개를 로드하는 데 걸리는 시간을 보여주고 있다.

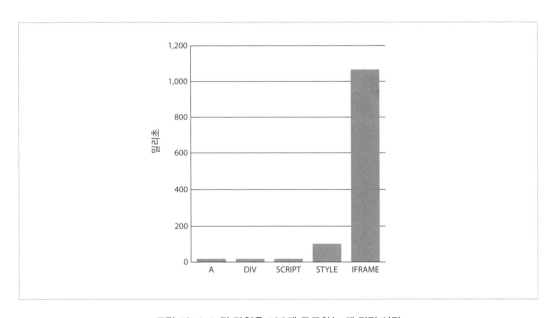

그림 13-1 | 각 타입을 100개 로드하는 데 걸린 시간

그림 13-1을 살펴보면 아이프레임이 다른 DOM 개체들보다 확실히 많은 비용을 소비하고 있는 것을 볼 수 있다. 이 테스트에서 DOM 개체의 값들은 비워 두었다. 만약 큰 스크립트 파일이나 스크립트 구분을 이용한다면 아이프레임보다 더 많은 로드시간이 걸릴 수도 있을 것이다. 여기에 주어진 정보를 토대로 살펴보면 아이프레임의 비용이 다른 요소들보다 크기 때문에 우리는 아이프레임의 수를 최소화해야 한다는 것을 알 수 있다.

Onload 이벤트를 지연시키는 아이프레임

우리는 onload 이벤트를 가능한 빨리 실행하고 싶을 때가 많다. 그 이유는 다음과 같이 정리해 볼 수 있다.

- onload 이벤트가 발생할 때 브라우저의 작업은 끝나고 사용자에게 페이지를 이용할 수 있다는 피드백을 줄 수 있기 때문이다. 예를 들어 '완료'라는 메시지를 상태바에 보여주어야 한다는 것이다. 만약 onload 이벤트가 빠르게 발생하게 된다면 사용자는 보다 빠르게 반응할 수 있을 것이다.

- 개발자들은 자주 onload 이벤트를 이용해서 UI 동작을 초기화한다. 예를 들어 페이지의 로드가 끝난 뒤에 로그인 필드에 포커스를 이동시키는 것이 한 예가 될 수 있겠다. 사용자가 이 동작을 기다리는 시간을 짧게 하기 위해서 onload 이벤트를 가능한 빨리 발생시켜 주어야 한다.

- 개발자들은 때때로 윈도우의 unload 이벤트의 동작과 관련시켜 생각하게 된다. 예를 들어 자바스크립트 코드를 통해서 메모리 누수를 줄일 수 있다.[2] 불행히도 어떤 브라우저에서는 onload 이벤트가 발생하지 않았다면 onunload 이벤트가 발생하지 않기도 한다.[3] 그리고 만약 onload가 굉장히 오랜 시간이 걸리고 사용자가 그 도중에 페이지를 떠나버린다면 onunload 코드는 결코 실행되지 않을 것이다.[4]

onload 이벤트는 페이지가 가지고 있는 콘텐츠들이 로드되기 전에는 발생되어서는 안 된다. 하지만 종종 아이프레임은 사용자가 페이지를 동작할 때 전혀 상관없는 내용이 로드될 수도 있다. 이런 아이프레임에 대한 가장 좋은 예제가 바로 광고가 될 수 있다. 광고는 아마 웹사이트의 중요한 콘텐츠가 될 수도 있지만 광고를 로드하기 위해서 사용자 경험을 해쳐서는 안 된다. 예를 들어 전형적인 패션 광고를 하게 된다면 아이프레임은 onload 이벤트를 막게 될 것이다. 그렇기 때문에 onload 이벤트의 지연 없이 아이프레임을 로드할 수 있는 여러 방법들을 살펴보아야 한다.

다음 예제는 onload 이벤트를 막는 아이프레임의 예제 페이지를 보여주고 있다.

Onload를 막는 아이프레임

http://stevesouders.com/efws/Iframe-onload-blocking.php

---

2 "인터넷 익스플로러 메모리 누수 패턴의 이해와 해결" http://msdn.microsoft.com/en-us/library/bb250448.aspx.

3 인터넷 익스플로러 6~8, 사파리 3~4, 크롬 1~2에 모두 해당되는 이야기다.

4 다음 예제에서 이 문제를 보여주고 있다(http://blog.moxiecode.com/2008/04/08/unload-event-never-fires-in-ie/). 하지만 많은 개발자들이 이 이슈를 모르고 있다.

이 예제에서 다음과 같이 일반적으로 아이프레임의 URL 주소를 src 속성을 이용해서 대입해 주었다.

```
<Iframe src="url"></Iframe>
```

이 예제는 다음과 같은 4가지의 상황에 따라서 확장하고 있다.

빈 아이프레임

아이프레임은 4초가 걸리지만 어떤 리소스도 포함하고 있지 않다.

아이프레임과 이미지

아이프레임은 즉시 반환하지만 이미지를 가져오기 위해서 4초를 소비하게 된다.

아이프레임과 스크립트

아이프레임은 즉시 반환하지만 스크립트를 가져오기 위해서 4초를 소비하게 된다.

아이프레임과 스타일시트

아이프레임은 즉시 반환하지만 스타일시트를 가져오기 위해서 4초를 소비하게 된다.

부모 윈도우의 onload 시간은 페이지 상단에 보여지게 된다. 부모 윈도우는 아이프레임 하나의 리소스만 가지고 있지만 아이프레임의 구성요소가 로드되는 시간이 지난 후에 4초가 발생하게 된다. 아이프레임이 부모 윈도우의 onload 이벤트를 막게 되는 이런 결과가 모든 주요 브라우저에서 모두 동일하게 적용된다.

이런 블로킹을 해소하기 위한 차선책은 있지만 사파리와 크롬에서만 적용이 가능하다. 아이프레임의 URL을 설정하는 대신에 자바스크립트를 이용해서 동적으로 URL을 대입해 주는 것이다.

```
<Iframe id=Iframe1 src=""></Iframe>
<script type="text/javascript">
document.getElementById('Iframe1').src = "url";
</script>
```

다음 예제는 이 코드를 적용한 아이프레임에서 Onload를 막지 않는 예를 보여주고 있다.

아이프레임에 의해 블로킹당하지 않는 Onload

http://stevesouders.com/efws/Iframe-onload-nonblocking.php

사파리와 크롬에서 onload 이벤트 시간은 영점 몇 초의 시간이 걸리게 된다. 이 숫자는 4초보다 확실히 적은 수이며 우리는 이 예제를 통해서 아이프레임이 페이지의 onload 이벤트를 막지 않고 있다는 것을 알 수 있다. 안타깝게도 이 기술은 인터넷 익스플로러와 파이어폭스 그리고 오페라에서 동작하지 않는다. 즉, 주요 브라우저의 사용자들은 '완료'가 나오기 전까지 아이프레임에 의해서 동작이 블로킹될 것이다.

아이프레임과 동시 다운로드

여기서는 아이프레임의 동작이 동시 다운로드에 어떤 영향을 주게 되는지 살펴볼 것이다. 일반적으로 아이프레임의 리소스들은 메인 페이지에서 동시 다운로드되지만 어떨 때는 아이프레임에 의해서 메인 페이지의 동시 다운로드가 블로킹되는 경우도 생기게 된다.

아이프레임 이전의 스크립트

메인 페이지의 전역 스크립트들은 <script src="url"></script>과 같은 일반적인 방식으로 로드되고 그 뒤의 모든 리소스들의 다운로드는 막히게 된다. 그렇기 때문에 아이프레임과 그 리소스들은 전역 스크립트 파일이 먼저 실행된다면 막히게 된다. 다음은 아이프레임 앞의 스크립트 파일을 이용하게 될 경우의 예를 보여주고 있다.

아이프레임 앞의 스크립트

http://stevesouders.com/efws/script-before-Iframe.php

이 예제에서는 스크립트의 반환 시간을 4초가 걸리게 설정하였다. 그리고 아이프레임은 그만큼 연장되지 않게 되지만 그 안의 이미지와 스타일시트 그리고 스크립트와 같은 요소들은 다운로드를 못하고 있게 된다. 다음 그림 13-2는 인터넷 익스플로러, 파이어폭스, 사파리, 크롬 그리고 오페라에서 테스트한 이 예제의 HTTP 차트를 보여주고 있다(사파리와 크롬 그리고 오페라는 결과가 거의 비슷하기 때문에 묶어서 보여주고 있다). 예상했던 대로 메인 페이지의 아이프레임 안에서 일어나는 요청들이 블로킹되는 것을 볼 수 있다. 이 결과는 모든 브라우저에서 모두 비슷한 결과를 보여주고 있는 것을 볼 수 있지만 다음 단락에서 인터넷 익스플로러와 파이어폭스의 동작이 서로 달라지게 되는 것을 볼 수 있을 것이다. 반면에 사파리와 크롬 그리고 오페라는 모두 동일하게 출력되는 것을 볼 수 있다.

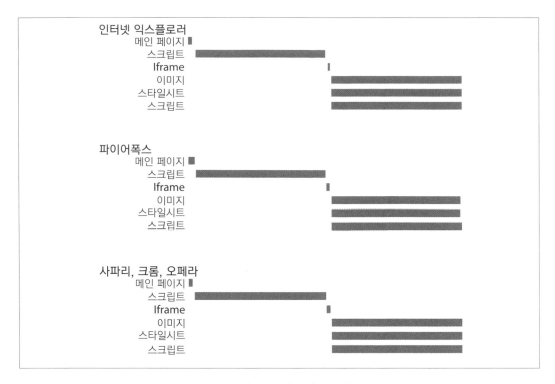

그림 13-2 | 아이프레임 앞의 스크립트 구문

스타일시트 앞에 있는 아이프레임

7장에서 살펴봤듯이 인라인 스크립트 뒤에 있는 스타일시트는 페이지에 안 좋은 영향을 주게 된다. 스타일시트는 인터넷 익스플로러와 파이어폭스에서 사용되는 아이프레임 구문에서 또한 안 좋은 영향을 주게 된다. 다음 예제는 아이프레임 뒤에서 동작되는 스타일시트의 구문을 보여주고 있다.

스타일시트 앞의 아이프레임

  http://stevesouders.com/efws/stylesheet-before-Iframe.php

  일반적으로 스타일시트는 다음 그림 13-3에서처럼 다른 리소스의 다운로드를 방해하지 않는다. 하지만 인터넷 익스플로러와 파이어폭스는 아이프레임과 관련해서 요청을 막게 된다. 인터넷 익스플로러에서는 아이프레임의 요청이 블로킹 당하게 되고 파이어폭스에서는 스타일시트와 아이프레임이 동시에 다운로드되지만 아이프레임 리소스가 블로킹된다.[5]

---

5 파이어폭스 2에서의 성능은 더 안 좋다. 왜냐하면 스타일시트는 동시 다운로드를 막게 되기 때문이다. 하지만 3.0 버전에서는 이 것이 보완됐다.

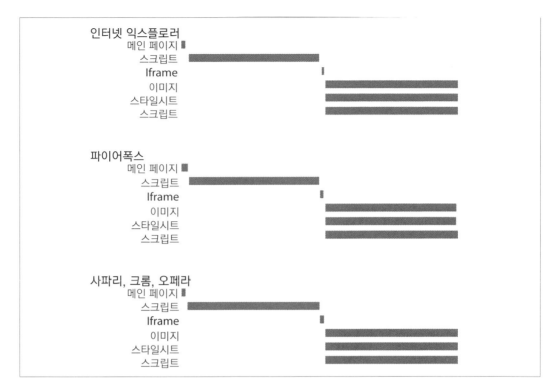

그림 13-3 | 아이프레임 앞의 스타일시트

스타일시트 뒤에 있는 아이프레임

스타일시트를 아이프레임 앞으로 이동했을 경우에 뒤에 있는 것보다 더 좋은 결과를 가져오게 될 것인가? 그것은 인터넷 익스플로러에서는 사실이지만 파이어폭스에는 해당되지 않는다. 다음 예제를 살펴보자.

스타일시트 뒤의 아이프레임

> *http://stevesouders.com/efws/stylesheet-after-Iframe.php*

다음 그림 13-4는 HTTP 차트를 보여주고 있고 파이어폭스에서는 8초가 걸리는 것을 볼 수 있다. 다른 브라우저들은 모두 4초가 걸리는 것을 볼 수 있다. 그렇다고 해서 스타일시트를 아래로 이동시키는 것은 그렇게 가치 있는 작업은 아니다. 왜냐하면 페이지의 렌더링이 지연되기 때문이다. 만약 아이프레임의 리소스들이 메인 페이지 안에 있는 요소와 같다면 블로킹이 발생하지 않기 때문에 전혀 문제가 되지 않을 것이다. 아이프레임을 이용하기 전에 이것을 이용하는 것이 적절한 해결책인지는 우리가 먼저 고려해 보아야 할 것이다.

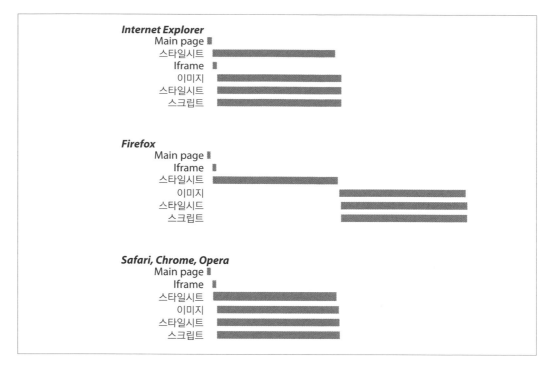

그림 13-4 | 아이프레임 앞의 스타일시트

호스트이름에 할당되는 커넥션

브라우저들은 하나의 호스트이름(hostname)을 기반으로 커넥션 수의 제한을 가지고 있다. 커넥션의 숫자는 얼마나 많은 리소스들을 동시에 다운로드할 수 있는지를 정하게 된다. 인터넷 익스플로러 6과 7 그리고 파이어폭스 2는 서버당 2개의 커넥션을 열게 되고 최근의 브라우저들은 4~8개의 더 많은 수의 커넥션을 가지고 있다(자세한 내용은 11장의 표 11-2를 참고하도록 하자). 이번 절에서는 브라우저들이 아이프레임과 탭 그리고 새 창에 따라서 어떻게 그 수가 변경되는지 살펴보도록 하겠다.

아이프레임 안에서의 커넥션 공유

아이프레임을 '문서 안에서 또 독립적으로 실행되는 문서'[6]으로 정의하고 있기 때문에 리소스들은 메인 페이지와는 별개로 따로 동작되기를 바랄 수도 있을 것이다. 다음 예제는 아이프레임의 다운로드를 방식을 측정하기 위해서 만든 예제 페이지이다.

---

6   http://www.w3.org/TR/html4/struct/objects.html#h-13.5

아이프레임의 커넥션

http://stevesouders.com/efws/parent-connections.php

아이프레임 커넥션 예제 페이지에서는 부모페이지에서 5개의 이미지를 다운로드하고 다른 아이프레임에서는 5개의 이미지를 다운로드하고 있다. 즉, 모두 10개의 이미지가 같은 서버(1.cuzillion.com)에서 다운로드하게 되고 응답 속도는 2초가 걸리도록 설정되어 있다. 다음 그림 13-5는 인터넷 익스플로러 7에서 로드된 HTTP 차트를 보여주고 있다.

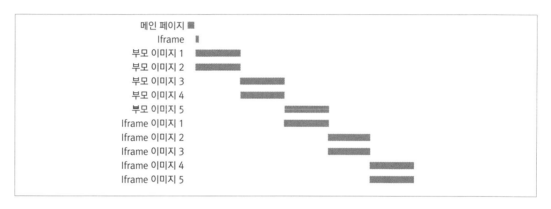

그림 13-5 | 인터넷 익스플로러에서 동작하고 있는 아이프레임의 HTTP 차트

먼저 HTML 문서와 아이프레임의 HTML 문서를 다운로드받기 위해서 2번의 요청이 실행된다. 10개의 이미지는 모두 1.cuzillion.com로부터 전달된다는 것을 기억해두자. 인터넷 익스플로러 7은 하나의 호스트이름당 2개의 커넥션을 이용하게 된다. 앞의 그림 13-5에서는 2개의 커넥션만 동작되는 것을 볼 수 있다. 즉, 아이프레임과 부모의 문서 모두 같은 2개의 커넥션을 이용하고 있는 것이다. 이것은 모든 브라우저에서 동일하게 동작된다.

새 창과 탭을 통한 커넥션 공유

아이프레임과 부모 페이지의 커넥션 개수가 모두 동일하게 적용된다는 것은 놀랍기도 하고 한편으로 조금 아쉽기도 할 것이다. 그렇다면 비슷한 질문을 해보겠다. 브라우저의 새 탭이나 새 창을 열었을 경우에도 커넥션이 공유되는 것인가?

이 질문에 대한 답을 찾기 위해서 다음과 같은 URL을 만들었다.

http://stevesouders.com/efws/connections1.php

http://stevesouders.com/efws/connections2.php

이전 예제와 비슷하게 각각 페이지당 1.cuzillion.com 서버에 저장된 5개의 이미지를 가지고 있다. 이 테스트는 하나의 브라우저에 2개의 탭을 열어 URL을 비슷한 시기에 넣어 실행해 볼 것이다. 만약 커넥션 풀이 공유된다면 10개의 이미지는 더 오래 걸리는 것을 볼 수 있을 것이다. 만약 각각의 브라우저 탭이 커넥션 풀을 각자 가지고 있다면 그 이미지는 동시에 이미지는 다운로드될 것이고 전체적으로 로드 시간은 더 빠를 것이다. 그리고 이 테스트를 같은 브라우저를 이용해서 분리된 윈도우 창에 넣어서 테스트했다.

필자는 인터넷 익스플로러 8.0베타2와 파이어폭스 3.1b 그리고 사파리 4 개발자 프리뷰 버전, 크롬 2.0, 오페라 10.0알파에서 테스트했다. 그 결과 커넥션 풀은 탭과 새 윈도우 창에서 모두 동일하게 공유되는 것을 볼 수 있었다. 다음 그림 13-6은 인터넷 익스플로러 8.0베타2에서 동작되는 HTTP 차트를 보여주고 있다.

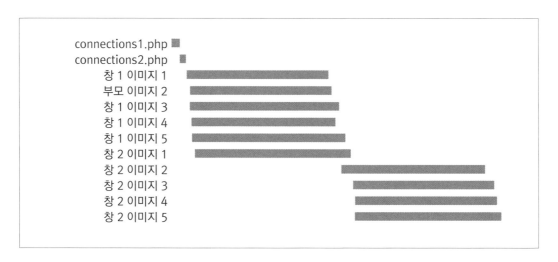

그림 13-6 | 인터넷 익스플로러 8에서 동작되는 커넥션

두개의 테스트 URL은 먼저 각각 1개의 요청을 보내게 된다. 그리고 그 요청들은 이미지를 다운로드하기 위해서 사용된다. 인터넷 익스플로러는 서버당 최대 6개의 커넥션을 열 수 있다. 6개의 커넥션 풀은 connections1.php에 있는 5개의 이미지를 다운로드하는 데 사용되었고 나머지 한 개는 connections2.php의 첫 번째 이미지를 다운로드하는 데 사용되었다. 여기서 connections2.php의 나머지 이미지들은 모두 블로킹되게 된다는 것을 알아두자. 그것이 새로운 브라우저 창이라도 말이다.

이번 장은 아이프레임의 주요 주제들을 다루지만 새로운 탭과 윈도우 창의 커넥션 제한에 대해서도 살펴보았다. 회사 입장에서는 사용자가 새로운 창을 열거나 새 탭을 열어 하나의 도메인에서 여러 개의 커넥션을 이용하는 것은 서버에 부정적인 영향을 주게 되는 것이다. 예를 들어 http://www.google.com에서 파생된 구글 웹사이트의 예제를 살펴보도록 하자.

- 구글 달력 (http://www.google.com/calendar/)

- 구글 재정 (http://www.google.com/finance)

- 구글 리더 (http://www.google.com/reader/)

- 구글 검색 (http://www.google.com/)

- iGoogle (http://www.google.com/ig)

대부분의 리소스들은 http://www.google.com 도메인을 이용해서 전달된다. 만약 사용자가 2개 이상의 페이지를 동시에 열게 된다면 기존의 사용 중이던 커넥션을 모두 종료해야만 동작할 수 있을 것이다. 비록 이아 같은 상황이 자주 발생되지 않다 하더라도 있을 수 있는 일이다. 예를 들어 필자는 구글 달력과 구글 리더 그리고 iGoogle을 매일 아침 연다. 이러한 웹사이트를 여러 탭을 이용해서 실행하게 된다 하더라도 커넥션을 공유하고 있기 때문에 느려질 수 있다는 것을 알아두자.

아이프레임의 비용에 대한 요약

빈 아이프레임이라 하더라도 많은 비용이 소모된다. 아이프레임들은 여러 DOM 개체들 중에 가장 많은 비용을 필요로 한다.

일반적인 방법(<Iframe src="url"></Iframe>)을 이용해서 아이프레임을 삽입하게 될 경우 onload 이벤트를 방해하게 된다. 때문에 브라우저는 계속 동작 중으로 표시하게 될 것이고 그 결과 사용자는 사이트가 느리다고 생각할 수 있다. 아이프레임의 SRC를 동적으로 할당해 줌으로써 이 문제를 피할 수 있지만 이것은 사파리와 크롬에서만 적용된다. 다른 모든 브라우저들을 위해서 onload 이벤트 후에 SRC를 지정해야 피할 수 있다.

비록 아이프레임이 직접적으로 메인 페이지의 다운로드를 막지는 않는다 하더라도 아이프레임의 다운로드를 막을 수 있는 몇 가지 경우의 수가 존재한다. 스크립트와 스타일시트의 다운로드들은 인터넷 익스플로러와 파이어폭스에서 모두 아이프레임의 다운로드를 방해하게 된다는 것을 알아두자.

메인 페이지와 아이프레임에서 한 서버당 브라우저의 커넥션의 제한은 공유된다. 아이프레임이 독립적인 페이지라 하더라도 말이다. 하나의 도메인으로만 동작되는 사이트들은 특히나 이것을 명심해야 한다.

이러한 비용들을 종합해보면 아이프레임을 피하는 것이 최상의 방법이지만 아직까지도 아이프레임은 많이 사용되고 있다. 10개 중 5개의 웹사이트들은 아이프레임을 이용한다(AOL, 페이스북, MSN, MySpace, YouTube). 이러한 사이트들은 모두 광고를 위해서 아이프레임을 이용하고 있다. 아마도 서드파티의 광고를 쉽게 로테이션하기 위해서 아이프레임을 사용했을 확률이 높다.

이렇게 광고를 삽입하는 것에 대한 대안으로 DIV를 이용하는 것이다. DIV를 이용하면 더 좋은 성능을 가져올 수 있다. 메인 페이지의 요청은 전역 스크립트로 이루어지고(비동기 호출 기술은 4장에서 살펴봤었다) DIV의 ID는 스크립트의 URL에 포함되어 있는 것이다. 그럼 광고의 자바스크립트는 DIV의 innerHTML을 설정해서 페이지에 적절한 광고를 삽입하는 것이다. 이 방법은 또한 특정 마우스가 올라갔을 때 확장하는 광고를 만들때 사용할 수도 있다. 이렇게 다른 광고 기법을 이용해서 아이프레임의 이용은 점점 줄어들고 있고 더 많은 웹사이트 성능의 이점을 가져다 줄 수 있을 것이다.

14

CSS 선택자의 단순화

이 책의 대부분은 자바스크립트의 성능에 대해서 포커스를 맞추고 있다. 그렇다면 CSS는 어떨까? 대부분의 CSS는 레이아웃이나 디자인 그리고 콘텐츠와 마크업 그리고 코드 사이의 관계를 나타내기 위해서 이용되고 있다.[1] CSS도 마찬가지로 성능을 최적화하기 위한 몇 가지 방법이 존재한다.

- 스타일시트를 문서의 HEAD에 위치시켜야 점진적인 렌더링을 진행할 수 있다(『웹사이트 최적화 기법』 1장에서 소개했다).

- 인터넷 익스플로러에서는 CSS 표현식을 사용해서는 안 된다. 이 기능은 한 페이지 내에서 수천 번 실행하는 결과를 가져오게 된다(이 내용은 『웹사이트 최적화 기법』 7장에서 살펴보았다).

- 인라인 코드를 너무 많이 이용할 경우에 다운로드 크기가 커지게 된다(이 내용은 이 책의 9장에서 살펴보았다).

CSS에서 다른 비용이 들어가는 것이 바로 CSS 선택자들이다. 선택자는 페이지의 특정 엘리먼트에 CSS 룰을 적용하기 위해서 앞에 선언하는 것을 말한다. 이번 장에서는 CSS 선택자와 관련된 여러 이슈들을 살펴볼 것이다. 그리고 몇 가지 놀랄 만한 것을 보게 될 것이다. 여기서 CSS 선택자를 최적화

---

1 니콜 설리번(Nicole Sullivan)의 '객체지향적인 CSS' (http://wiki.github.com/stubbornella/oocss)와 네이트 쿼클리(Nate Koechley)의 '시맨틱 마크업' (http://nate.koechley.com/blog/index.php?s=presentational)을 참고하자.

할 수 있는 가이드를 제공하긴 하지만 가장 중요한 것은, 웹 개발자는 여러 가지 비용을 많이 소모하는 CSS 선택자 패턴을 피해야 한다는 것이다. 자, 그럼 이제 CSS 선택자의 실체를 살펴보도록 하자.

선택자의 타입

CSS 선택자가 무엇인지 다음 예제를 보면서 살펴보도록 하자.

```
#toc > LI { font-weight: bold; }
```

이것은 간단한 스타일 규칙을 보여주고 있다. 여기서 CSS 선택자는 바로 "#toc > LI"이다. 이 선택자는 2개의 요소를 선택하고 있다(#toc와 LI). 바로 >라는 기호를 이용해서 한 가지 요소를 더 추가한 것이다. 여기서 CSS 선택자는 페이지의 엘리먼트를 결정하고 스타일을 지정할 수 있다.

브라우저는 문서 안에 있는 개체들과 CSS 선택자와 매치시키기 위해서 노력한다. 여기서 매칭이 되는 것을 우리가 주의 깊게 살펴봐야 한다. 브라우저에서 대부분의 매칭은 CSS 선택자를 어떻게 수행했느냐에 달려 있다. 몇몇 CSS 선택자들은 매칭을 더 많이 수행하기도 하고 더 많은 비용이 들어가기도 한다.

다양한 CSS 선택자의 타입을 여기서 살펴보도록 하겠다. 이 타입들은 가장 간단한 것부터 가장 복잡한 순서대로, 즉 가장 비용이 적게 들어가는 순서대로 살펴보도록 하겠다. 다음 사이트에서 더 자세한 정보를 제공하고 있다(http://www.w3.org/TR/CSS2/selector.html).

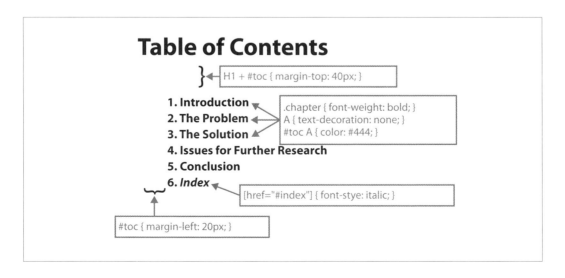

그림 14-1 | CSS 선택자의 예제

여기에서는 CSS 선택자들에 대한 예제를 살펴볼 것이다. 이 예제에서는 테이블 내용에 스타일을 지정하는 예제를 살펴보도록 하겠다. 다음 그림 14-1에는 CSS 선택자가 어떤 영향을 주게 되는지 살펴볼 수 있을 것이다.

CSS 선택자들

http://stevesouders.com/efws/selectors.php

ID 선택자

예제: `#toc { margin-left: 20px; }`

간단하면서도 효과적인 이 선택자 타입은 페이지에서 지정한 유일한 엘리먼트 ID와 매칭해서 작업하게 된다. 여기 예제에서는 특정 엘리먼트의 ID가 toc을 가지고 있는 개체의 스타일을 여기에 지정한 속성으로 동작하게 된다. 여기서 살펴본 테이블 예제에서는 <ol id=toc>으로 지정했기 때문에 리스트 개체에 왼쪽 여백이 20픽셀이 생기게 되는 것을 볼 수 있다.

클래스 선택자

예제: `.chapter { font-weight: bold; }`

클래스 기반의 규칙들로서 점(.)을 클래스 이름 앞에 붙인다. 클래스 선택자는 class에 지정한 속성이 같은 모든 개체들에 적용된다. 우리가 살펴본 예제에서는 li 태그에 클래스를 지정하였고 모두 볼드체로 굵게 표시될 것이다.

<li class=chapter>

타입 선택자

예제: `A { text-decoration: none; }`

타입 선택자들은 지정한 모든 요소 타입에 적용된다. 여기서 정의한 규칙은 모든 a 태그의 언더라인을 제거하게 된다. 예를 들어 <a href="#introduction">Introduction</a>라는 태그에서 밑줄이 나오지 않게 된다. 지정된 타입의 모든 요소들은 ID나 Style 그리고 class 없이도 이 규칙이 적용될 것이다.

이웃 선택자

예제: `H1 + #toc { margin-top: 40px; }`

이 이웃 선택자는 두 개의 선택자를 + 기호를 통해서 연결하여 지정할 수 있다. 우리가 살펴본 CSS 선택자 예제에서 이 규칙은 toc 요소와 매치하게 된다. 왜냐하면 이전에 H1 속성을 선언했기 때문이다. 따라서 문서의 결과는 윗부분의 여백이 추가로 40픽셀이 생기는 것을 볼 수 있다.

자식 선택자

예제: `#toc > LI { font-weight: bold; }`

자식 선택자들은 > 기호를 통하여 간단하게 2개 이상의 선택자들을 연결시키는 것이 가능하다. 이 규칙은 모든 리스트들의 부모가 toc 개체일 경우에만 적용된다. 이 규칙은 클래스 선택자의 예제와 같지만 LI 개체는 class를 지정할 필요가 없다. 그러므로 우리는 결과 페이지에서 크기가 줄어드는 것을 확인할 수 있다.

하위 선택자

예제: `#toc A { color: #444; }`

이전에 살펴본 + 기호와 > 기호를 연결한 것이라고 할 수 있다. 하위 선택자는 공백(" ")을 통해서 이용할 수 있다. 하위 선택자의 규칙은 두 번째 선택자가 첫 번째 선택자의 자식이나 자식의 자식처럼 하위에 가지고 있을 경우에 적용되는 것이다. 우리 예제에서는 toc 하위에 있는 모든 A 요소는 "#444"라는 색이 지정될 것이다. 필자는 짧게 색을 지정하였다. 즉, "#444444"보다는 "#444"를 이용하였는데 그 이유는 문서의 크기를 줄일 수 있기 때문이다.

전체 선택자

예제: `* { font-family: Arial; }`

전체 선택자는 *을 이용해서 문서 내의 모든 개체에 적용된다. 즉, 이 규칙은 CSS 선택자 예제 페이지 안의 모든 개체에 Arial 폰트를 적용한다.

속성 선택자

예제: `[href="#index"] { font-style: italic; }`

속성 선택지는 기존에 가지고 있는 개체의 속성값을 기준으로 적용된다. 기본적으로 해당 개체가 특정 속성을 지정하고 있을 경우에 적용된다. 이 규칙은 A 태그의 href 값이 "#index"를 가지고 있을 경우에 폰트를 이탤릭체로 변경한다. 그리고 속성은 네 가지 방법을 이용해서 매칭시킬 수 있다.

- 동일한지의 여부는 =을 이용할 수 있다.

- 애트리뷰트의 존재를 [href] 값을 이용해서 판단한다.

- ~ 표시를 이용해서 하나의 값 이상이 동일한지 판단할 수 있다. 예를 들어 [title~="Index"]는 <a title="the Index">와 매치된다.

- 하이픈(-)을 이용해서 첫 번째 값이 매칭하게 되는지 살펴볼 수 있다. [LANG|=en]는 <p lang="en">와 매칭될 뿐만 아니라 <p lang="en-US">에도 매칭된다.

여기서 class라는 속성을 이용하는 클래스 선택지는 특별히 속성 선택자를 이용할 수 있다. 예를 들어 chapter라는 선택자를 지정하고 싶다면 우리는 [class="chapter"] 처럼 단축해서 지정하는 것이 가능하다.

유사 클래스 선택자

예제: `A:hover { text-decoration: underline; }`

이 선택자 타입은 앞에서 살펴본 적이 있는 DOM을 기반으로 하고 있지만 몇몇의 스타일들은 이 DOM 안에서 표현되지 않는다. 여기서 유사 클래스와 유사 개체는 이러한 상황을 기반으로 만들어질 수 있다. 이 규칙은 사용자가 마우스를 오버시킨 곳에 언더라인을 넣고 싶을 때 적용할 수 있고 :hover 와 같은 것이 바로 유사 클래스가 될 수 있다. 이 밖에도 :first-child, :link, :visited, :active, :focus, :lang과 같은 여러 유사 클래스를 가지고 있고 유사 개체로는 :first-line, :first-letter, :before, :after가 있다.

CSS 선택자의 효율적인 사용

CSS 선택자는 성능에 있어서 상당한 영향을 주게 된다. 많은 양의 CSS가 있을 경우에 브라우저는 매칭되는 선택자를 적용하기 위해서 많은 시간을 소비해야 된다. 개발자들은 선택자가 제대로 매칭되기까지 얼마나 걸리는지 모르는 여러 컨트롤들을 사용하고 있다. 선택자를 보다 효율적으로 사용하기 위해서는 선택자가 어떻게 매칭되는지 먼저 살펴봐야 한다.

오른쪽 먼저

먼저 다음과 같은 규칙이 있다고 가정해보자.

```
#toc > LI { font-weight: bold; }
```

여기서 우리는 일반적으로 왼쪽에서 오른쪽으로 읽기 때문에 브라우저도 왼쪽에서 오른쪽으로 이동할 것으로 가정할 수도 있을 것이다. 그렇기 때문에 그렇게 많은 비용이 들지 않을 것이라 생각할 수도 있다. 이 가정으로 살펴봤을 때 브라우저는 먼저 유일한 toc 개체를 찾고 스타일을 바로 적용하고 LI 개체를 가지고 있는 자식 개체를 찾을 거라고 생각할 수 있다. 여기서 우리는 한 개의 toc 요소를 가지고 있고 몇 개의 LI 자식만 가지고 있다면 CSS 선택자는 굉장히 효율적으로 동작된다고 생각할 수 있을 것이다.

하지만 실제로 CSS 선택자는 왼쪽이 아닌 오른쪽에서 왼쪽으로 매칭을 실행하게 된다. 그렇기 때문에 굉장히 효율적으로 동작되었던 이 선택자는 상당한 비용이 들어간다고 할 수 있다. 브라우저는 페이지 안의 모든 LI 요소를 검사해야만 하고 toc가 부모인지 확인해야만 한다.

하위 선택자의 예제는 더 안 좋은 영향을 주게 된다.

```
#toc A { color: #444; }
```

이 선택자는 왼쪽에서 오른쪽으로 읽는 것처럼 toc 안의 a 태그가 있는지 검사하기보다는 브라우저는 페이지 안의 모든 A 태그를 확인한 뒤에 문서 트리를 올라가면서 ID 속성에 toc가 있는지 확인하게 된다. 만약 A 태그 위에 toc이 존재하지 않을 경우 브라우저는 문서의 루트에 도달할 때까지 트리를 검색하게 된다.

사파리와 웹킷의 아키텍트였던 데이비드 하야트(David Hyatt)는 CSS 선택자의 성능이라는 글을 통해서 CSS가 어떤 영향을 미치게 되는지에 대해서 발표하였다. '모질라 UI에서 효율적인 CSS 코드 작성하기'(https://developer.mozilla.org/en/Writing_Efficient_CSS) 내용은 다음과 같다.

> "스타일 시스템은 가장 오른쪽에 있는 선택자부터 시작하고 왼쪽으로 이동한다. HTML 문서의 트리 구조가 긴 만큼 많은 시간이 걸리게 될 것이고, 매치가 되거나 문서의 끝까지 갈 때까지 찾는 작업은 계속 진행될 것이다."

효율적인 CSS 선택자의 사용

선택자가 오른쪽에서 왼쪽으로 매치 작업을 진행한다는 것을 알았다면 우리는 대안이 될 수 있는 다른 CSS 선택자를 선택하거나 이것들을 보다 효율적으로 이용할 수 있게 튜닝을 해주어야 할 것이다. 시작하기 전에 먼저 가장 비용이 많이 들어가는 CSS와 이것을 더 쉽게 고치는 방법들과 같은 추가적인 좋은 정보들을 먼저 살펴보도록 하겠다. 운 좋게도 데이비드 하야트는 효율적인 선택자 사용에 대한 가이드를 제시하고 있다.

전체 선택자를 피해라

전체 선택자를 정의하는 것뿐만 아니라 하야트는 형제 선택자, 자식 선택자, 하위 선택자, 속성 선택자의 사용을 꺼림칙하게 생각했다. 그리고 그는 ID, class, tag와 같은 선택자들을 이용하는 것을 추천하였다.

ID 선택자를 지정하지 마라

왜냐하면 페이지 안에 한 개의 ID만 있다면 추가로 한정자를 줄 필요가 없다. 예를 들어 DIV #toc을 모두 지정할 필요가 없으며 간단하게 #toc으로 지정할 수 있다.

클래스 선택자를 지정하지 마라

특정 태그를 위해서 클래스 선택자를 이용하는 것 대신에 클래스 이름을 지정해줄 수 있다. 예를 들어 LI의 .chapter를 .li-chapter로 변경하는 것이 더 좋고 .list-chapter를 이용할 수도 있다.

가능한 규칙을 지정하라

OL LI A 와 같이 긴 선택자를 지정하지 마라. .list-anchor와 같은 클래스를 이용해서 적절한 요소에 적용하는 것이 더 좋은 결과를 낼 수 있다.

하위 선택자를 피해라

하위 선택자는 일반적으로 가장 많은 비용이 들어가는 선택자이다. 자식 선택자들을 이용하는 것이 조금 더 효율적일 수 있다. 하지만 자식 선택자 역시 우리가 피해야 할 선택자 가운데 하나이다.

태그 자식 선택자를 피하라

만약 #otc > LI > A와 같은 태그 기반의 자식 선택자를 가지고 있다면 .toc-anchor와 같은 태그 요소별로 각각 클래스 지정하는 것을 추천한다.

자식 선택자의 질의

자식 선택자를 이용하는 모든 개체를 가능하면 클래스를 지정해 주는 것이 좋다.

상속의 의존

어느 속성이 상속되는지 살펴보고 스타일의 상속 규칙을 지정하는 것을 피해라. 예를 들어 각각의 리스트 요소에 스타일을 지정하는 대신 list-style-image를 지정할 수 있다. 상속 속성의 리스트(http://www.w3.org/TR/CSS21/propidx.html)를 보고 어떤 속성을 상속에 이용할 수 있는지 살펴보도록 하자.

놀라운 것은 데이비드 하야트의 강좌는 2000년 4월에 처음 작성되었다는 것이다. 필자는 궁금했다. 왜 9년 동안 이 주제에 대해서 흥미로운 리뷰가 없었는지가 말이다. 데이비드 아티클의 제복에 정의했던 것처럼 모질라 UI에서 동작하기 위한 지침들을 기술하였다. 아마도 오랜 시간 동안 CSS 선택자 때문에 성능에 있어서 많은 손해를 보고 있을 것이다.

그리고 오늘날의 웹 2.0 애플리케이션은 더 많은 기능들을 가지고 있다. 즉, 웹 1.0에서처럼 로딩-클리어-로딩과 같이 동작되지 않는다. 웹 2.0 애플리케이션의 경우 대부분 모질라 UI와 비슷하다. 그리고 아마도 DOM 트리가 동적으로 생성되고 제거되면서 CSS 선택자의 비효율적인 영향들을 굉장히 많이 받고 있을 것이다. DHTML 코드는 클래스 이름이나 스타일 이름을 변경하기도 한다. 다음 단락에서는 이렇게 동적으로 생성되고 제어되는 복잡한 웹페이지의 성능을 어떻게 분석해야 할지 자세히 살펴보도록 하겠다.

CSS 선택자의 성능

CSS의 베일은 어느 정도 벗겨졌다. 우리는 이제부터 부적절한 CSS 선택자를 살펴볼 것이다. 앞에서 우리는 CSS가 오른쪽에서 왼쪽으로 해석해서 내려온다는 것을 알았기 때문에 이 점을 감안해서 우리의 규칙을 수정해 주어야 한다. 1장에서 살펴봤던 더그 크록포드가 제시한 가이드에서는 성능 튜닝을 시작하기 전에 그 문제가 어떤 영향을 주고 있는지 측정하는 것이 중요하다고 말했던 것처럼 CSS 선택자는 어떤 영향을 주고 있는지 살펴보도록 하겠다.

복잡한 선택자의 성능 이슈

존 사이크스(Jon Sykes)는 CSS 선택자의 성능을 측정한 결과를 3개의 글로 자신의 블로그에 게시했었다. 각각의 포스트들이 굉장히 좋은 정보들을 주고 있기 때문에 3개 모두 굉장히 유익한 글이 될 것이다.[2] 그는 5개의 테스트 페이지를 가지고 있고 모두 20,000개의 요소를 가지고 있다. 그리고 긱각 P, DIV, DIV, DIV, BODY 트리를 가지고 있고 각 페이지별로 다음과 같은 다른 CSS 타입들을 선언하고 있다.

- 스타일을 아무것도 가지고 있지 않다.

- 하나의 태그 선택자를 가지고 있다.

  ```
  A { background-color: red; }
  ```

- 클래스 선택자를 지정했고 각각의 20,000개 요소들이 class를 속성을 지정하였다.

  ```
  class11 { background-color: red; }
  ```

- 하위 태그를 작성하였고 20,000개의 선택자를 지정하였다. 그리고 a 태그들이 다음과 같은 영향을 받게 된다.

  ```
  div div div p a.class11 { background-color: red; }
  ```

- 2000개의 자식 선택자를 지정하였고 각각의 a 태그들은 다음과 같은 영향을 받게 된다.

  ```
  div > div > div > p > a.class11 { background-color: red; }
  ```

이 결과를 살펴보면 먼저 하위 선택자나 자식 선택자보다는 스타일을 지정하지 않은 페이지가 더 빠르다는 것을 볼 수 있다. 인터넷 익스플로러와 사파리에서 테스트를 진행했으며 복잡한 선택자의 경우 더 오랜 시간이 걸리는 것을 볼 수 있었다. 때문에 비효율적인 CSS 선택자의 선택은 분명 성능에 있어서 많은 영향을 주게 될 것이다.

그렇다면 최근의 웹사이트들의 선택자의 수를 한번 비교해 보도록 하겠다. 과연 이것이 영향을 주고 있는 것일까? 다음 표 14-1은 CSS 규칙의 수와 DOM 개체의 수를 보여주고 있다. 그리고 또한 DOM의 계층도 보여주고 있다. 규칙의 수는 92개에서 2,882 사이로 평균 1,033개의 CSS 규칙을 정의하고 있었다.

표 14-1 미국 상위 10개 사이트의 CSS 규칙과 DOM의 수

웹사이트	규칙의 수	DOM 개체의 수	계층 평균
AOL	2289	1628	13
eBay	305	588	14

2　주소는 http://blog.archive.jpsykes.com/153/more-css-performance-testing-pt-3/ 이나 지금은 글이 존재하지 않는다.

웹사이트	규칙의 수	DOM 개체의 수	계층 평균
Facebook	2882	1966	17
Google	92	552	8
Live Search	376	449	12
MSN.com	1038	886	1
MySpace	932	444	9
Wikipedia	795	1333	10
Yahoo!	800	564	13
YouTube	821	817	9
Average	1033	923	12

이 정보를 기반으로 필자는 사이크스의 실험과 비슷한 테스트를 진행했다. 다른 것이 있다면 20,000개의 규칙을 가지고 있는 것이 아니라 1,000개의 규칙만 지정하였다. 그리고 불규칙적인 페이지를 만들었다. 필자는 페이지에 1,000개의 태그 선택자를 지정하였다. 그리고 전혀 사용되지 않은 CSS 규칙도 물론 존재한다. 다음 페이지는 CSS 선택자를 테스트하기 위해서 작성된 페이지의 링크이다.

CSS 선택자의 테스트

http://stevesouders.com/efws/css-selectors/tests.php

이 실험에서 단순한 선택자와 복잡한 선택자를 비교해서 주의 깊게 살펴보아야 한다. 다음 그림 14-2는 테스트 페이지에서 가장 느린 페이지(자식, 하위 선택자)의 로드 시간과 간단한 페이지의 로드 시간 차이를 보여주고 있다. 평균 시간은 30밀리초가 걸린다.[3]

이러한 테스트 결과를 보면 사이크스의 실험에서 찾아낸 것보다 CSS 선택자의 최적화 결과가 더 적은 것을 볼 수 있었다. 이 테스트 결과는 규칙의 수가 많이 줄었고 DOM 개체의 비율과 CSS 규칙의 비율이 굉장히 중요하다는 것을 알 수 있다. 다음 그림 14-3은 인터넷 익스플로러 7에서 측정한 테스트 결과를 그래프로 보여주고 있다. 그래프의 단위는 1,000에서 20,000으로 이어지게 된다. 이 데이터는 인터넷 익스플로러의 경우 18,000개의 규칙을 넘어가면서 속도가 월등히 오래 걸리는 것을 볼 수 있다. 20,000개의 규칙을 테스트한 결과는 하키 스틱과 같은 분포를 보여주고 있다.

여기서의 CSS 선택자는 자식 선택자나 하위 선택자와 같은 복잡한 CSS 규칙을 이야기하고 있는 것이고 모든 상황에서 성능에 영향을 주는 것은 아니다. 이 말은 CSS 선택자의 최적화가 필요 없다는 뜻은 아니다. 실무에서 이용하게 되는 선택자의 타입은 확실히 영향을 주기 때문이다.

---

3   오페라 9.63의 결과는 생략되었다.

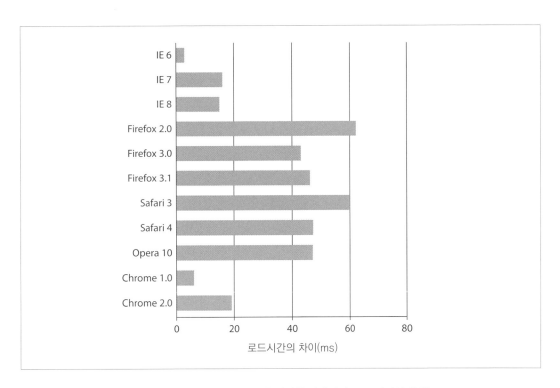

그림 14-2 | 복잡한 선택자와 간단한 선택자의 로드 시간의 차이

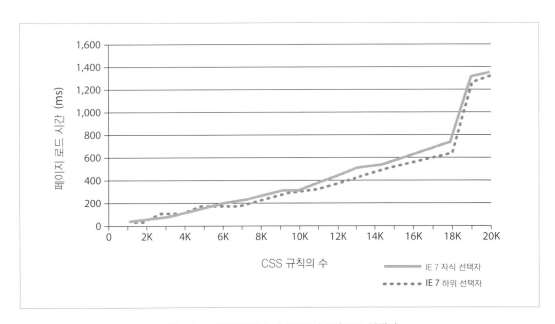

그림 14-3. CSS 인터넷 익스플로러 7의 CSS 선택자

피해야 하는 CSS 선택자

앞에서 테스트한 결과를 보면 복잡한 CSS 선택자는 매번 발생하는 것은 아니지만 성능상에 있어서 영향을 주게 된다는 것을 볼 수 있었다. 앞에서 테스트했던 하위 선택자는 다음과 같이 작성하여 이용하였다.

```
DIV DIV DIV P A.class0007 { ... }
```

먼저 그냥 얼핏 봤을 때는 매치되는 요소를 찾기에 상당한 비용이 들어갈 것처럼 보인다. 이 선택자는 5 계층 아래에 있는 A 태그가 매치되어야 한다. 여기서 선택자는 오른쪽에서 왼쪽으로 동작한다는 것을 다시 상기해보면 왜 하위 선택자가 간단한 클래스 선택자와 비슷한 시간이 걸리는지 일 수 있을 것이다. 브라우저에서 수행된 작업의 양은 오른쪽의 인사가 무엇이며 어떤 선택사를 이용하느냐에 따라서 달라지게 된다. 우리의 예제 중에 가장 중요한 선택자는 A.class0007 이다. 페이지에서 오직 하나만 이 선택자와 매치되기 때문에 더 이상 작업을 수행할 일이 없다. 하지만 다음과 같은 선택자는 어떨까 한번 생각해보자.

```
A.class0007 * { ... }
```

이 규칙에서 키 선택자는 * 이다. 이것은 모든 요소와 매치되기 때문에 브라우저는 class0007 클래스 이름을 가지고 있는 모든 요소들을 확인해야만 한다. 그렇다면 전체 선택자는 어떠할까? 다음 예제는 1,000개의 규칙을 가진 전체 선택자를 보여주고 있다.

전체 선택자

http://stevesouders.com/efws/css-selectors/universal.php

다음 그림 14-4는 전체 선택자와 하위 선택자의 로드시간 차이를 보여주고 있다(http://stevesouders.com/efws/css-selectors/descendant.php). 다음 그림 14-2에서 살펴본 내용 중에 기억해두어야 할 것은 평균 30ms밖에 걸리지 않았다는 것이다. 하지만 이 테스트의 경우 2초보다 더 많은 차이를 보이게 된다.

최적화를 진행하기로 결정했다면 페이지 안의 많은 요소들과 매칭 작업을 실행하는 키 선택자에 초점을 맞추어야 한다. 이 선택자는 전체 선택자처럼 문제가 있는 선택자는 아니다. 자, 그럼 이 예제를 살펴보도록 하자.

A.class0007 DIV { ... }

http://stevesouders.com/efws/css-selectors/csscreate.php?sel=A.class+DIV

#id0007 〉A { ... }

> *http://stevesouders.com/efws/css-selectors/csscreate.php?sel=%23id+>+A*

.class0007 [href] { ... }

> *http://stevesouders.com/efws/css-selectors/csscreate.php?sel=.class+[href]*

DIV:first-child { ... }

> *http://stevesouders.com/efws/css-selectors/csscreate.php?sel=DIV%3Afirst-child*

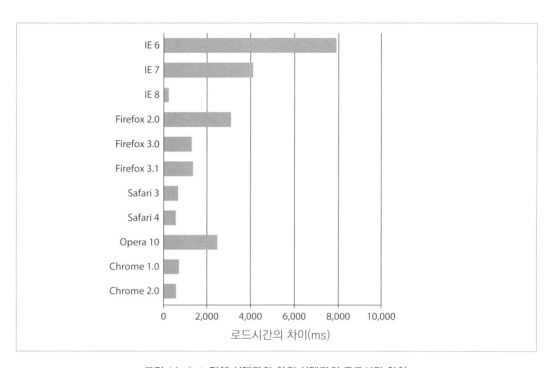

그림 14-4 | 전체 선택자와 하위 선택자의 로드시간 차이

이 예제들은 필자가 만든 CSS 테스트 크리에이터(Test Creator)[4] 페이지를 통해서 만들었다. 먼저 "0007"은 1부터 증가된 규칙의 최대 수를 나타내는 데 이용된다. CSS 테스트 크리에이터는 쉽게 선택자의 타입을 만들 수 있고 얼마나 걸리는지 측정하는 것이 가능하다. 다음 단락에서는 리플로우(reflow) 시간에 대해서 좀 더 자세히 살펴보도록 하겠다.

---

4   http://stevesouders.com/efws/css-selectors/csscreate.php?sel=DIV%3Afirst-child

리플로우 시간

지금까지의 모든 예제들은 페이지를 로드할 때 CSS 선택자가 주게 되는 영향들에 대해서 살펴봤었다. 하지만 웹 2.0 애플리케이션에서 더 중요하게 고려해야 할 것이 사용자가 페이지와 인터렉션을 주고받으면서 스타일이 레이아웃에 적용되는 경우이다. 이것을 리플로우 시간(Reflow Time)이라고 부른다. 리플로우 시간은 DOM 개체의 스타일이 자바스크립트에 의해서 수정될 때 발생한다. 예를 들어 elem이라는 개체가 있고 다음과 같이 스타일을 수정한다고 가정해보자.

```
elem.className = "newclass";
elem.style.cssText = "color: red";
elem.style.padding = "8px";
elem.style.display = "";
```

이것은 단순한 작은 작업이다. 리플로우 트리거들은 이보다 더 길 것이다. 동적인 웹 2.0 환경에서는 쉽게 동적으로 업데이트된다. 그리고 업데이트될 때 페이지 안의 모든 개체들이 여기에 연루될 필요가 없다. 브라우저들은 영향을 받게 되는 그 개체만 다시 레이아웃을 그리게 된다. 하지만 앞의 예제에서 elem이 body이거나 굉장히 많은 자식들을 가지고 있다면 업데이트하는 비용을 많이 소비하게 될 것이다.

리플로우는 CSS 규칙을 다시 적용하게 된다. 즉, 이 말은 브라우저는 모든 CSS 선택자들과 다시 한번 매칭 작업을 진행한다는 것이다. 만약 CSS 선택자가 비용이 많이 들어가는 타입이라면 리플로우는 오랜 시간이 걸리게 될 것이고 사용자도 눈치챌 수 있을 것이다. 모든 CSS 선택자 예제들은 리플로우 측정 버튼을 가지고 있다(http://stevesouders.com/efws/css-selectors/tests.php). 이 버튼을 클릭하면 앞의 마지막 코드처럼 body의 display 속성이 변경될 것이다. 그렇다면 리플로우 시간이 끝날 때까지의 시간이 버튼 옆에 보이게 될 것이다. 앞서 예제에서의 CSS 선택자의 비용을 측정해보면 약 100ms에서 약 1초 정도의 시간이 나오는 것을 볼 수 있다.

그렇기 때문에 중요한 것은 비효율적인 선택자는 페이지 로드시간뿐만 아니라 사용자가 직접 인터렉트하는 행동들까지도 많은 영향을 주게 된다는 것이다. 만약 자바스크립트를 이용해서 스타일 속성을 수정하고 페이지가 느리다는 생각이 든다면 CSS 선택자가 원인이 될 수 있다는 것을 명심하라.

실 사이트에서의 CSS 선택자

이번 장에서는 여러 경험들의 결과를 살펴봤지만 모두 인위적인 테스트 페이지들의 예제뿐이었다. 이런 예제에서 살펴봤었던 절약되는 시간은 실제 사이트에서는 다르게 적용될 수 있다. 이상적인 실험은 상위의 10개 사이트의 CSS 선택자들을 최적화해보고 로드시간을 측정해 보는 것이다. 하지만 이것을 진행하기에는 조금 무리가 따른다.

CSS 선택자의 최적화가 얼마만큼의 성능 향상을 가져오는지 알기 위해서 우리는 리플로우 시간을 측정해야 한다. 이것을 쉽게 측정하기 위해서 린지 사이먼(Lindsey Simon)의 리플로우 타이머(http://code.google.com/p/reflow-timer)를 이용할 수 있다. 이 툴은 주요 브라우저 안에서 동작하게 된다. 이 툴을 실행하게 되면 바디의 속성과 평균 리플로우 시간을 보여준다(필자는 이 툴을 기반으로 필자의 테스트 페이지들을 측정했다). 다음 그림 14-5는 리플로우 시간을 측정한 결과를 보여주고 있다. 리플로우 시간의 범위는 16밀리초부터(구글) 291밀리초(페이스북)의 범위까지 나온 것으로 측정되었다.[5]

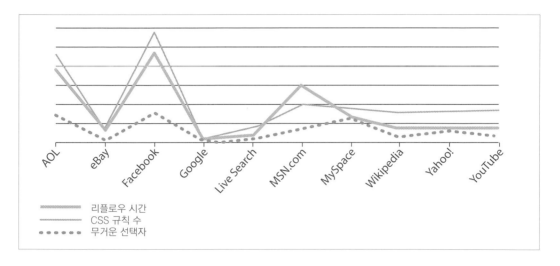

그림 14-5 | 상위 10개 사이트의 리플로우 시간, CSS 규칙 수, 무거운 선택자

다음 그림 14-5에서는 리플로우 시간에 추가로 규칙의 숫자와 안 좋은 영향을 주는 CSS 규칙의 수도 같이 기록하였다(예를 들어 하나의 키 선택자가 매우 많은 요소와 매칭되는 것). 결과를 보면 리플로우 시간과의 상관계수는 0.86이었다. 그리고 무거운 선택자와 리플로우와의 상관계수는 0.9로 나타났다. 이렇게 모두 높은 수치가 나온 것을 봐서 CSS 선택자의 영향뿐만 아니라 CSS 규칙의 수에 따라서 리플로우 시간이 영향을 받게 된다는 것을 알 수 있다.

만약 AOL과 페이스북처럼 많은 수의 CSS 규칙을 가지고 있거나 무거운 선택자를 많이 가지고 있다면 CSS 선택자의 최적화는 페이지를 더 빠르게 만들 것이다. 그리고 규칙의 수를 줄임으로써 다른 좋은 이익들을 많이 가져갈 수도 있다. 데이비드 하야트(David Hyatt)의 효율적인 CSS 가이드 라인과

---

5 인터넷 익스플로우 7을 이용하여 측정하였다.

함께 CSS 비용에 대해서 신중하게 생각해 볼 필요가 있다. 예를 들어 하위 선택자는 클래스 선택자로 변경하게 되면 우리는 페이지를 더 가볍게 만들 수 있을 것이다. 가장 중요한 선택자는 많은 수의 개체들과 매치되는 키 선택자라는 것을 명심해 두자. 물론 CSS 말고도 여러 성능 튜닝 팁들이 존재한다 하더라도 CSS 선택자 또한 타입에 따라 페이지의 많은 성능 비중을 차지하게 되므로 반드시 알아두도록 하자.

부록

성능 관리 도구

훌륭한 엔지니어들과 마찬가지로, 웹 개발자들도 높은 퀄리티의 업무를 수행하기 위해 관리 툴들을 마련해야 한다. 이번 부록에서는 웹사이트를 분석하고, 성능을 높이는 작업을 위해 필자가 추천하는 툴들을 살펴보려고 한다. 이 툴들은 다음과 같이 나눠서 살펴볼 수 있다.

패킷 분석 도구

웹사이트를 분석하려고 자리에 앉을 때 필자는 HTTP 요청을 먼저 참고하기 시작한다. 이것은 페이지의 어느 부분이 느려지는지 식별하기 좋기 때문이다. 패킷 분석 툴을 이용하면 이러한 작업을 굉장히 쉽게 이용할 수 있기 때문에 가장 먼저 챙겨야 할 툴이다. 이러한 툴로서는 HttpWatch, 파이어버그 넷 패널, AOL 페이지 테스트(Pagetest), VRTA, IBM 페이지 디테일러(Page Detailer), Web Inspector 리소스 패널, 피들러(Fiddler), 찰스(Charles), 와이어샤크(Wireshark) 등이 있다.

웹 개발 도구

페이지 성능은 단지 로드타임을 의미하지 않는다. 페이지의 성능은 자바스크립트, CSS, DOM 구조 그리고 웹 2.0 애플리케이션에서 특별히 동작되는 규칙들에 의해서 정의된다. 웹 개발 도구들은 프로파일러, 조사, 디버깅을 위한 웹페이지 분석 등을 제공하고 있다. 이 툴들로는 파이어버그, Web Inspector, IE 디벨로퍼 툴바(Developer Toolbar)들이 존재한다.

성능 분석 도구

성능 분석은 현재 웹사이트를 평가하고 어떻게 하는 것이 더 좋은 방법인지 알려준다. 뒤에서 설명하겠지만 이 툴들이 측정하는 내용들은 상당히 다양하고 쓸만하다. 여기서는 YSlow, AOL 페이지 테스트(Pagetest), VRTA, neXpert를 살펴볼 것이다.

기타 도구

여기서는 필자가 유용하게 사용하고 있는 보물 주머니와 같은 햄머헤드(Hammerhead), Smush. it, Cuzillion, UA 프로파일러(Profiler) 툴들을 소개한다.

패킷 분석 도구

모든 웹 개발자들은 성능을 측정하고 싶다면 페이지 로드가 어떻게 일어나고 있는지 그리고 페이지 안의 모든 리소스들이 어떻게 동작하는지 살펴봐야 한다. 이러한 작업을 위해서 바로 패킷 분석 도구를 이용하게 된다. 여기서 살펴보는 패킷 분석 도구의 범위는 높은 레벨의 네트워크 트래픽을 보여주는 HttpWatch와 낮은 레벨의 네트워크 패킷을 보여주는 와이어샤크(Wireshark)가 있다. 필자가 대부분 사용하는 웹 성능 분석 툴은 주로 높은 레벨의 네트워크 모니터들이다. 왜냐하면 이들은 일반적으로 더 쉽게 설정하고, 쉬운 인터페이스 그리고 보다 자세한 비주얼을 보여주고 있다. 청크 인코딩을 디버깅해야 하는 상황인데 낮은 레벨의 네트워크 패킷 뷰어를 본다면 원하는 데이터를 수월하게 보기 어려울 수도 있다.

HttpWatch

HttpWatch(http://www.httpwatch.com/)는 필자가 굉장히 자주 사용하는 패킷 분석 도구이다. HttpWatch는 다음 그림 A-1과 같이 네트워크 트래픽을 그래프로 보여주게 된다. 그리고 이 책에서 삽입된 HTTP 차트는 대부분 이 툴을 이용해서 캡처하였다. 이 그래픽 결과를 이용하면 어디서 성능이 떨어지는지 쉽게 확인할 수 있다.

HttpWatch는 Simtec이라는 회사에 의해서 만들어졌다. 자유롭게 다운로드해서 사용할 수는 있지만 구글이나 야후와 같은 몇 개의 사이트만 무료로 이용할 수 있다. 모든 버전을 사용하려면 비용을 지불해야 하지만 결코 아까운 돈이 아니라는 것을 알 수 있을 것이다. HttpWatch라는 툴은 인터넷 익스플로러와 파이어폭스에서 이용이 가능하다.

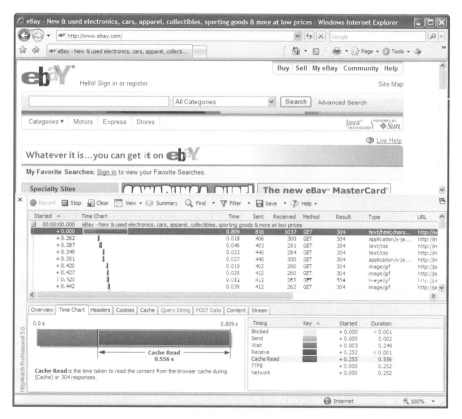

그림 A-1 | HttpWatch

파이어버그 넷 패널

파이어버그(Firebug)는 개발자들을 위한 다양한 기능을 제공하고 있고 자세한 내용은 웹 개발 도구 단락에서 살펴볼 것이다. 이번 단락에서는 파이어버그 넷 패널(Firebug Net Panel)을 알아본다. 넷 패널은 HTTP 차트를 보여주며, 파이어버그를 설치한 개발자라면 쉽게 이용할 수 있다. 필자는 특별히 다음 그림 A-2와 같이 DOMContentLoaded와 onload 이벤트에서 일어나는 시간을 가로 선으로 보여주고 있다.

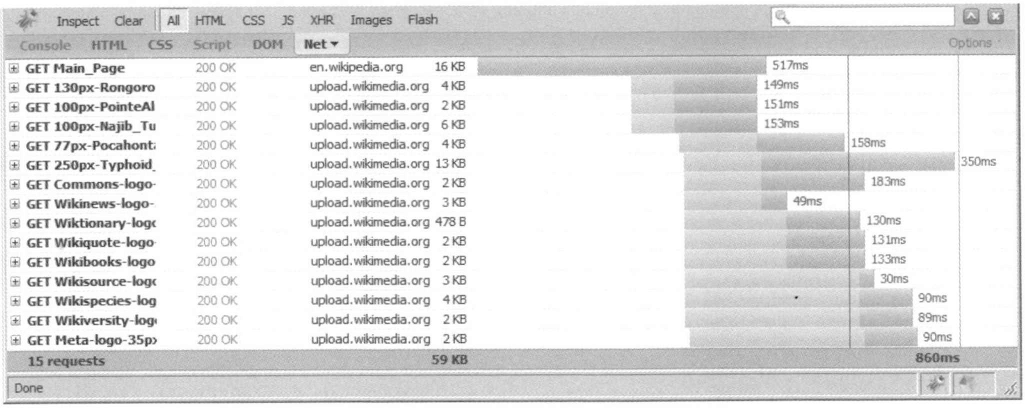

그림 A-2 | 파이어버그 패널

넷 패널의 한 가지 단점은 타임 정보를 보여주는 것이 웹페이지에 영향을 줄 수 있다는 것이다. 왜냐하면 파이어버그는 자바스크립트로 구현되어 있기 때문에 현재 웹페이지에서 같은 파이어폭스 안에서 실행하게 된다. 따라서 만약 자바스크립트가 메인 페이지에서 실행되는 도중에 네트워크 이벤트가 발생하게 되면 넷 패널은 몇몇 요청 때문에 동작이 멈출 수 있다. 넷 패널의 정확도는 거의 모든 상황에서 대부분 정확하기 때문에 이 툴을 이용하는 것도 좋은 선택이 될 것이다. 만약 보다 정밀하게 시간을 측정하거나 자바스크립트 구문에 의해서 페이지가 막히거나 했다면 여기서 설명하는 다른 툴을 선택하는 것을 추천한다.

추가적으로 파이어버그는 파이어폭스의 애드온으로 구성되어 있기 때문에 다른 브라우저에서 테스트가 불가능하다.

AOL 페이지테스트

AOL 페이지테스트(http://pagetest.wiki.sourceforge.net/)는 인터넷 익스플로러의 플러그인으로 HTTP 차트를 제공한다. 그리고 성능을 증가시킬 수 있는 튜너의 역할을 하기 때문에 성능 분석기로도 사용할 수 있다.

VRTA

마이크로소프트로부터 제공된 VRTA(http://www.microsoft.com/downloads/details.aspx?FamilyID=119F3477-DCED-41E3-A0E7-D8B5CAE893A3)는 네트워크 성능에 초점을 맞추고 있다. HTTP 차트는 다른 네트워크 모니터보다 좀 더 자세한 정보를 제공하고 있고 현재 존재하는 TCP 커넥션이 어떻게 재사용되는지 살펴볼 수 있다. VRTA는 '성능 분석 도구'에서 자세히 살펴볼 것이다.

IBM 페이지 디테일러

IBM 페이지 디테일러(Page Detailer)는 필자가 자주 이용하는 툴이기는 하지만 IBM에서 프로페셔널 버전의 판매를 멈춘 상태이다. 하지만 기본 버전은 다운로드가 가능하다(http://www.alphaworks. ibm.com/tech/pagedetailer). 그런데 이 툴에서는 출력된 데이터와 HTTP 요청 분석과 같은 여러 기능들이 제공되지 않고 있다. IBM 페이지 디테일러는 마이크로소프트 윈도우에서 동작되는 프로그램이다.

필자는 IBM 페이지 디테일러를 이용해서 인터넷 익스플로러와 파이어폭스가 아닌 다른 브라우저(오페라, 사파리)를 분석할 때 주로 이용한다. 인터넷 익스플로러와 파이어폭스는 HttpWatch를 주로 이용한다. IBM 페이지 디테일러는 현재 이용하고 있는 모든 HTTP 네트워크 트래픽을 모니터링할 수 있다. 그리고 wd_WS2s.ini 파일의 수정을 통하여 분석할 프로세스의 이름을 다음과 같이 지정할 수 있다.

```
Executable=(FIREFOX.EXE),(OPERA.EXE),(SAFARI.EXE)
```

크롬 브라우저를 IBM 페이지 디테일러를 이용하게 될 경우에 꼬이게 되는 경우가 있다. 크롬은 브라우저 UI와 각각의 탭별로 프로세스가 분리되어 있다. IBM 페이지 디테일러는 브라우저 UI 프로세스에 연결하기 때문에 실제로 로드가 될 때 아무것도 볼 수 없게 되는 것이다. 그렇다 하더라도 HTTP와 출력되는 데이터를 보고 확인하는 데 있어서는 훌륭한 툴임이 분명하다.

Web Inspector 리소스 패널

사파리의 Web Inspector는 파이어버그와 비슷하다. Web Inspector은 사파리의 웹 개발 툴로서 네트워크 모니터를 제공하고 있다. 자세한 내용은 '웹 개발 도구'에서 살펴보도록 하겠다.

피들러

피들러(http://www.fiddlertool.com)의 특징은 마이크로소프트 인터넷 익스플로러 팀인 에릭 로렌스(Eric Lawrence)가 만들었고, 중단점과 같은 브레이크 포인트 기능을 통하여 수동으로 HTTP 트래픽을 설정하는 것이 가능하다. 한 가지 단점은 프록시로서 동작하기 때문에 브라우저의 동작방식을 바꿀수도 있다는 것이다(예를 들어 서버당 여러 개의 커넥션을 오픈할 수 있다). 만약 스크립트를 작성하거나 프록시로 인해 발생하는 부작용에 대해 개의치 않는다면 필자는 피들러를 강력하게 추천한다. 이 프로그램은 마이크로소프트 윈도우에서 실행이 가능하다.

찰스

찰스(http://www.charlesproxy.com/)는 HTTP 프록시로 피들러와 비슷하다. 이 도구는 피들러와 상당히 비슷한 많은 기능들을 가지고 있고 HTTP와 HTTPS의 트래픽을 분석할 수 있는 기능도 추가 되어 있다. 찰스는 마이크로소프트 윈도우와 맥OS X, 그리고 리눅스를 지원하고 있다.

와이어샤크

와이어샤크(http://www.wireshark.org/)는 이더리얼(Ethereal)에서 계속 발전해온 것이다. 이 도구는 HTTP 요청을 패킷 레벨에서 분석하게 된다. 이 툴은 다른 툴이 제공하는 네트워크 모니터와 같은 UI를 제공하지 않는다. 그리고 또한 웹페이지와 같은 개념을 가지고 있지 않다. 이 도구는 단지 패킷 캡처를 시작하고 끝날 때에 따라서 분석하게 된다. 만약 청크 인코딩과 같은 패킷 레벨에서 트래픽을 분석하고 싶다면 와이어샤크가 최고의 선택일 것이다. 그리고 이 툴은 마이크로소프트, 맥 OS X, 리눅스와 같은 다양한 브라우저를 지원하고 있다.

웹 개발 도구

패킷 분석도구는 페이지가 로딩되는 동안의 네트워크 동작을 보여주게 된다. 하지만 단순한 HTTP 요청보다 우리는 페이지의 성능에 대해서 분석해 보아야 한다. 1장과 2장에서는 자바스크립트를 이용한 DOM의 동작이 페이지를 어떻게 느리게 만드는지 살펴봤었다. 여기서 살펴볼 웹 개발 도구들은 파이어폭스, Web Inspector, 인터넷 익스플로러 디벨로퍼 툴바들이고 이러한 개발 도구는 DOM 분석 자바스크립트 디버거, 네트워크 모니터, CSS 에디터, 프로파일러와 같은 기능을 제공하고 있다.

이러한 툴들은 빙산의 일각일 뿐이다. 더 비싼 툴들은 개발자들에게 메모리 소비, CPU 부하, 자바스크립트 실행, CSS 애플리케이션과 HTML 파서와 렌더링, 전체 페이지의 로드시간 등을 제공해주고 있다. 그리고 이러한 분석 도구들은 일반적으로 브라우저의 수정 없이 이용할 수 있다.

파이어버그

파이어버그(http://getfirebug.com/)는 가장 유명한 웹 개발 툴이고 천사백만의 다운로드를 기록하고 있다. 이 툴은 조 휴잇(Joe Hwitt)이 2006년 2월에 개발했다. 그리고 이 툴은 HTML, CSS, DOM 그리고, 레이아웃 조사 기능을 제공하고 있다. 앞에서 파이어버그의 넷 패널에 대해서 설명했듯이 이 툴은 네트워크 활동에 대한 HTTP 차트를 제공하고 있다. 파이어버그는 또한 자바스크립트 커맨드라인 툴을 제공해주고 있고 자바스크립트 디버거와 프로파일러를 가지고 있다. 이 디버거와 프로파일러는 파이어버그의 가장 강력한 기능이라 할 수 있다.

파이어버그는 파이어폭스의 애드온이다. 비록 자바스크립트 디버깅과 프로파일링 기능이 다른 브라우저에서는 이용할 수 없다는 것이 큰 단점이라 하더라도 파이어버그 라이트(http://getfirebug.com/lite.html)를 통해서 다른 브라우저에서 몇몇 기능을 이용하는 것이 가능하다. 파이어버그 라이트는 북마크릿(Bookmarklet)이기 때문에 주요한 브라우저에서 동작하는 것이 가능한 것이다. 이 툴은 애저 커쿨루(Azer Koçulu)에 의해서 한 번 업데이트된 적이 있고 자바스크립트 커맨드라인뿐만 아니라 HTML, DOM, CSS을 살펴보는 것이 가능하다. 모든 브라우저에서 공통된 UI와 모두 똑같은 기능을 수행할 수 있기 때문에 파이어버그 라이트는 크로스 브라우저를 테스트하기에 완벽하다.

파이어버그는 확장이 가능한 툴이기 때문에 개발자들의 사랑을 듬뿍 받고 있다. 즉, 파이어버그의 기능을 자기가 원하는 대로 확장이 가능하고 또한 다른 개발자들과 그 기능을 공유할 수 있다. 파이어버그 확장을 이용해보고 싶다면 다음 사이트를 참고하도록 하자. http://getfirebug.com/extensions/index.html.

Web Inspector

사파리의 Web Inspector는 2008년도에 의미 있는 업그레이드를 진행했다. 다음 그림 A-3은 앞에서 소개한 리소스 패널을 보여주고 있다. Web Inspector의 기능은 파이어버그와 비슷하다. 이 도구는 콘솔창을 가지고 있고 DOM과 CSS 분석 창뿐만 아니라 자바스크립트 디버거와 프로파일러도 제공하고 있다.

인터넷 익스플로러 디벨로퍼 툴바

인터넷 익스플로러의 디벨로퍼 툴바(http://www.microsoft.com/downloads/details.aspx?familyid=e59c3964-672d-4511-bb3e-2d5e1db91038)는 파이어버그 라이트와 비슷한 기능을 가지고 있다. 이 도구는 자바스크립트 디버깅이나 프로파일링 기능은 가지고 있지 않지만 HTML 유효성 검증 기능과 CSS, DOM 분석 도구와 픽셀 레이아웃 도구를 지원하고 있다. 인터넷 익스플로러 디벨로퍼 툴바는 인터넷 익스플로러 6과 7을 타겟으로 하고 있고 인터넷 익스플로러 8에서는 [도구] 메뉴의 항목으로 배포되고 있다.

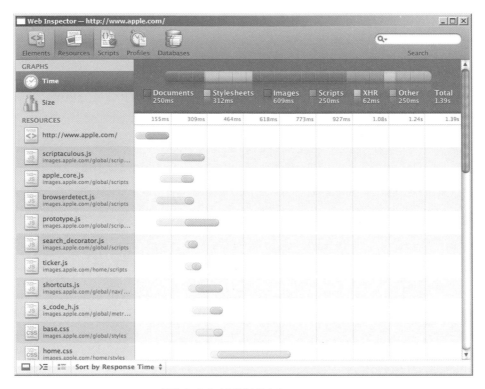

그림 A-3 | 사파리 Web Inspector

성능 분석 도구

YSlow는 성능 분석도구로 이용되어 왔던 첫 번째 도구이다. 그리고 AOL 페이지테스트, VRTA, neXpert는 두 번째로 릴리즈된 도구이다. 이러한 툴들은 자신이 가지고 있는 성능에 있어서 최고의 방법들을 제시해 주고 있다. 필자는 다음 표 A-1에 각각의 툴들이 확인하고 있는 성능 튜닝 규칙들에 대해서 정리했다. 그리고 필자는 세 가지 카테고리로 나누어 보았다.

- 『웹 사이트 최적화 기법』에서 소개한 규칙

- 이 책에서 소개한 규칙

- 앞의 두 도서에서 언급하지 않았지만 여러 도구들에서 제시한 규칙

다음 표 A-1을 살펴보면 각각의 툴별로 제공하고 있는 규칙을 볼 수 있고 어떤 규칙이 인기가 있는지 살펴볼 수 있다. 그리고 여기서는 한 가지 새로운 규칙을 발견할 수 있다. 이 규칙은 상당히 중요하

지만 좋시 않은 엉향을 주기도 했다. 왜냐하면 개발 커뮤니티에서 얼빈 토론과 분열이 생기기노 했기 때문이다. 어떤 규칙이 제일 좋은 방법인지를 명확하게 규정하는 것은 어렵다. 도구의 선택은 개발 환경에 의해서 많이 좌우될 수도 있기 때문이다.

개발자들의 도구를 떠나서 다음 표 A-1을 보면 여러 가지 좋은 성능 튜닝 팁을 제공해주고 있다. 하지만 이 규칙이 불일치하는 여러 가지 이유가 존재한다. 여기에는 새로운 규칙이 있기도 하고 앞에서 살펴본 내용은 다루고 있지 않기도 하다. 이런 툴로 개발할 때는 개발 시간이 큰 이슈가 되기 때문에 가장 중요하다고 생각한 규칙이나 개발하기 편한 기술들을 뽑아서 이야기한 것일 수도 있다. 그렇기 때문에 그 툴을 무시하거나 할 필요는 없다. 예를 들어 VRTA 개발자는 필자보다 네트워킹 이슈에 더 많은 관심을 가지고 있기 때문에 네트워크 관련 이슈를 많이 다루고 있는 것이다.

표 A-1 성능 튜닝 방법

규칙이름	YSlow	페이지테스트	VRTA	neXpert
웹사이트 최적화 기법				
자바스크립트와 CSS를 합쳐라	X	X		
CSS 스프라이트를 이용하라	X		X	
CDN을 이용해라	X	X		
만료기간을 설정하라	X	X	X	X
텍스트 응답에 Gzip을 적용하라	X	X	X	X
CSS를 위에 넣어라	X			
아래에 자바스크립트를 넣어라	X			
CSS 익스프레션을 피해라	X			
자바스크립트와 CSS를 외부 파일로 만들어라.	X			
DNS검색을 줄여라	X			
자바스크립트를 최소화 하라	X	X		
리다이렉트를 피하라	X		X	X
중복 스크립트를 제거하라	X			
ETag를 제거하라	X	X		X
초고속 웹사이트 구축(이 책)				
UI 스레드를 막지 마라				
자바스크립트를 분리하라				
자바스크립트를 비동기로 로드하라			X	
스타일시트 전의 인라인 스크립트				
효율적인 자바스크립트를 써라				

규칙이름	YSlow	페이지테스트	VRTA	neXpert
압축되지 않는 크기를 최소화하라				
이미지를 최적화하라	X			
도메인을 공유하라			X	
플러시를 이용해서 문서를 먼저 내려라				
아이프레임을 피해라				
CSS 선택자를 간단히 해라			X	
기타				
끊기지 않는 기넥선을 이용헤리		X	X	X
쿠키를 줄여라		X		X
네트워크 혼잡을 피해라			X	
TCP 윈도우와 MTU를 늘려라			X	
서버 혼잡을 피하라			X	

이러한 규칙들을 툴끼리 잘 조합해서 이용한다면 웹 개발자들은 분명 최고의 성능을 낼 수 있을 것이다. 이러한 툴들은 개발자들에게 더 빠른 웹사이트 경험을 전달해주기 위해서 만들어졌고 개발자들이 사이트의 속도를 가장 빠르게 하는 지름길이 무엇인지 알려주는 데 큰 힘이 될 것이다. 그리고 개발자들의 툴은 그들이 선택한 플랫폼과 도구에 상관없이 웹사이트를 튜닝할 수 있을 것이다. 그럼 이러한 툴들에 대해서 자세히 살펴보도록 하겠다. 여기서는 YSlow, AOL 페이지 테스트, VRTA 그리고 neXpert에 대해서 살펴보도록 하겠다.

YSlow

필자는 야후에서 일하면서 YSlow(http://developer.yahoo.com/yslow/) 도구를 만들었다. 이 툴은 북마클릿으로서 처음 완성된 툴이었으며 그 뒤에 그리즈멍키(Greasemonkey) 스크립트를 이용했다. 조 휴잇(Joe Hewitt)은 YSlow가 파이어버그로 어떻게 확장할 수 있는지 충분히 설명해 줬다. 스와프닐 신데(Swapnil Shinde)라는 사람은 파이어버그에서 동작될 수 있도록 많은 코드를 작성하였다. 그가 코드를 작성한 동기는 스와프닐은 YSlow가 분명 10,000 이상의 수가 이용할 것이라는 확신이 있었기 때문이다. YSlow는 2007년 7월에 정식 공개하였고 일년 반 만에 백만 다운로드를 기록하였다. 이 YSlow의 이름은 다음 질문에서 따오게 된 것이다. "whY is this page Slow?(이 페이지는 왜 느린거지?)"

YSlow는 '웹사이트 최적화 기법'에서 다루었던 규칙에 따라 동작되었다. YSlow가 발표되었을 때 필자는 또한 각각의 규칙별로 요약하여 다음 URL에 배포하기도 했다(http://developer.yahoo.com/ performance/rules). 이 페이지에서는 야후의 34개 규칙을 모두 공개했으며 YSlow에서는 13개의 성능 규칙을 분석하게 된다.

- 규칙 1: 요청을 더 적게 만들어라.
- 규칙 2: CDN을 이용해라.
- 규칙 3: 헤더에 만료기간을 추가하라.
- 규칙 4: Gzip 압축을 이용해라.
- 규칙 5: 스타일시트는 위에 넣어라.
- 규칙 6: 스크립트는 아래에 넣어라.
- 규칙 7: CSS 익스프레션의 사용을 피해라.
- 규칙 8: 외부 자바스크립와 CSS 파일을 만들어라.
- 규칙 9: DNS 검색을 줄여라.
- 규칙 10: 자바스크립트를 최소화하라.
- 규칙 11: 리다이렉트를 피해라.
- 규칙 12: 중복 스크립트를 제거하라.
- 규칙 13: ETag를 설정하라.

YSlow는 파이어버그의 확장 도구로써 파이어폭스에서만 동작이 가능하다. 이 도구는 전체 점수와 각각의 규칙 점수를 매겨주게 된다. 그리고 모든 리소스들의 리스트를 보여줄 뿐만 아니라 여러 정보들을 보여주고 있다(요청의 수, 페이지의 총 크기 등). 그리고 YSlow는 유용한 다른 툴을 포함하고 있다. 그 툴은 JSLint(http://jslint.com/)라는 툴과 CSS와 자바스크립트를 브라우저에서 쉽게 검색하는 툴이다.

AOL 페이지테스트

AOL 페이지테스트(http://pagetest.wiki.sourceforge.net/)와 웹 기반의 툴로서 웹페이지테스트 (http:// www.webpagetest.org/)라는 도구를 제공하고 있고 이 툴은 다음과 같은 규칙을 점검하게 된다.

- 캐싱을 이용해라.
- CDN을 이용해라.
- CSS와 자바스크립트 파일을 합쳐라.

- 텍스트에 Gzip 압축을 적용하라.

- 이미지들을 압축하라.

- 끊기지 않는 커넥션을 이용해라.

- 적절한 쿠키를 이용해라.

- 자바스크립트를 최소화하라.

- Etag 헤더를 없애지 마라.

AOL 페이지테스트는 인터넷 익스플로러의 플러그인이다. 웹페이지테스트는 어떤 브라우저를 통해서도 접근이 가능하고 서버 뒷단에서 인터넷 익스플로러로 동작하게 된다. 이 도구는 HTTP 차트와 스크린샷 그리고 페이지 로드 시간 그리고 요약 정보들을 제공해주고 있다.

웹페이지테스트의 기능 중에 웹사이트를 거쳐서 측정하는 기능은 상당히 흥미롭다. 웹페이지테스트는 굉장히 대중적으로 사용되고 있고 그만한 가치가 충분히 있다. 먼저 페이지를 분석하고자 한다면 다른 애플리케이션의 다운로드나 인스톨과 같은 별도의 작업 없이 이 웹사이트를 이용해서 분석할 수 있다. 이 도구는 인터넷 익스플로러 안에서 AOL 페이지테스트를 실행하고 있는 것이다. 웹페이지테스트의 사용자는 어떤 브라우저로도 접근이 가능하고 자기가 분석하고자 하는 사이트의 주소만 입력하면 된다. 다음 그림 A-4는 AOL 사이트(http://www.aol.com/)의 성능분석을 실행한 결과를 보여주고 있다.

웹페이지테스트는 웹페이지를 통해서 누구나 성능 측정이 가능하고 개발자가 아닌 사람도 측정이 가능하다. 하지만 몇 가지 제약은 존재한다. 가장 중요한 것은 이 테스트는 언제나 원격 서버에서 이루어지기 때문에 인터넷 익스플로러를 이용했을 때의 결과만 볼 수 있다는 것이다. 이것은 약간 혼란을 줄 수 있다. 다음 그림 A-4에서 필자는 파이어폭스를 이용했다. 하지만 이 결과는 인터넷 익스플로러에서 실행한 테스트를 반환해준다는 것을 알아두어야 한다. 그리고 이 결과는 내 컴퓨터에서 실행한 결과를 보여주는 것이 아니다. 만약 인터넷 커넥션에 대한 디버깅을 원한다거나 현재 컴퓨터의 쿠키에 관련한 작업을 실행하고 싶다면 웹페이지테스트를 이용할 수 없다. 이러한 작업을 진행하고자 할 경우에는 AOL 페이지테스트나 다른 패킷 도구를 이용해야 할 것이다.

VRTA

마이크로소프트에서 제공하고 있는 VRTA(http://www.microsoft.com/downloads/details.aspx?FamilyID=119F3477-DCED-41E3-A0E7-D8B5CAE893A3)는 Visual Round Trip Analyzer을 간단하게 줄여 쓰고 있는 이름이다. 이 도구는 HTTP 차트를 보여주지만 다른 툴보다는 조금 더 자

세하게 설명해주고 있다. VRTA는 네트워크 최적화에 초점을 맞추고 있다. 예를 들어 존재하는 TCP 커넥션을 다시 사용하는 규칙이 이에 해당된다. 대부분의 HTTP 차트는 HTTP 요청별로 가로로 표시된다. 반면에 VRTA는 TCP 연결을 기반으로 가로 막대를 표시하게 된다. 이것을 이용하면 쉽게 TCP 커넥션의 동작을 이해할 수 있다. VRTA는 막대 그래프를 보여주고 대역폭을 얼마만큼 소비하고 있는지도 보여준다.

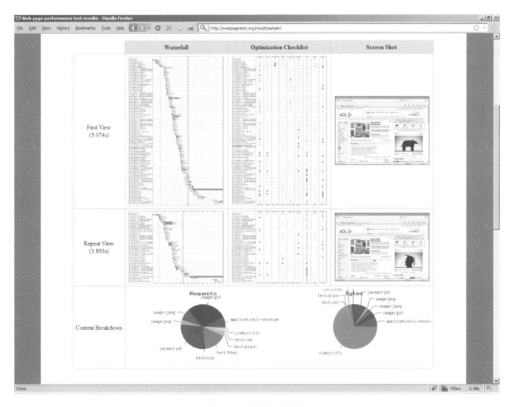

그림 A-4 ｜ 웹페이지테스드

　　VRTA는 다운로드한 페이지 정보가 아닌 복잡한 네트워크 차트를 보여주게 된다. 다음 규칙은 이 도구에서 사용하는 규칙들이다.

- 포트를 충분히 열어라.
- 다운로드된 파일의 수를 최소화하라.
- 자바스크립트의 엔진 파일을 이용해서 자바스크립트 파일을 로드하라.
- Keep-Alive 옵션을 켜라.
- 네트워크 상태를 확인하라.

- TCP 윈도우 크기와 MTU를 늘려라
- 서버 혼잡을 확인하라.
- 불필요한 통신을 확인하라.
- 만료기간을 설정하라.
- 리다이렉트 전에 생각해라.
- 압축을 이용해라.
- CSS를 편집하라.

neXpert

neXpert(http://www.microsoft.com/downloads/details.aspx?familyid=5975da52-8ce6-48bd-9b3c-756a625024bb)라는 도구 또한 마이크로소프트에서 제공한 툴이다. 이 툴은 피들러에 애드온 된다(피들러에 대한 소개는 앞에서 살펴볼 수 있다). 이 도구는 피들러를 통해서 웹페이지에서 다운 로드된 리소스들에 대한 정보를 모으게 된다. neXpert는 성능 최적화 팁과 개선할 수 있는 리포트를 작성하기 위한 정보를 모아 보여주게 된다. neXpert 툴은 다른 툴보다 더 많은 정보를 주기 위해서 노 력하는 부분은 바로 페이지의 로드시간으로 생각된다. 다음 리스트는 neXpert에서 살펴보게 되는 주 제들을 보여주고 있다.

- HTTP 응답 코드들
- 압축
- ETag
- 캐시 헤더
- 커넥션 헤더
- 쿠키

기타 도구들

이전 단락에서는 웹 성능에 대해서 안내해주는 유용한 툴들에 대해서 살펴보았다. 필자는 매일은 아니더라도 다른 툴들을 모두 고루 이용하고 있다.

햄머헤드

웹 성능을 개선하는 것은 페이지 로드 시간을 측정하는 것이다. 이것이 굉장히 간단히 들린다 하더라도 실제 페이지의 로드 시간을 모으는 것은 상당히 힘들고 실제 사용자에게 통계적으로 보여주는 것 또한 굉장히 힘들다. 물론 이것을 해결하기 위한 여러 가지 방법이 존재한다. 실제 트래픽을 측정하는 방법과 버킷 테스팅, 스크립트나 인조적인 테스트를 이용할 수 있다. 하지만 문제는 이러한 테스트가 굉장히 많은 비용이 들어간다는 것이다.

그래서 필자는 햄머헤드(http://stevesouders.com/hammerhead/)라는 툴을 만들었다. 이 툴은 개발을 진행하면서 로드 시간을 측정하는 것이 가능하다. 햄머헤드는 파이어버그에서 확장되는 애플리케이션이다. 테스트를 위해서 웹페이지에 햄머를 설정하고 URL을 햄머헤드에 넣게 되면 원하는 측정이 가능하다. 다음 그림 A-5는 이 도구의 모습을 캡처해 보았다.

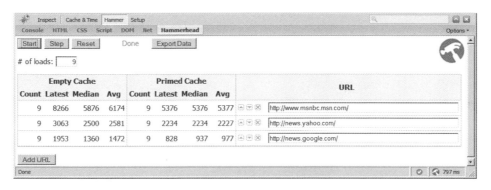

그림 A-5 | 햄머헤드

햄머헤드는 각각의 지정한 URL을 로드하고 각각의 측정 기록을 기록한 뒤에 평균 로드시간을 보여주게 된다. 페이지는 모두 캐시를 이용한 페이지와 캐시 없는 페이지 모두 로드하게 된다(햄머헤드는 캐시를 관리한다). 비록 햄머헤드가 테스트 조건에 의해서 정보를 모으긴 하더라도 웹페이지를 여러 번 테스트할 때 가장 좋은 툴이라 할 수 있다.

Smush.it

Smush.it(http://smush.it/)는 웹페이지 안의 이미지를 분석하고 최적화하기 위한 툴이다. 이 도구는 스토얀 스테파노프(Stoyan Stefanov)와 니콜 설리번(Nicole Sullivan)이 만들었으며 10장에서 언급하기도 했었다. Smush.it라는 도구는 다음 그림 A-6에서처럼 이미지 최적화를 통하여 얼마나 많은 바이트의 용량을 줄일 수 있을지 알려준다. 그리고 이 툴은 최적화된 이미지들을 하나의 ZIP 파일로 쉽게 다운로드할 수 있는 기능을 제공해주고 있다. 그리고 Smush.it은 북마크릿과 파이어폭스 확장 애플리케이션을 제공해주고 있기 때문에 브라우저 안에서 쉽게 이용할 수 있다.

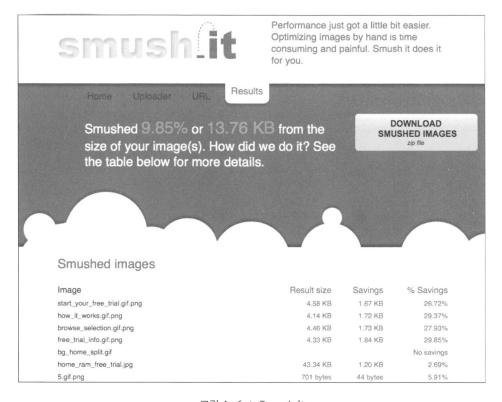

그림 A-6 | Smush.it

Cuzillion

필자는 매일 여러 가지 선택의 상황에서 성능은 어떠한 영향을 받게 될지 매일 궁금해 하고는 한다. 예를 들어 인라인 스크립트와 외부 파일을 이용해서 로드하는 것의 시간 차이는 어떻게 될 것인가? 그리고 파이어폭스 3.1과 크롬 2.0에서 독같이 동작하게 될 것인가?

각각의 상황에 대해서 새로운 HTML을 이용하는 것 대신에 필자는 다음 그림 A-7과 같은 Cuzillion(http://cuzillion.com/) 도구를 이용하게 된다. 이 도구는 다른 리소스들의 타입(외부 스크립트, 인라인 스크립트, 스타일시트, 인라인 스타일구문, 이미지, iframe)을 드래그앤드롭을 통해서 지정할 수 있다. 그리고 리소스의 도메인을 설정할 수 있는 UI를 제공해주고 있고 응답 시간이 얼마나 걸리는지 확인이 가능하다.

그림 A-7 | Cuzillion

필자는 4장을 집필하면서 Cuzillion을 만들었다. 필자는 여러 상황에서의 테스트가 필요했기 때문이다. 그리고 시간 단위별로 설정하여 테스트가 가능하다. 이 Cuzillion이라는 이름은 다음 태그 라인에서 발췌하여 만든 것이다. 'cuz there are a zillion pages to check(확인할 페이지가 너무 많아서)'

UA 프로파일러

구글의 크롬이 발표되면서 디온 앨머(2장의 저자)는 이 브라우저의 성능 튜닝을 해봐야 할지 물어본 적이 있다. 그래서 필자는 크롬에서 수동으로 테스트하는 것이 아닌 HTML 페이지들을 만들고 각각 지정된 테스트를 포함시켰다. 이 테스트는 동시에 스크립트를 로드하는 등의 작업을 진행하게 된다. 그리고 나서 테스트를 모두 자동으로 실행하기 위해서 여러 페이지들을 묶었다.

UA 프로파일러(http://stevesouders.com/ua/)는 다음 그림 A-8처럼 브라우저 성능을 테스트할 수 있다. 그리고 추가적으로 브라우저별로 적절한 성능 테스트를 제공할 뿐만 아니라 UA 프로파일러는 테스트 결과를 큰 웹 커뮤니티에서 공유할 수 있도록 제공해주고 있다. 누구나 어떤 웹 클라이언트를 UA 프로파일러에 의해서 테스트할 수 있고 그에 대한 결과를 데이터베이스에 기술하는 것이 가능하다. 커뮤니티에서 이 테스트들을 실행하는 것을 허용하고 있게 함으로써 테스트 비용이 들어가는 것을 피했고 또한 다양한 조건으로 테스트를 진행할 수 있도록 제공해주고 있다.

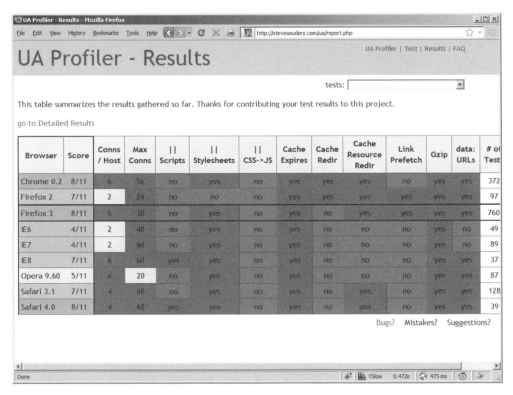

그림 A-8 | UA 프로파일러

웹 개발자를 위해서 UA 프로파일러는 특정 브라우저에서 지정한 최적화가 얼마만큼 유용한지 테스트해보는 것이 가능하다. 예를 들어 만약 헤더에 캐시를 추가하고 리다이렉트하게 된다면 그 캐시가 적용되지 않을 수 있다. 하지만 이러한 것을 UA 프로파일러를 통해서 어떤 브라우저에서 리다이렉트 캐시를 지원하고 있는지 확인할 수 있는 것이다.

•찾아보기•